台湾における
高等教育多様化の論理

廖 于晴

東信堂

はしがき

　本書の目的は、職業教育、社会人向け教育、海外で提供される教育という通常の教育とは異なる理念や役割を有する教育が台湾の高等教育システムの中でどのように取り組まれているのか、そして、それらがもたらした台湾高等教育の変容とは何かについて検討することである。こうした検討を通じて、1990年代以降の台湾における高等教育の提供に伏在する論理を明らかにする。

　台湾は、世界で高等教育がもっとも普及している国の1つである。1990年代以前、台湾の高等教育は当時の社会背景及び政治体制にしたがい、政府に管轄され、国家発展の需要のもとで提供されていた。その後、1980年代の民主化、自由化の動きの影響を受けて、1990年代から台湾の教育制度は緩和されてきている。それとともに、当時の社会的背景のもとで、教育の発展においても、従来制限されていた大衆の教育権利を拡張しようと考え、教育機会の普及やアクセスの平等などが強調されるようになり、高等教育の規模拡大が図られるようになった。

　また、こうした規模の拡大が生じる中で、さまざまな背景を有する人々の教育需要を配慮する新たな教育形態や教育プログラムも導入されるようになっている。こうした展開の仕方は、すでに述べたように1980年代から一連の社会改革運動によってもたらされた大衆の教育権利の是正や、個人の教育権の確保などと関連している一方で、多様な教育の提供は台湾社会にある歴史的文脈、価値観、認識や文化のもとで、さまざまな教育形態や内容の中での選択と配分の結果であると考えられる。このように、台湾における高等教育の展開において、より多くの人に高等教育の機会を提供しつつあるとともに、多様な需要に対応する動きには、台湾なりの特徴と独自の考え方が存在しているのであろう。以上のような問題意識から、台湾の高等教育はどのような教育を提供することによって高等教育の規模拡大を実現しているのか、それらの新たな教育の導入はいかにして従来の教育システムに統合・調和されるのか、そしてこうした教育の提供の背後にある論理とは何であろうか、

ということを検討してみようというのが本書の出発点である。

　台湾は、東アジア諸国の一角として、西洋諸国に加えて域内の影響も受け入れながら、多元的な社会文化及び教育制度が形成されてきている。台湾社会は、主として華人かなる華人文化を継承する一方で、オランダ、清朝、日本による植民地統治を受けてきた。こうした背景のもとで、台湾の教育制度も、西洋諸国とりわけアメリカのインパクトを強く受けながらも、日本・中国大陸など域内からもさまざまの側面において影響を受け、交錯的に形成されてきたのである。また、1980年代以降、台湾社会の自由化、民主化の動きにともない、教育制度はより一層弾力化に向けて歩みを進めてきている。上述した歴史的、文化的及び社会的な経緯からみると、台湾の教育風土は西洋からの移植、日本・中国大陸の延長線や華人社会・文化に基づくものなど単一的な様相に収まらず、東アジア諸国の中で比較的に多様な特徴があると考えられる。本書では、教育制度の頂点にある高等教育・高等教育機関に着目し、台湾における高等教育システムの変容を検討することを手がかりに、東アジア教育のあり方を再考する契機になるものである。

　詳しくは本文に譲るが、台湾の高等教育では、規模拡大にともない、新たな教育形態を導入することにより、多様化が進められてきた。具体的には、1990年代以降、私学設置に関する方針の規制緩和が行われ、台湾の高等教育は規模拡大が図られてきた。こうした動きは、単に量的な拡大になされていただけでなく、その規模拡大の展開が、従来職業教育を担う専科学校を大学レベルまでに昇格させ、通常の大学と並列するようになったことで、高等教育システムの構造及び性質にも変容をもたらした。また同時期に、生涯学習社会の形成政策も提起され、社会人向けのプログラムが大学院段階まで整備されるようになり、リカレント教育体系として制度化された。こうした体系の整備によって、台湾の高等教育機関に提供された教育は、一般教育プログラムと社会人向けプログラムに分けられるようになった。これらの変容からみると、台湾における高等教育は、異なる教育理念・目的のもとで、多様な制度的な枠組み、機関類型やプログラムによって展開されてきていると考えられる。そのため、機関類型ごとの実態や教育提供の論理について体系的

に検討をおこなわなければならない。本書では、大学類型ごとに教育の提供に対して、提供されたプログラムの構成を検証するとともに、聞き取り調査を通じて、台湾の高等教育における教育提供に関する選択と配分の実態とその論理を明らかにする。また、台湾における高等教育の提供に関する特徴と展開の論理を論じるための分析枠組みとして、本書では、従来東アジア高等教育の変革に関する研究に用いられてきた設置形態による「公立と私立」及び機関目標による「研究と教育」という分析軸だけではなく、「普通教育」と「職業教育」という体系別の要素に加えて、各機関類型に着目して検討をおこなった。こうした枠組みの設置により、本書の問題関心である高等教育の多様化における台湾らしさを表すことも意図している。

　グローバル化及び情報化が進む今日、これからの急激に変容する社会に対応する高等教育の提供は世界諸国にとって共通した重要な課題となっている。その中で、日本では、大学の再編・統合という組織の改革をはじめ、文理融合教育による学際的人材の育成、職業教育、及びリカレント教育の拡充など新たな教育形態・内容の導入または大学教育の改善が問われてきており、高等教育の全般的な変革が目指されている。台湾では、上述したように、歴史的、社会的な影響によって、東アジア諸国の中では比較的に弾力的で多様な高等教育システムが展開されてきている。それとともに、職業教育や社会人向け教育が一定程度制度化され、さまざまな教育需要に積極的に対応する傾向がみられる。したがって、高等教育の多様化を進めてきた台湾の事例は、東アジアにおける各国の高等教育にとって、いかに新たな教育プログラムを形成し、高等教育機関に導入・定着を図っていくのかを検討する上で極めて示唆に富むものである。

　本書が、台湾や台湾の高等教育の変容について理解する手がかりとなるのみならず、広く東アジアにおける高等教育の特徴やそうした文脈に適応する高等教育の多様性のあり方について考えるきっかけとなれば幸いである。

　なお、本書は、令和2年度京都大学総長裁量経費（若手研究者出版助成制度）の助成を受けて刊行されるものである。

　　　2020年9月

　　　　　　　　　　　　　　　　　　　　　　　　　　　　廖于晴

大目次／台湾における高等教育多様化の論理

詳細目次／台湾における高等教育多様化の論理

台湾における高等教育多様化の論理

序　章　研究の目的と課題

1. 研究の背景と目的

　20 世紀後半に入って以降、世界の多くの国では高等教育進学者が増加し高
等教育の規模が拡大するという共通の傾向が看取される。1970 年から 1990
年の間に、世界銀行によって公表された平均高等教育粗在学率 (Gloss Enroll-
ment Ratio) は 10.0% から 13.6% に増加し、その後 20 年間にさらに 2 倍弱に拡
大して 2010 年には 29.3% となり、2016 年には 36.8% に達した[1]。こうしたこ
とから、高等教育の規模拡大は世界諸国共通の発展傾向であるといえる。そ
の要因については、政府の方針、経済発展及び中産階級の拡大、学歴主義の
影響、またはグローバル化のもとでの共通性の拡大など様々な観点から分析
されている[2]。このように、政治的、経済的、文化的などの側面から検討が
なされているが、こうした傾向を統合的な視野をふまえていかに検討するの
かが高等教育研究の課題になっている[3]。また、その具体的な展開は、地域
や国の歴史、文化によって異なっている[4]。文化や共通認識などの影響を受
けて、各国の高等教育システムには共通的な基盤が存在している[5]。高等教
育規模の単なる拡大、またはそれによる機関間の競争や市場原理の導入だけ
では、必ずしも高等教育システムの変容と多様性をもたらすことができない
ことから、拡大の過程でいかに高等教育システムの構造と特徴の変容を把握
し、その多様性が図られているのかを明らかにすることは、システムの現状
を理解するための課題となっている。

　台湾では、1980 年代からの民主化、自由化の動きの中で、グローバル化

の進行と知識基盤社会への移行にともなって、社会全体が大きく転換した。
このような背景のもと、台湾の高等教育では、社会の転換と歩調をあわせて
一連の規制緩和施策が採られるとともに、その量的な拡大が図られた。高
等教育機関の設置と教育の提供についてみると、大学と専科学校は 1990 年
には機関数 121 校、学生数 57 万人であったが、2010 年にはそれぞれ 163 校、
130 万人に達している。高等教育の粗在学率[6]は、1990 年の 29.7% から 2010
年の 83.8% へと急激に上昇し[7]、そのあとは減少に転じたが、ほぼ同じよう
な比率を維持している。その中で、専科学校数は 1990 年の 75 校から 2010
年に 15 校に減少し[8]、高等教育の提供は大学を中心としておこなわれるよう
になっている。

　高等教育の量的拡大にともない、教育提供の目的にも変化が生じていった。
高等教育提供の目的においては、従来の国民党政権による独裁的な統治から
徐々に脱却し、社会全体として、主として国家発展の需要に対応する動きか
ら、個人の権利・発展の希求への転換がみられるようになっている。こうし
たことから、近年の台湾の高等教育にとっては、様々な社会需要に対応する
ために、従来とは異なる役割を担い多様に発展することが重要な課題となっ
ている[9]。

　こうした背景をふまえて台湾の高等教育システムをみると、高等教育は大
学を中心としておこなわれ、設置形態別では私立大学が過半数を占めるだけ
でなく、体系別の違いも存在する。すなわち、大学は普通高等教育体系と職
業教育体系に二分される。また、高等教育の規模拡大が大学院教育段階へ移
行する傾向もみられる。1990 年から 2010 年の間に大学院生は 2 万人から 21
万人へと増加し、2017 年にも約 20 万人になっている[10]。そして、これらの
大学院生の中で修士課程の大学院生（168,738 人）の中で 31% にあたる 52,505
人が社会人向けの大学院教育課程に在籍している[11]。

　このような、台湾における高等教育システムの変容には、規制緩和によっ
てより多くの人が進学するようになったということだけでなく、どのような
人に、どのような教育を提供するのかといった考え方の転換も関わっている。
上述した普通高等教育体系と職業教育体系という体系別での高等教育システ

ムの形成と関連して、台湾における学士課程段階での高等教育の規模拡大は、職業教育課程の位置づけの変化とも密接に関連している。また学術の発展に寄与する大学院教育においても、生涯教育の理念に基づいて社会人向けのプログラムが存在するようになっているのである。こうしたことから、規制緩和のもとでの高等教育機関の規模拡大、教育提供の弾力化など量的、制度的な観点だけでは、台湾の高等教育システムを理解するには不十分であるといえる。では、これらのプログラムはどのような経緯で導入されてきたのか、そしてそれらの導入は台湾の高等教育システムにどのような変容をもたらしたのか。こうした疑問に対して、さらに拡大の形態、役割、そして教育理念の変化など高等教育の構造と機能に関する多様性の検討が必要である。

2. 先行研究

　上述した問題意識から、高等教育の多様化に関する先行研究を検討しておく。高等教育の多様化を検証している先行研究は、行政と組織、ガバナンス、学生の階層と社会構造、知識システムの分業、機関の多様性の測定など様々な研究関心に基づいて展開されている[12]。ここでは、本書の問題関心に基づいて、高等教育システムの変容のもとで、機関または機関間がどのような様態を呈しているのかに関する研究に絞って検討をおこなう。

　まず、Trow は、先駆的な研究として高等教育発展段階論を提示した。それによると、高等教育の進学者数の増加によって、その機能、教育目的、課程内容、教育方法などに質的な変容が生じてきた。こうした中で、マス段階またはユニバーサル段階へ移行する際に、従来からのエリートを育成する機関を維持しながら、大衆のニーズに対応する新たな機関を設置することによって、システムの多様性がもたらされていると指摘した[13]。また、Clark は、大学を知識生産と伝達の組織として位置づけ、組織をめぐって知識システムの分業を論じている。そこでは、組織内部と組織間に分けた上で、それぞれに横向きと縦向きという 2 つの方向から組織に関する分業のあり方が分析された[14]。

　上述した研究は、システムの規模と構成、組織の使命、形態と類型、及び組織内部がどのように変容し、高等教育の多様化がなされたかを提示しているが、これらの研究はアメリカを中心とした欧米の高等教育システムをめぐって論じられており、東アジア及び台湾の状況はこれらの枠組みの中で検討されていない。また、これらの研究は主に組織の観点から分析しており、はじめに言及した教育の提供がどのようなメカニズムで動いているかには焦点があてられていない。東アジアという地域には複雑な民族、宗教、文化があり、多くの国は植民地支配を受けた歴史を有し、教育制度や大学の設置などについて西洋の影響を受けているとともに、高等教育に対しては比較的、経済発展、国家発展への寄与が求められている[15]。こうした特徴により、この地域の高等教育の構成には経済発展、職業訓練の志向が常に強く存在している。その例として、台湾や韓国ではそのシステムにおいて職業教育向けの体系が定着していることなどがあげられる[16]。こうしたことから、Trow 及び Clark の研究は、東アジアまたは台湾の高等教育の現状を理解するのに不十分である。東アジア及び台湾の高等教育に対する理解にはより統合的な視点が必要であり、単に規模拡大、組織の形態だけでなく、その地域、国がどのような経緯、考え方で教育を提供するのかを含めて議論しなければならない。

　上述と関連して、東アジアにおける高等教育の多様化を直接的に扱う研究は、管見の限り存在しておらず、主に高等教育の変革に関する研究が散見されるのみである。多くの研究は、西洋の影響という視点から東アジアの大学を検証し、または西洋の高等教育を受け入れながら、大学をハイブリット型（Asian hybrid university）として位置づけ、この地域の特徴に基づいて高等教育の議論を展開している[17]。それにあたって、Altbach は先駆的な研究として、歴史の発展から、西洋の大学がどのようにアジア現代大学の形成に影響を与えたかを検証した[18]。この研究は、東アジア高等教育の分析に重要な枠組みを提示したものの、主に研究と学術システムの視点から議論されており、教育の側面を抽出した統合的な検討はなされていない。また、こうした研究によって、高等教育制度の性格を提示したが、こうした性格からアジア諸国が

どのような高等教育機関の形態と構造を呈しているのかなどの分析は不十分である。それから、馬越はアジアの高等教育の拡大形態とその急激な拡大を支える要因を検証し、その中で私立セクターが国によって異なる役割を担っていることを指摘した[19]。しかしながら、こうした分析は主に量的な拡大に着目するとともに、国公立と私立という２つのセクターに区分しており、セクター間における教育提供の特徴は論じられていない。そして、それらアジア諸国の比較の枠組みの中でも、台湾の事例は欠けている。

　こうした西洋からの影響に焦点をあてた研究がまとめられる一方で、東アジア高等教育の整備にともない、東アジア地域、東アジア各国における独自の特徴とは何か、及び各国がいかにグローバル化に対応しているのかなどの観点が着目されるようになった。Marginson は東アジアにおける高等教育の発展を検討することによって、儒教モデル（Confucian model）を提起した[20]。このモデルにおいては、東アジアの高等教育は比較的強く国家の指導を受けており、民間の教育参加が熱心で、私立セクターへの投資が多い傾向がみられる一方で、公的な資金は科学技術の向上や世界水準大学の創出に重点的に投入されているという特徴を提示した。こうした観点をふまえて、Chan は、東アジア各国において独自の文化と経済発展の差異があるという前提に基づいて、教育投資の形態と教育計画の方針が各国によって異なっていることから、日本、韓国は高等教育への投資が他の教育段階より少なく、高等教育の発展は私立セクターによって主導されていること、及び韓国、マレーシア及びシンガポールは高等教育の発展において人的資源を重視する方針をとっており、科学、技術、工学及び数学分野の進学者の比率が他の国に比べて高いことを示した[21]。これらの研究は、東アジアの高等教育の発展における人的資源の考え方及び教育重視の文化を表しているものの、私立高等教育機関と世界水準大学との相互関係が教育と研究で区分されるだけで、それらに対して教育の側面での統合的検討はなされておらず、単なる専門領域の分布、進学者の拡大と教育費用の配分方法という量的な検証にとどまっている。

　それから、グローバル化のもとで、国際的または共通の基準が求められる傾向に対して、東アジアの高等教育にどのような変容が起きたかという観

点から東アジアの高等教育を検討する研究もある。Shin と Harman は、大衆化、私有化、ガバナンスと説明責任、国際移動及び大学ランキングという5つの視点から、グローバル化のもとでの東アジア高等教育の課題を分析した[22]。この研究では、東アジア高等教育は私立セクターを中心に拡大する一方で、一部の大学に対して教育、機関の質向上という卓越性の形成が求められるようになったことが明らかにされた。しかし、その拡大の結果として、高等教育システムにおいて、教育課程の標準化、市場競争のメカニズムの導入、政府の規制緩和と説明責任の要求などの傾向が言及されたが、機関または機関類型ごとに、システムの変容のもとで教育提供がどのようにおこなわれているのかという実態については検証されていない。またこれに関連して、グローバル化への移行及び東アジアの経済成長と社会統合にともない、この地域の高等教育がどのように従来の知識生産システムの周辺から脱出して、自立的な知識の産出を目指し、世界の基準に達する拠点大学の創出を実現するのかを分析した研究もあったが、主に研究型大学という特定の大学類型に焦点をあてており、システム全体から捉える考察は欠けている[23]。

　これまで取り上げてきた研究では、外的な影響、地域の特徴、またはグローバル化の進展など様々な観点から、東アジア高等教育の構造やその構造の背景となる動きが議論されてきた。これらの研究から、東アジア各国によって高等教育の展開が異なっていることとともに、その高等教育の展開には共通の特徴もみられることが明らかになっている。すなわち、東アジア諸国における高等教育の展開の基本的な論理として、教育を中心的な活動とする私立高等教育機関の導入によって高等教育の進学拡大がなされる一方で、学術の特徴を強く持つ、エリートを育成する一部の大学にはさらなる研究機能の向上、国際化の進展が求められるのである。しかしながらこうした考察では、本書の関心である教育の提供の視点からみると、それぞれの高等教育機関が自らの属する類型にしたがってどのような役割を担うのかについて十分な検討がなされておらず、先に研究背景であげた職業教育機関の向上や社会人向け教育の配慮といった変化を説明することができない。また、これまで検討してきたように、東アジアの高等教育の発展の背景となる要因には、社会か

らの教育の需要及び労働市場からの人材育成の要請など様々な側面が含まれ
ることから、教育を単なる研究の役割と対照させて、その提供の経緯と形式
を区別せず同等なものとして考えては、台湾の状況を説明することができな
い。

　繰り返しになるが、台湾では、1980年代後半以降民主化、自由化が進め
られることによって、従来の国民党政権による独裁的な統治から徐々に脱却
し、社会全体として主に国家発展の需要に対応する動きから、個人の権利・
発展の希求への転換がみられるようになっている。この観点から、1990年
代以降の高等教育の規模拡大は、経済発展のニーズへの対応よりも、民主化
の動きのもとでの政治的な配慮の方がより大きな影響を与えているとして、
特徴的な展開があるという見方も存在している[24]。それに加えて、1990年
代前後、大学の教員と学生が大学の自治、社会の改革を要請するなど、台湾
社会が民主化に向けて進んでいく中で高等教育が大きな役割を担ってきたこ
とも指摘されている[25]。これらの指摘から、台湾における高等教育の発展は
1990年代前後の社会の変容と大きく関連していると考えられる。したがって、
社会の変容、民衆からの教育参加の要請、及び知識基盤社会のための人材の
育成など、様々な要因をふまえて、台湾における高等教育の展開を検討しな
ければならない。

　しかし、台湾における高等教育に関する先行研究をみてみると、主にその
規模拡大をめぐって、背景となる要因と課題、構造的な変容、それをもたら
す結果の検討がおこなわれている程度であり、台湾における高等教育に関す
る研究自体が進んでいるとは言い難い状況にある。台湾における高等教育
の多様化に関する主要な研究の1つとして、Wangは国際比較を手がかりに、
台湾における高等教育システムに関する量的及び経年的な検証によって、大
衆化段階への移行を明らかにした上で、その規模拡大が図られた政策、社会
的な要因、及び今後の課題を分析した[26]。この研究では、台湾における高等
教育が大衆化段階へ移行した要因には、経済発展に対応できる高度な人材へ
の需要、学生の需要及び人口の増加があることが明らかとなっているものの、
こうした要因が高等教育の提供にどのように影響を与えたのかは検討されて

いない。また、陳は 1985 年に政府によって規制緩和されてからの 20 年間に着目し、機関数、機関類型、学生数、機関規模における量的な変容と政策との間の関係について総合的な検討をおこなった[27]。この研究の結果として、これまで議論してきた量的な拡大が私立機関の増設と関連しながら、社会人向けのプログラムの設置、職業教育の向上にも寄与しているという実態が明らかになった。しかしこの研究は主に量的な検証に限られていて、こうした異なる性質の教育を提供する背景や要因は十分に考察されていない。それらの研究をふまえて、Chan と Lin は高等教育の規模拡大と労働市場との接点の変化を分析することによって、台湾の高等教育における進学者の増加にともなって、学士課程段階の学歴の労働市場での選抜性がなくなり、その結果、より上級の課程を求める傾向が生じたことを指摘しているものの、この研究の主題は教育の成果・学歴と労働市場との関係であり、高等教育、高等教育システムに焦点を絞ったものではない[28]。このほか、こうしたシステムの変容とその背景となる要因、結果の検討以外に、規模拡大のもとでの質保証の問題、または 1990 年代を前後する政府の統制方針の規制緩和など制度的な検討もあった[29]。

　日本での台湾における高等教育に関する研究としては、Chang による台湾における高等教育の規制緩和と分権化[30]、及び何による大学のマーケティング戦略の検討が存在する。前者はガバナンスの視点から解析し、後者は主に大学の経営状況を中心に考察をおこなっている。しかし、多様化という枠組みにおいて台湾における高等教育の展開を検討しようとする体系的な研究はなされていない。また、小川・南部による台湾における高等教育の改革動向に関する研究が存在する[31]。この研究については、台湾の高等教育の歴史的展開、機関の分類、及び各教育段階の概況、大学における管理運営の課題という様々な角度から、台湾における高等教育は機関設置に関する規制緩和が実施されたこととともに、専科学校が威信の上昇とより多くの学生獲得を目指して、大学・学院に昇格したことによる規模拡大の動向が一定程度把握されているものの、そこで提供された教育の性質、及び変容の背景となる考え方などは検証されておらず、研究の主題も必ずしも教育の多様化に焦点を

絞ったものとはなっていない[32]。また、南部・廖による台湾における高等教育の構造分析に関する先駆的な研究は、因子分析の統計手法を用いて、高等教育の構造を体系別、機関類型別によって、それぞれ規模、専門分野、教育段階、資源条件の差異を検証した[33]ものの、その背景や要因の分析はなされていない。このほか、教育の提供に焦点をあてた、小野寺による台湾の教育大学の専門職教育の事例研究[34]や、廖による社会人プログラムの検討など台湾における高等教育・高等教育機関の多様化に関する先駆的研究が存在する[35]。しかしそれらの研究は、特定の専攻分野または特定のプログラムだけを分析したため、多様化の1つの側面だけを検討したものである。

　それから、英語文献の先行研究も非常に限定的である。ERIC[36]において、「higher education」「Taiwan」という2つの語をキーワードとして検索すると874件が出てくるが、これに「reform」を加えて絞りこむと該当するのは54件になった。要旨から確認すると、高等教育の変容に関する要因や特徴を検討している論文はこのうち4件であった。 このうち、Wu, Chen and Wu は、台湾における高等教育発展の歴史的な経緯を検証することによって、台湾の高等教育制度、入学制度や課程に対する日本とアメリカの影響を明らかにした。それらの検証によって、台湾の高等教育システムでは1949年から日本植民地時代の影響が薄くなり、アメリカの影響を受けるようになった一方で、日本及びアメリカとは異なる点として、中央集権的な行政及び入学制度など独自の特徴も持っていることが示されている[37]。Huang は、1994年前後における教育の改革に焦点をあてて、教育改革者の理念、教育政策の経緯と目標を検討することによって、この改革がアメリカ化（Americanization）のもとでの高等教育の私有化をもたらしたと述べている[38]。Lo は、台湾、香港、シンガポール、韓国がどのように教育の分権化をおこなっているかを比較した。その結果について、台湾と韓国はより政治的で民主的な変革によって教育の分権化を進めている一方で、香港及びシンガポールは比較的、経営管理及び市場の価値を重視していることが解明された[39]。その結果をふまえて、Lo は、さらに台湾の高等教育に絞って、国家、機関、個人という3つのレベルにおける分権化のメカニズムを検証した上で、成果重視や官僚化などの新たに生じ

ている課題を提示した。

　これらの研究は、日本やアメリカの影響及び民主化の動きが、台湾における高等教育の発展と関連することを一定程度説明しているものの、その多くは戦後、1949年前後や1990年代前後など特定の時期を対象としているか、または政府の規制緩和を焦点とする研究であり、体系的な考察になっていない。また、外国の影響を受けたとされる高等教育の性質が、高等教育の展開にどのように関わっているのかも言及されていない。なお、以上の先行研究とは別に、本書の関心に基づいて、さらに検索語を絞って、「higher education」「Taiwan」という2つの語に、「diversification」や「differentiation」を加えて検索した結果はそれぞれ0件と5件になった。5件の研究は、主に学歴取得の公平性または社会的階層による進学状況に関する研究である。そこでは、学生構成や大学序列など組織間の差異がある程度提示されているものの、本書の関心からみたときに、十分な研究蓄積があるとはいえない[40]。

　これらの台湾に関する先行研究をまとめると、台湾の高等教育は1990年代以降政府の規制緩和にともない、規模拡大がなされたことが確認できる一方で、その拡大の形式は単にこれまで議論されてきたような私立高等教育機関を中心とするという特徴だけでなく、職業教育、社会人向け教育なども大きな役割を担っていることが明らかになる。またその拡大の背景も、政策方針のみならず、社会の変容、労働市場の受け入れ方、そして高等教育に対する考え方など様々な側面からなる複雑な要因が存在することが分かった。しかし、前述したように、より多くの人に提供しても、その教育内容の選択と配分は異なっている場合もあることから、台湾における高等教育の理解には、さらに多様化の視点から、教育の提供に焦点をあてて、政策、制度及び組織など統合的な検討をおこない、その教育の提供に対する選択と配分の考え方まで解明しなければならない。

3. 研究目的と分析の枠組み

　以上をふまえて、本書では、多様化という視点から、職業教育の定着、社

会人学生への配慮などの要素を含んだ新たなプログラムの導入を手がかりとして、こうした新たなプログラムがどのように高等教育システムに取り込まれているかを従来のプログラムと比較しつつ検討することによって、1990年代以降の台湾における高等教育の提供に対する論理を明らかにすることを目的とする。

　それにあたって、多様化の枠組みについては、Clark が提示した組織事業体分業のあり方に基づくこととする。すでに述べたように、クラークは大学を知識生産と伝達の組織として位置づけ、組織をめぐって知識システムの分業を論じている。そこでは、大学事業体を組織内部と組織間に分けた上で、それぞれに横向きと縦向きという 2 つの方向から組織に関する分業のあり方が分析されている。この中で、組織内部については、知識の生産と伝達がどのように分化し、構成されているかを検討している。具体的には、専攻分野の増設、内部組織の組み合わせ、及び教育段階の向上などがあげられた。一方、組織間については、制度的に高等教育システムがいかに機能分化しているのかを検討している。そのうえで、横向きの分割については、主に公私立という設置者別、大学部門と非大学部門の分け方など高等教育機関の類型に注目して、各国の高等教育システムがどのように構成されてきたかが議論されている。そして縦向きに関しては、機関の名声及び教育研究の役割分担など機関間の序列関係と結びつけて議論されている。一般的には、研究型大学、またはエリートや官僚を養成するための大学は他の高等教育機関より上位に位置づけられる。そして、科学技術教育や教員養成機関は通常の高等教育機関とも縦向きの関係がある[41]。

　この研究に基づいて、本論文における分析枠組みを示すと、**図 0-1** のようになる。枠組みは横向きと縦向きという 2 つの軸からなる。横向きの多様化はより多様な機関類型の導入及び機関内部の機能の拡張を示す。Antonowiczらの研究では、高等教育の規模拡大にともない、従来は高等教育に含まれていなかった高等職業教育機関、教員養成機関または特別のニーズに対応する機関などが高等教育の一部に含まれるようになったことが指摘され、また機能の面に関しては、職業向けの教育、及び非学術的な教育なども高等教育の

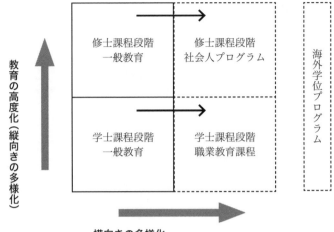

図 0-1　分析枠組み

一部として取り込まれてきたことが述べられている[42]。それに基づき、ここでは、とりわけ新たに導入された職業教育課程、社会人プログラム及び海外学位プログラムに焦点をあてて、そのプログラムの提供、制度上プログラムの役割、教育理念を含めて、教育提供の論理について検討をおこなう。その際、伝統的な機関・プログラムと対照して、こうしたプログラムの導入によって高等教育システムの理念、役割、多様性にどのような影響がもたらされてきたかを議論の中心とする。

　それから、本書の問題関心に基づいて、縦向きの多様化については、教育プログラムに注目する。つまり、縦向きの多様化は、より上位の教育プログラムを提供する傾向として捉えることができる。具体的には、これまで議論してきたように、社会人プログラムを修士課程段階で提供するようになること、及び職業教育を学士課程段階、大学院教育段階で提供する動きがあげられる。ここで注意すべきなのは、本書で用いた先行研究及びクラークが提示

した枠組みによると、縦向きの多様化は主に組織の変容をめぐって機関間の序列関係として読み取られている。機関間の序列関係は、グローバル化のもとでの拠点大学の創出、一部の大学による学術研究能力の向上など機関間の階層化、内部組織の教育や研究機能の分化と関連している。つまり、縦向きに関する多様化は階層化として読み取ることができ、その階層化は、主に研究成果、機関の名声及び教員と学生の移動などに影響されることであるが、本書で議論する教育の提供に関する縦向きの多様化とは異なっているため、これについては特に議論しない。

　上述した枠組みをふまえて、本書の目的を達成するために、以下の3つの研究課題を設定する。

　①社会の変容と高等教育の規模拡大が進められてきている中で、台湾の高等教育システムではどのような変容が起きており、それによって大学教育と非大学教育との間の境界はどのように捉えられるようになったか。

　②職業教育課程、社会人プログラム及び海外学位プログラムの導入は、高等教育システムの中でどのような位置づけと役割を有し、機関類型ごとでそれらの教育の提供にどのような差異が存在しているのか。

　③台湾において職業教育課程、社会人プログラム及び海外学位プログラムは通常のプログラムと比べて、制度上どのような異同があるか。また各機関類型において、それら新たなプログラムと一般プログラムの提供にはどのような特徴及び戦略があるのか。

　課題①については、先行研究で述べられているように、高等教育の規模拡大にともない、従来の高等教育には含まれていなかった役割、機関及び理念が組み込まれるようになったことから、台湾社会の民主化、規制緩和及びその高等教育の変容が進められていく中で、高等教育の概念も変化してきている。そこで、本書における多様化議論の土台として、1990年代前後の社会の政治、経済の状況をふまえて、全体として高等教育政策と制度的な展開の傾向を把握した上で、現在、台湾における高等教育システムを構成する主要な機関である大学がどのように捉えられているかを分析する。その際、とり

わけ大学教育と非大学教育がどのように定義されるかを手がかりとする。

　次に、課題②については、繰り返しになるが、台湾における高等教育の発展には、私立高等教育の拡大だけではなく、職業教育、生涯教育に対する考え方も影響している。こうしたことから、職業教育課程、社会人プログラム及び海外学位プログラム提供の背景となる考え方、及びそれと台湾における高等教育の発展との関連性を解明するために、新たに導入されたプログラムの導入経緯、制度の枠組みを手がかりにし、そのプログラムの展開がより多くの人に教育を受けさせる考え方とどのような相互関係にあるかを検討する。また、これらのプログラムは各機関類型の間で、どのように扱われ、どの機関と体系の性格にどのような影響を与えたかを検討する。

　上述の内容をふまえて、課題③については、従来のプログラムと比較対照し、高等教育改革の中で新たに導入されてきた教育プログラムに焦点をあて、これらの異なるプログラムが、機関類型ごとにどのように扱われているかを統合的に検討し、それらが様々な教育のニーズをどのように選択し対応しているのかを分析する。分析にあたっては、教育段階及び提供されるプログラムの理念によって、学士課程段階を普通教育と職業教育に分け、大学院教育段階における修士課程から社会人向けのプログラムを通常の修士課程のプログラムから区別して、検討をおこなう。また、高等教育機関の分け方についても、公私立別に基づき、さらにそれぞれに職業教育体系と普通教育体系という体系別区分を加えて、4種類に分ける。すなわち、普通系国公立機関、普通系私立機関、職業系国立機関、職業系私立機関である。

　このようにいくつかの体系やプログラムの新たな導入によって、機関間及び機関内部にもたらされた構造と機能の変容をまとめれば、教育を提供する機関類型ごとに、またはプログラムごとに、どのような形態が生じているのか、及びそれの背景となる教育提供の論理を明らかにすることができる。これらの課題の解明から、本研究の意義として、以下の3点を指摘することができる。

　1つ目は、台湾における高等教育の形態を政策的、制度的に、また機関間及び機関内部の差異から多面的に検討することで、社会的需要、経済的発展

と教育の提供との関係を具体的明らかにできることである。このことは、こ
れまでの東アジア高等教育研究にあるような、組織、教育と研究、また設置
形態の枠組みを越えて、教育提供の形態、特徴及びその背景となる要因を解
明することで、高等教育と地域の特徴またはシステムの性格との接点を考え
る際に、新たな手がかりを提示すると考えられる。こうした知見は比較教育
学、とりわけ東アジア高等教育研究の分野に貢献するものである。

　2つ目は、台湾に関する一国研究としての意義についてである。本書にお
ける特徴的な分析視点として、高等教育機関を国公私立という設置形態とと
もに、普通高等教育体系と職業教育体系に区分することで、台湾の高等教育
の特徴についての理解をいっそう深めることができる。具体的には、これま
で高等教育多様化の背景とされてきた規制緩和と市場メカニズムの仮説を越
えて、より多面的な視野からその多様な形態と要因を検証するとともに、大
衆への高等教育の提供に関する選択と配分の論理から台湾社会の特質を捉え
ることができると考える。

　そして3つ目は、本研究を通して、高等教育の機関間、機関内部における
プログラム提供の経緯と実態に関する理解を深めることで、現在進行中の日
本の高等教育改革に貢献できることである。日本では、グローバル化、知識
基盤社会、情報化への移行、及び少子高齢化のもとで、大学の組織統合・再
編、また専門職大学など新たな組織、プログラムの導入が活発化してきてい
る。そして、こうした中で、どのように新たなモデルを形成し、急速的に変
容している社会に対応するのかが課題となっている。台湾は、日本と同じよ
うな課題に直面するとともに、教育の提供がより活発ですでに多様な教育を
提供する基盤が築かれていることから、その高等教育における展開の現状と
戦略は日本の高等教育に重要な示唆を与えることができると考える。

4. 各章の構成

　以上の研究目的及び3つの研究課題を明らかにするために、本論文におい
て、以下の作業をおこなう。第1章では、1980年代半ば、戒厳令が解除さ

れた前後に焦点をあわせ、まずその時期に台湾社会が政治的、経済的及び社会的にいかなる変容を示したのかについて検討する。次に、それをふまえつつ、台湾における高等教育政策の変容及びそれにともなう規模の変化と、教育の質の点で求められた変革を分析する。

第2章では、1990年代の空中大学における学位授与の論争に焦点をあてて、主に「大学法」の改正及びそれに関連する法規の制定をめぐる議事録を手がかりに、1980年代の空中大学が「大学法」の改正によりその設置に関する法的根拠が与えられたものの学位を授与する権限が得られなかった要因、及び1993年に学位を授与できるようになった改革での議論を分析することを通して、政策形成にあたって大学教育がどのように捉えられたのかを検討し、その時期に生じた大学教育に対する考え方の変化について明らかにする。

第3章では、台湾の高等教育システムにおいて特徴的な体系である高等職業教育体系に着目する。そして、その導入の背景、職業系大学の開設状況及びそれが高等教育システムに与えた影響を整理した上で、「技術及び職業教育法」制定前後の時期に焦点をあて、それに関連する法律(案)や政策、政策文書などを手がかりに、高等職業教育体系が確立されて以降の、高等職業教育に対する考え方を分析し、それをもとに、台湾における高等職業教育体系の役割と位置づけを検討する。

第4章では、台湾の通常のプログラムとは異なる社会人向けのプログラムを取り上げる。とりわけ近年積極的に展開されている大学院教育段階における社会人向けの修士プログラムである在職プログラムを手がかりに、その導入の経緯、制度的な枠組みと特徴及び導入前後で大学においてなされた対応を分析し、在職プログラムの導入によって大学院教育にどのような変容が生じたのかを解明する。

第5章では、教育の提供の特異な例として、高等教育の国際化及びその輸出を促すことを目的として設けられた海外学位プログラムに焦点をあて、その中でもとりわけ海外在住の台湾人を主たる対象とする海外学位プログラムを取り上げる。その制度的な枠組み及び設置状況を把握した上で、代表的な事例を選出し、それらの大学の運営関係者への半構造化インタビューによっ

て得られた情報に基づいて、大学における海外学位プログラムの導入背景、理念、設置目的及び戦略などの側面を分析し、大学が海外学位プログラムを導入する論理を明らかにする。

　最後に、終章では、各章で解明した大学教育の考え方、職業教育及び社会人プログラムに関する導入経緯、制度の枠組み及び各教育機関類型の実態に基づいて、それらのプログラムの提供における政策的、制度的、実態的な共通の特徴をまとめる。こうした特徴の分析によって、台湾における高等教育の多様化の背景となる論理を明らかにする。

5. 台湾の教育制度

　本論に入る前に、台湾における現行の学校教育体系について説明しておく。

　図 0-2 に示すように、台湾の学校教育段階は、国民小学（日本の小学校に相当）、国民中学（日本の中学校に相当）、高級中等学校（日本の高等学校に相当）、高等教育段階へと続いている。その教育制度は基本的に日本の 6 － 3 － 3 － 4 制と同じであるが、後期中等教育段階から大きく普通教育体系と職業教育体系に分かれている点が異なる。後期中等教育段階に位置する高級中等学校の課程は普通科、専門（職業）科という 2 種類に分けられる。普通科は教養の形成、市民の育成が求められ、学術研究及び専門能力の習得に必要な基礎を固めることを目的とし、その卒業生は主に大学や学院に進学するが、卒業 1 年後に専科学校や職業系大学に進学することも可能である[43]。そして、専門（職業）科は職業知識と能力を教授し、職業道徳の育成をおこない、健全な初級技術者の養成を目的とし、その卒業生は主に専科学校、職業系大学に進学するが、通常の大学や学院に進学することも可能である[44]。この段階の教育機関は、従来の普通教育をおこなう高級中等学校、職業教育をおこなう高級職業学校及び前述 2 種類の教育を両方ともおこなう綜合高級中学という 3 種類に分けられていた。それが 2014 年に定められた国民基本教育を 12 年に延長させる政策によって、これらの機関は改めて普通型高級中等学校、技術型高級中等学校、綜合型高級中等学校、及び単科型高級中等学校に分けられる

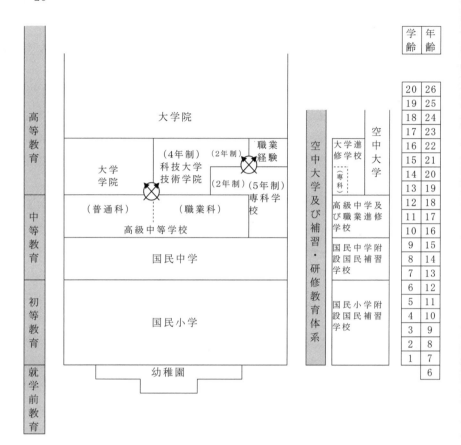

図 0-2　台湾の学校教育体系

出典:教育部統計処『中華民国教育統計　民国 107 年版』教育部、2018 年、239 頁により、加筆修正して作成。

ことになった[45]。2013 年の「高級中等教育法」に基づき、これらの学校は類型にかかわらず、普通科、専門(職業)科、実用技術プログラムなどを自由に開設することができる。しかしながら、それらの高級中等学校は学校としてなお異なる目的を持っており、各学校類型で提供される主要な課程にも差異がある。普通型高級中等学校と技術型高級中等学校は従来の高級中等学校、高級職業学校から転換したものである。普通型高級中等学校は主に普通科目を提供し、生徒の教養を向上させるための学校である。技術型高級中等学校

は、主に専門的で実践を中心とする課程を提供し、実務技術の教育、産学連携をおこない、生徒の専門能力と職業能力を育成するための学校である。また、綜合型高級中等学校は綜合的に基礎学科及び専門科ともに提供しており、前述した綜合高級中学に相当する。それら以外に、単科型高級中等学校という特定の専門分野に特化した学校もある。この学校は特定の学科を中心とし、たとえば体育、芸術や科学といった分野で特殊能力や性格を持つと判定された学生を対象とし、それらの潜在能力をさらに発達させることを目的としている[46]。

　詳細は第1章と第3章で説明するが、高等教育段階も、普通教育体系と職業教育体系に沿い、2つのサブシステムから構成される。1つ目は大学と学院という普通高等教育機関からなる普通高等教育体系であり、2つ目は科技大学、技術学院、専科学校（日本の高等専門学校または短期大学段階に相当）という高等職業教育機関からなる高等職業教育体系である。学院は基本的にレベルとして大学と違いはないが、規模の点で異なる。学院で、校地、施設、学院・学系・研究所及び資金が関連の規定に合致すれば、大学への名称変更を申請することができる[47]。ここで注意したいのは、大学と学院の中に教育組織として学院と称する組織も設置されていることである。この学院の概念は、機関名称としての学院とは異なっている。後者の学院はすでに述べた大学と同等な高等教育機関を示すのに対し、前者の学院は機関内部に設置される組織である。この学院は主に教育課程を提供する校内組織である。その2つの用語を区別するために、本書では特に言及しない限り、大学と学院という高等教育機関は大学として総称する。

　本書の問題関心とも関連しているが、正規の教育体系以外に、台湾の特徴的な教育体系である補習・研修教育体系（原語、補習及進修教育体系）が存在している。その体系は、日本の補習教育の意味と異なり、国民に基礎知識を補充させ、教育レベルを向上させ、実用的な技術を教え、市民としての意識を養い、社会の発展を促進することを目的として、通常の学校教育体系と平行して形成されている非正規教育体系のことである[48]。この体系は各教育段階において相当する機関が設置されており、それらは主に正規学校に附設する

形で設置されている。具体的には、初等教育段階から高等教育段階にかけて、国民小学附設国民補習学校、国民中学附設国民補習学校、高級中学及び職業進修学校、専科進修学校、大学進修学校である。また、日本の放送大学に相当する空中大学は歴史的な経緯から、また生涯教育的で社会人に対応する性格が通常の高等教育機関より強いことから、しばしば補習・研修教育の一部として扱われている。しかしここで注意すべきなのは、空中大学は、第2章で詳しくみるように、実際には「大学法」に規定されており、学位授与権を有する正規の高等教育機関であることである。

注

1　The Word Bank「School Enrollment, tertiary」、https://data.worldbank.org/indicator/SE.TER.ENRR、2019年1月1日最終確認。

2　Trow.M. "Problems in the transition from elite to mass higher education." In OECD(ed.). *The general report on the conference on the future structures of post-secondary education*. Paris: OECD, 1974, pp.51-101; Schofer, E. and Meyer. J. "The worldwide expansion of higher education in the twentieth century." *American Sociological Review*, Vol.70, No.6, 2005, pp.989-920; Baker, D. "Forward and backward, horizontal and vertical: Transformation of occupation credentialing in the schooled society." *Research in Social Stratification and Mobility.* , Vol.29, No.1, 2011, pp.5-29.

3　Marginson, S. " High Participation Systems of Higher Education." *The Journal of Higher Education*, Vol.87, No.2, 2016, pp.243-271.

4　*Ibid.*

5　Fumasoli, T. and Huisman, J. "Strategic agency and system diversity: Conceptualizing institutional positioning in higher education." *Minerva*, Vol.51, No.2, 2013, pp.155-169; van Vught, F. "Mission diversity and reputation in higher education. " *Higher Education Policy*, Vol.21, No.2, 2008, pp.151-174.

6　台湾の粗在学率とは、各教育段階の学生数を各教育段階年齢の人口数で除して求められる。なお、ここで示した粗在学率は、大学院教育段階及び大専進修学校の学生数を含んでいない。

7　教育部統計処『中華民国教育統計　民国107年版』教育部、2018年、60-61頁。

8　同上書、2-5頁。

9　詳細は、教育部『大学研究所教育検討与展望』教育部、2001年、17頁；教育部『目

前大学校院整合与推動研究型大学現状専案報告』教育部、2002 年、1 頁；教育部
『我国高等教育発展規画研究専案報告』教育部、2003 年、35-37 頁；教育部『我国
研究所教育定位与未来発展専案報告』教育部、2004 年、9-10 頁；教育部『高等教
育現況検討及追求卓越之発展策略専案報告』教育部、2009 年、25 頁、詹盛如「機
構的多元分化―論台湾高等教育未来発展」『高等教育』3 巻 2 期、2008 年、1-32 頁；
及び楊国賜、王如哲「我国高等教育的分類――項実証調査之分析」中華民国比較
教育学会編『推動高等教育整合与提昇高等教育競争力』2002 年、I-1-1 ～ I-1-41 を
参照すること。

10　教育部統計処、前掲書、2018 年、及び教育統計処のデータベースより算出した。

11　同上。

12　詳細は、Teichler, U. "Diversification? Trends and explanations of the shape and size of
higher education." *Higher Education*, Vol. 56, No.3, 2008, pp.349-379. を参照。

13　詳細は、Trow, M., 1974, *op. cit.*, pp.51-101. を参照。

14　バートン・R. クラーク（有本章訳）『高等教育システム：大学組織の比較社会学』
東信堂、1994 年。

15　Neubauer, D., Shin, J. C., and Hawkins, J. N.(eds.). *The dynamics of higher education development
in East Asia: Asian cultural heritage, western dominance, economic development, and globalization*. New
York: Palgrave Macmillan, 2003.

16　Antonowicz, D. et al. "Horizontal diversity." In Cantwell, B., Marginson, S. and Smolente-
va, A. (eds.). *High Participation Systems of Higher Education*. New Your: Oxford University
Press, 2018, pp.94-124.

17　詳細は、Altbach, P. G. " The Past and Futre of Asian Universities: Twenty-First Century
Challenges." In Altbach, P. G. and Umakoshi, T (eds.). *Asian Universities: Historical Perspectives
and Contemporary Challenges*. Baltimore, The Johns Hopkins University Press, 2004, pp.13-32;
Altbach, P. G. " Peripheries and Centers: Research Universities in Development Countries."
Asia Pacific Education Review, Vol.10, 2009, pp.15-27; Altbach, P. G. " The Asian Higher
Education Century?" *International Higher Education*,Vol.59, 2010, pp.3-6.　及 び Marginso,
S. "Higher Education in East Asia and Singapore: Rise of the Confucian Model." *Higher
Education*,Vol.61,2011, pp.587-611; Neubauer, D. Shin, J. C., and Hawkins, J. N. (eds), 2003,
op.cit., pp.197-208. などを参照。

18　Altbach, P. G and Selvaratnam, V. *From Dependence to Autonomy: The development of Asian Uni-
versities*. Dordrecht, Boston: Kluwer Academic, 1989.

19　馬越徹「アジアの私立高等教育―変遷と発展」フィリップ・G・アルトバック・

24

馬越徹編『アジアの高等教育改革』玉川大学出版部、2006 年、38-55 頁；馬越徹
「アジアの経験—高等教育拡大と私立セクター」『高等教育研究』第 2 集、1999 年、
105-121 頁。

20 Margison, S, 2011, *op.cit.*, pp.587-611.

21 Chan, S. J. "Between the East and West: Challenges for Internationalizing Higher Educa-
tion in East Asia." In Neubauer, D., Shin, J. C., and Hawkins, J. N.(eds.), 2003, *op.cit.*, pp.29-
50.

22 Shin, J. C. and Harman, G. " New challenges for higher education: global and Asia-Pacific
perspective." *Asia Pacific Education Review,* Vol.10, No.1, 2009, pp.1-13.

23 フィリップ・G・アルトバック・ホルヘ・バラン編（米澤彰純監訳）『新興国家
の世界水準大学戦略：世界水準を目指すアジア・中南米と日本』東信堂、2013 年；
Song, M. M. and Tai, H. H. "Taiwan's responses to globalisation: Internationalisation and
questing for world class universities." *Asia Pacific Journal of Education*, Vol.27, No.3, 2007,
pp.323-340.

24 Wang. L.Y. "What Accounted for the Availability of Higher Education in Taiwan over
Time?." Harvard University, 1998, Ph.D. thesis.

25 Law, W. W. " The Taiwanisation, Democratisation and Internationalisation of Higher Edu-
cation in Taiwan." *Asia Pacific Journal of Education*, Vol.16, No.1, 1996, pp. 56-73.

26 Wang, R. J. "From Elitism to Mass Higher Education in Taiwan: The Problems Faced."
Higher Education, Vol.46, No.3, 2003, pp.261-287.

27 陳德華「台湾高等教育過去 20 年数量的拡充与結構的転変」『高等教育』2 巻 2 号、
2007 年、67-96 頁。

28 Chan, S. J. and Lin, L.W. "Massification of Higher Education in Taiwan: Shifting Pressure
from Admission to Employment." *Higher Education Policy*, Vol.28, 2015, pp.17-33.

29 Chiang, C. H. "Toward a universal higher education system: A case study of Taiwan."
Quality & Quantity, Vol.47, 2013, pp.411-420; Mok, K. H. " From Nationalization to Mar-
ketization: Changing Governance in Taiwan's Higher Education System." *Governance: An In-
ternational Journal of Policy, Administration, and Institutions*, Vol.15, No.2, 2002, pp.137-159；莫
家豪、羅浩俊「市場化与大学治理模式変遷：香港与台湾比較研究」『教育研究集刊』
7 巻 47 期、2001 年、329-361 頁；Kwok, Ka-ho. *When Education Meets Politics in Taiwan:
A Game Theory Perspective (1994–2016)*. Netherlands: Sense Publishers, 2017.

30 Chang, J. C. "Deregulation and Decentralization of Higher Education in Taiwan since
1994: Political Intervention on Policy Implementation." Kobe University, 2014, Ph.D. thesis.

31　小川佳万・南部広孝編『台湾の高等教育―現状と改革動向』(高等教育研究叢書95)広島大学高等教育研究開発センター、2008 年。

32　同上。

33　南部広孝・廖于晴「台湾における高等教育の構造分析」『大学論集』第 43 集、2012 年、153-169 頁。

34　小野寺香「台湾：教育学院修士・博士課程」小川佳万編『東アジアの教育大学院―専門職教育の可能性―』(高等教育研究叢書 107)広島大学高等教育研究開発センター、2010 年、69-82 頁。

35　廖于晴「台湾の高等教育における社会人プログラムの定着と役割の拡大―大学夜間部の導入と改革に焦点をあてて」『京都大学大学院教育学研究科紀要』第 60号、2014 年、125-137 頁。

36　Education Resources Information Center (ERIC) は米国教育省 (The U.S. Department of Education) の支援のもとで運営する教育学分野のデータベースである。そこでは、教育関連の雑誌論文、テクニカルレポートなどが収録されている。

37　Wu, W. H., Chen, S. F., and Wu, C. T. "The Development of Higher Education in Taiwan." In Kempner, K., Mollis, M., and Tierney, W. G. (eds.). *Comparative Education. ASHE Reader Series*. United State: Simon& Schuster Custom Publishing, 1998, pp.518-531.

38　Huang, H.M. " Education Reform in Taiwan: A Brighter American Moon?" *International Journal of Education Reform*, Vol. 8. No. 2, 1999, pp.145-153.

39　Lo, W. Y. W. " Educational Decentralization and Its Implications for Governance: Explaining the Differences in the Four Asian Newly Industrialized Economies." *Compare: A Journal of Comparative and International Education*, Vol. 40, No.1, 2010, pp.63-78.

40　Yang, C. C. " College Access, Equality, and Student Success in the Context of Higher Education Expansion and Differentiation in Taiwan." University of California, 2010, Ph.D. thesis; Yang, C. C and Huang, Y. C " Promoting Teaching Excellence of Universities in Taiwan: Policy Analysis with a Special Reference to Educational Equality." *International Education Studies*, Vol. 5, No. 5, 2012, pp.129-140; Weng, H. J and Chang, D. F. " Determining the Influence of Heterogeneity in Graduate Institutions on University-Industry Collaboration Policy in Taiwan." *Asia Pacific Education Review*, Vol.17, No.3, 2016, pp.489-499.

41　バートン・R. クラーク、前掲書、1994 年。

42　Antonowicz, D. et. al. "Horizontal diversity." In Cantwell, B., Marginson, S., and Smolentseva, A.(eds.), 2018, *op.cit.*, pp.94-124.

43　教育部統計拠『中華民国教育統計　民国 107 年版』教育部、2018 年、223-228 頁。

44 同上。

45 詳細は、「高級中等教育法」第5条を参照。(教育部主管法規査詢系統「高級中等教育法」、http://edu.law.moe.gov.tw/LawContent.aspx?id=GL001143、2019年2月3日最終確認。

46 同上。

47 教育部主管法規査詢系統「教育部辦理独立学院申請改名為大学審査作業規定」、http://edu.law.moe.gov.tw/LawContent.aspx?id=FL008673、2019年2月3日最終確認。

48 詳細は「補習及進修教育法」(2017年)を参照のこと。(https://law.moj.gov.tw/LawClass/LawAll.aspx?PCode=H0080002、2018年9月29日最終確認)

第1章　台湾社会の変容及び高等教育改革の動き

　本章では、台湾社会の変化にともない、教育改革の動きがどのように進んできたかを検討する。その上で、さらに高等教育の改革に焦点をあてて、その規模の変容と教育に求められる質の変化を分析する。これらを通じて、台湾社会の変容によって、教育の考え方にどのような影響や変容がもたらされているかを概観する。

1. 歴史的・社会的背景

(1) 戦後台湾社会の政治・経済状況

　第二次世界大戦後、台湾は、日本の植民統治支配から脱し、国民党政府に移管された。1949年、国民党は中国大陸での中国共産党との戦争に敗れたため、台湾に移転してきた。そのあと、台湾社会は国民党を受け入れ、中国大陸の共産党政権と対峙しながら、独自の路線を歩み始めた[1]。

　1949年に国民党が台湾にきた後、統制の体制を確立するために、「戒厳令」と「動員勘乱時期臨時条款」が台湾社会に敷かれた。これらの命令によって、台湾社会は長期的に国民党による権威的な統治のもとで、政府にコントロールされることになった。政府は、集会の開催、組織の結成、出版言論及び居住移転などの活動に対して規制をおこなった。また、国民党政権は「中国の正統政府」、「全中国を代表する象徴」であると主張し、中国大陸で当選した議員こそ「正統」だと考え、中国大陸で当選した第一期国会議員（立法委員、監察委員、国民大会代表）は中国大陸を取り戻すことに成功するまで改選しな

いとされた[2]。これにより、「憲法」では議員の選出は 6 年に一度と定められ
ていたが、1992 年に至るまで議員の改選はおこなわれなかった（詳細は後述）。
このようにして、民衆が一連の政治参加や言論の自由などの権限を抑制され
た、国民党による一党独裁の政治体制が確立された。台湾社会では、反政府
の勢力や言論などが禁止され、殺伐とした政治的雰囲気に包まれ、民衆は政
治参加に対して恐怖心を抱いた[3]。

　こうした民衆に対する政治的・社会的な監視・抑制だけでなく、経済的な
発展でも、国民党政府の方針にしたがい、台湾を「大陸反攻」の拠点として、
社会状況を安定させ、軍事の需要に対応することが目的とされた。当時の経
済発展政策においては、すでに築かれていた農業の基礎の上に立って工業を
育成し、工業化への移行を促進することが示されていた。農業政策において、
「耕者有其田」（耕作者が土地を所有すること）や「三七五減租[4]」などの農地改革
が進められることによって、農業生産が増加し、食料供給が安定し、一般の
物価、賃金が安定した。こうした農業生産と生産物の輸出によって獲得され
た外貨も工業発展環境の改善に向けられ、それ以降台湾の産業構造が工業化
社会に移行していく基盤が構築された[5]。こうした基盤に加えて、外資の導
入及び低賃金労働供給の体制により、1960 年代から 1970 年代にかけて、台
湾の産業構造は徐々に労働力集約型の加工業、輸入代替工業に転換し、その
あとさらに輸入代替型産業から輸出指向の産業に転換した。この時期の国民
総生産に占める産業構造の変化をみると、1961 年段階では農業生産が全体
の 28.2% を占めていたが、この比率は 1971 年には 14.6%、1981 年には 7.4%
へと低下した[6]。このような農業部門の比重の低下に対して、工業生産の全
体に占める割合は 1961 年から 1971 年にかけて、25.3% から 37.8% に上昇し、
1981 年には 43.8% に上昇した[7]。また、工業化社会への移行だけでなく、経
済的にも高度成長を迎えた。1961 年一人あたり GDP は 6,448 元（約 17,590 円）
で、1971 年に 18,045 元に増加し、1981 年までにはさらに 100,113 元に急増し
た[8]。このように、政府主導の経済発展政策によってもたらされた、台湾社
会における工業化への急速な変容及び経済の高度成長は、国際的にも飛躍的
な経済発展だと考えられ、同じように成功した他のアジア諸国と合わせて新

興工業経済群（Newly Industrialized Economies, NIEs）の 1 つとして認識されるようになった。

　こうした経済成長は、新たな階層を創出して、1980 年代後期台湾社会の民主化を促進した[9]。繰り返しになるが、戦後の台湾社会は国民党の一党独裁という権威体制のもとでコントロールされていた。社会構成も、新しい中国大陸から移転してきた漢人（通称、外省人）、及び日本統治時代から台湾に在住していた漢人（通称、本省人）、従来台湾に住んでいたオーストロネシア語族系の先住民（通称、原住民[10]）という 3 種類に区別され、「外省人」を主な支配層として彼らが「本省人」と「原住民」を支配するという二元的な社会構造が形成されていた[11]。戦後の台湾経済も開発独裁体制のもとで展開され、主として外省人に主導される「官営」、及び主に本省人から構成される「民営」という官民の企業二重構造の特徴を持っていた[12]。「官営」とは、日本植民時代の産業を再編したものであり、基幹産業（金融、発電、肥料、運輸、機械）、重化学工業（鉄鋼、造船、石油化学）など川上産業[13]を指す。それらの産業は国民党政府や外省人によって独占されていた。一方で、「民営」は、軽工業を中心として周辺産業に集中しており、経営主体は本省人である民間企業である。

　こうした経済・産業の二重構造のもとで、本省人を中心とする民間企業は、国家の保護や育成政策が得られない中で自力で外資との提携、資金の調達をおこない、様々な市場を開拓し、発展を遂げたのである。国家からの民営企業への援助が欠けているにもかかわらず、輸出加工業はコストが低く、比較的容易に発展できたため、本省人を中心として民間中小企業が徐々に設立されるようになり、それ以降、中小企業は台湾の基本的企業形態になっていった。それだけでなく、民間中小企業の増加にともない、経済的に裕福な中間階層が増えていった。これらの中間階層は経済上非効率的な独裁開発体制の緩和、公営企業の民営化、輸入規制や外資規制の緩和などいわゆる経済の民主化、または国家からの援助体制のいっそうの整備などを求めるようになり、1980 年代以降、外交、内政上の変容にともない、政治的な反対運動と合流し、台湾社会全般として民主化、自由化への動きが促された。

(2) 台湾社会における民主化、自由化の動きと変容

　中国共産党政府が 1970 年代から国際社会に復帰するようになったのにともない、1980 年代に入ると、台湾は外交上孤立するようになり、外的危機に遭遇した。それに加えて、統治者階層の権力交代がもたらした権威体制に反対する党外運動[14] 及びすでに述べた急速な経済発展にともない、環境の保護、労働条件の整備、産業発展の支援、貧富の格差の是正など様々な課題に対して、産業界や民衆からの改革の要望に影響されて、台湾社会は上述した国民党による一党独裁のもとで大きく転換した[15]。台湾社会は、国民党による厳しい統制体制からの脱却を目指しつつ、台湾を中国大陸に反攻する臨時拠点とする考え方を改め、台湾を主体的社会として構築し、「台湾化」、「土着化」の道を進めていくようになった。そして、体制の規制緩和、内部の対立と格差の解消など様々な課題への対応を模索していく中で、民主化、自由化への方向に移行した。

　政治面では、すでに述べた集会の開催や政治参加などの制限が徐々に緩和され、1987 年に 38 年間敷かれていた「戒厳令」が解除されて、出版、言論、政治参加、結社などの自由が認められるようになった。1990 年代李登輝の時代に入ると、台湾社会は法規の修正がなされ、制度の構築・改正によって、民主化、自由化への移行がよりいっそう進められた[16]。国民党内において、本省人エリートの抜擢及び民意によって選出された代表の党内地位の上昇など党内の改革によって、従来主に国民党の上層部にある外省人を中心とする統治体制を解体するとともに、国民党による一党独裁権威[17] という「党国体制[18]」の終焉も推進した。また政治面での規制緩和によって結成された野党である民主進歩党と社会各界からの要求のもとで、1990 年代から、国会の改選、地方と中央政府体制の改革、憲法の改正、対中政策と外交方針の見直しなどがしばしばおこなわれた。1991 年の憲法改正にともない、44 年間一度もおこなわれなかった国会議員の全面改選が 1992 年に実施された。それから、政治の民主化改革の一環として、1994 年に直轄市長の民選、1996 年に総統の直接選挙などがおこなわれるようになった。2000 年の総統選挙で

陳水扁が総統に就任することによって、政権が中国国民党から民主進歩党に移って台湾初の政権交代が起き、国民党 55 年間の統治が終わった。

　経済的には、民間中小企業の割合が高く輸出加工業が依然として台湾産業の基本構造であったが、国際環境の変容による台湾を主体とする発展方針の転換、及び中国への資本輸出がもたらした政治上の配慮に影響され、政府は国内投資を重視するようになり、国内のインフラ建設の充実及び産業の高度化が図られるようになった[19]。1980 年代後半、国内の賃金が上昇したため、労働集約型の製造業が経済成長を引っ張っていくことは難しくなっており、それらの産業はより安価な労働力を求め、東南アジアや中国へ進出するようになった。ただし、中国との政治情勢に対する配慮もあって、台湾の経済は徐々に拡大してきた対中依存を避けるべきだと考えられ、「南向政策」(東南アジア投資)、「東進政策」(中南米投資)、「北進政策」(ロシア・北朝鮮投資)など各種の政策が打ち出された。その一方で、すでに述べたように国民党政権にとって「仮住まい」であった台湾が「定住」の場所となったため[20]、1970 年代の重工業を中心とする建設の延長として、「十二項目建設」、「十四項目建設」といった社会資本整備政策が打ち出され、従来の重工業に加えて農業、文化、地域の発展を促すようになった[21]。

　産業の高度化については、従来の輸出指向産業から、より付加価値の高い資本・技術集約的なハイテク産業への転換が目指された。アメリカのシリコン・バレーをモデルとして、「新竹科学工業園区」というハイテク工業団地が設立された[22]。その設立背景としては、国立清華大学と国立交通大学、工業技術研究院などがこの地にあり、それらによる技術者や技術援助がより容易に獲得できることがあった。電子工業・精密機械・素材産業などに関連する人材を招いて事業を興させるとともに、国立清華大学や国立交通大学という台湾の著名理工系大学が技術開発や人材供給という面で工業団地に寄与することが期待された[23]。1983 年の新竹科学工業園区の生産額はわずか 30 億元にすぎなかったが、1993 年になると 1,290 億元に達し、わずか 10 年間で 40 倍に大きく成長した[24]。その後、年間おおよそ 500～2,000 億元の程度で徐々に増加してきており、2004 年には 10,845 億元に達した後に、ほぼこの規模

研究型大学である国立交通大学の校門前

右側に「周行致遠　為世界之光（ACT together to go far and be the light of the world）」という学校精神が書かれている。

研究型大学である国立清華大学の校門前

国立清華大学と国立交通大学の間の通路

国立清華大学と国立交通大学の間の通路 (それぞれ通路の名前は清交小道と交清小道と称する)

で維持されており、2017 年には 10,122 億元になっている[25]。1990 年代以降、情報通信技術産業が高度に成長し、その世界シェアが 1998 年に 8.9% になり、その後、情報通信技術産業のもとでの各分業のシェア率は、さらに世界の第4 位 (Static RAM、DRAM) や第 1 位 (OEM、マスク ROM、セミコンダクタパッケージ) になっている[26]。2013 年時点では、情報通信技術産業の世界総シェア率は 2 位になるとともに、国内の総生産の 20.6 % を占め、それは GDP の 5.3% を占めると推計されている[27]。つまり、台湾の情報通信技術産業は、1990 年代に整備されてから、台湾における重要な産業として展開されるようになったと考えられる。

　その一方で、政治上の民主化が進行すると同時に、経済上の民主化もおこなわれた。具体的には、公営企業の民営化、輸入規制や外資規制の緩和が進められるようになり、二重産業構造を弱体化させ始めた。それまで長期的に国民党政権に主導されてきた官業、すなわち公営企業や党営企業に競争原理

が導入され、経営の効率化がよりいっそう求められただけでなく、そうした業種の民営化がおこなわれたり、民間企業の参入が認められたりするようになった。それに関連して、それまで政府からの支援・保護がうすかった民間中小企業に対して、低利、特別融資、その他税制上の優遇などが設けられ。また、情報通信技術などのハイテクの産業において、研究と開発資金が不足する民間企業の代わりに、政府がハイテク分野の技術開発をおこない、それを民間に移転する産業育成政策がとられた[28]。

(3) 多次元、多層構造の形成と社会構造の「個人化」

　上述した社会全体として自由化、民主化への移行、及び発展方針の転換によって、従来外省人からなる支配層と本省人からなる被支配層という社会構造から脱し、複数の集団・族群[29]、また異なる文化や価値観を有する人々が平等で共存的な社会を構築することが、ある程度社会の共通の認識になった。

　1997年第四次憲法改正において、修正条文の第10条に「国家は多元文化を肯定し、積極的に原住民各族の言語と文化を促進・発展させなければならない」(第11項)ことや、「原住民の地位と政治参加を保障し、教育文化、交通水利、衛生医療、経済土地及び社会福祉に対して補助を保障し、その発展を促進する」(第12項)ことが明記された。そして1991年に立法院に提出されていた「原住民基本法」が2005年に公布され、従来漢人社会の中でマイノリティであり、全体として社会階層の最下位にある原住民に対して、自らのエスニシティに対するアイデンティティの確保、その権利の保障、言語・文化の保護と発展が積極的に進められるようになった。それと同時に、国民党の統治によって台湾社会に外省人と本省人の対立(通称、省籍衝突)や統治者と非統治者の間の深い亀裂があったが、こうした族群・階層間の衝突、不信と矛盾(通称、省籍矛盾)を解消するため、国民党の権威統制時代[30]である歪んだ制度や被抑制者・被害者の権利の是正が求められるようになった。

　その一方で、世代の進行にともない、族群間、族群内部にも変容が生じ、その多様性がさらに拡大するようになった[31]。すでに述べた外省人と対抗する、台湾人である「本省人」が意識として、さらに、自らの家系や移民して

きた先祖の本来の居住地によって客家人、福佬人に分けられるようになり、独自の文化・言語を強調する動きも始まった。こうした族群の分化が進んだ一方で、世代間の変容にともない、省籍間の境界も低くなり、エスニックな構造の流動化が起こっていった[32]。族群間の結婚、交流の増加にともない、お互いの言語である中国語、台湾語が話せることになり、それらの族群の第二世代や第三世代では単純に外省人か、本省人かが分けられなくなった。

　上述したように台湾社会は、様々な族群、及びその文化・言語、価値観の調和を進めていくようになった。その後、グローバル化と国際化にともない、1990 年代以降外国人労働者の流入、国際結婚などによって台湾の国籍を取得した新移民[33]の急増、経済構造の変化、少子高齢化の進行などの影響もあって、台湾社会は、従来の主として集団や民族に基づく差異や格差がさらに分化し、その差異の区分が個人化して、多次元的な構造がよりいっそう顕著になった。

　1990 年代半ばから、インドネシア、マレーシア、フイリンピン、タイ、ベトナムといった東南アジア諸国からの労働者が台湾社会に参入し始めた[34]。その総数は、1991 年には 2,999 人だったが、2000 年に 30 万人を超えて、2010 年には 42 万人に達し、2017 年に 67 万人までに増加した[35]。外国人労働者の業種は様々である。男性の外国人労働者は主に製造業や建設業で、低賃金の工場や工事現場の仕事を担っている[36]。女性の外国人労働者の多くは、医療・福祉の分野で働き、老人介護や家事・育児の仕事を担うようになっている[37]。

　これらに加えて、台湾社会の経済発展にともない、一部の台湾人男性が、台湾の外、とりわけ中国大陸と、ベトナムやインドネシアといった東南アジアに配偶者を求めるようになった[38]。中国大陸出身者との婚姻は、1998 年には台湾の婚姻総数の 8.5% を占め、2003 年にはほぼ 21% に達した。その後は10% 前後を推移し、2010 年からその比率が年々低下して、2018 年には 6.2%になっている。一方、東南アジア出身者との婚姻は、2001 年から 2003 年の間おおよそ 11% 前後であったが、その後 4% 前後を推移し、2017 年には 6.2%に上昇し、2018 年では 6.5% である[39]。このように、中国大陸と東南アジア

出身者との婚姻数は 2003 年から減少する傾向にあるが、台湾社会で一定の規模が維持されている。その一方で、中国大陸や東南アジア以外の外国人との国際結婚も一定の規模を有している。台湾人男性が外国人女性と結婚する比率は、1998 年から 2004 年にかけて、6% から 13% に増加し、それ以降徐々に減少してはいるが、おおよそ 5% 〜 6% の割合を維持しており、2018 年には 6% になっている[40]。それに対して、台湾人女性が外国人と結婚する比率は、台湾人男性に比べて少なく、1% 〜 2% の間を推移しているものの、増加の傾向がみられる[41]。1998 年から 2001 年までは 1% であったが、2002 年から 2% に増加し、2017 年からは 3% になっている[42]。

　これら外国人配偶者の増加は台湾社会に新たな言語や文化をもたらすようになっている。たとえば、ベトナム人女性は、台湾人女性に比べて、より保守的な性別役割意識を持っており、台湾社会のジェンダー文化に影響を与えているとされる[43]。中国大陸からの女性外国人配偶者は、漢族文化や中国語など共通した点もあるが、その歴史の発展、政治体制、文化や価値観などがこれまで発展してきた台湾社会と異なっているため、それらの違いをいかに調和させて社会をつくっていくかも課題になっている[44]。

　このように、外国人労働者や外国人配偶者は、様々な職場や家庭の内部に入り込むようになった。こうしたことから、台湾社会はその構成の複雑化が進み、新たな言語、文化や価値観がもたらされるだけでなく、新たな格差や課題を生み出した。これらの新移民は、台湾のそれまでの文化や言語に馴染みが薄いため、生活上の困難に遭遇するだけでなく、台湾人から偏見を持たれたり差別を受けたりしている人たちも多い[45]。なお、東南アジアの女性を中心とする外国人配偶者たちの子ども（通称、新移民之子）について、家庭構成、社会経済的地位、文化資本、保護者の教育観などが従来の子どもと差異があると観察されるため、このような背景にある新移民の子どもにいかなる支援を提供するか、また学校教育でどのように扱うかは台湾社会の新たな課題となっている[46]。

　こうした外国人労働者や新移民が参入する一方で、経済の発展にともなう族群または社会階層の変容も、台湾社会に影響を与えて新たな差異を生じさ

せている。1990 年代以降、台湾の社会階層は全体として「中流化」が進んでおり、国民は全体においても中流階層の意識を持つようになった[47]。その中で、専門職と事務職が増加し、ホワイトカラー化が進むとともに、経済の成熟にともない、起業が困難になり、サラリーマンに就く若い世代が増加する傾向が強くみられる[48]。こうした背景のもとで、原住民を除いて族群間の所得格差が縮小していく一方で、職業別や世帯による階級間の格差[49]は拡大している[50]。加えて、ジェンダーについても、男女格差は減少する一方で、未婚・離婚、また母子家庭の増加、及び外国人女性の参入などの影響を受けて、新たに女性間の格差が拡大していくようになった[51]。

　これまで述べてきたように、グローバル化と国際化にともない、新移民の急増、経済構造の変化、少子高齢化の進行などの影響を受けて、台湾社会は差異と格差の個人化が進み、よりいっそう多次元的な社会構造に変わってきている。こうしたことから、1980 年代以降台湾社会では、国民党による権威体制から民主自由体制に移行し、多様な族群、価値観や文化を共存できる多元社会の構築を目標として進んでいく中で、いかに複数の次元にある差異に対応するのが課題になっているとまとめることができる。

2. 台湾における高等教育政策の変容

　台湾における高等教育政策は、基本的には前節で述べた社会の変容に対応して展開されてきている。台湾社会が民主自由化に移行する 1980 年代前後の時期に、台湾の高等教育政策は大きく転換した。1980 年代以前、高等教育は主に国民党統治のもとで、国家の統合及び経済発展への寄与を求められていた。Wang によると、1980 年代半ば以前、高等教育政策は主に労働市場のニーズに基づいて、人材を育成し供給することを目的としており、教育に対する考え方は計画的な投資であった。高等教育と労働市場は直接結びついていると考えられ、卒業者の構造的失業または不完全就業を生じさせないために、高等教育の規模が制限されていた。1980 年代後半になると、高等教育は必ずしも国の経済発展政策にしたがうだけのものではなくなり、個人の

権利としてすべての人が受けられるようにすべきだと考えられるようにも
なった。高等教育を受けることは民主的で、個人が自らの需要で享受できる
ものと考えられ、政策の方針は大きく変化した[52]。その変容には、量的な拡
大のみならず、構造上の変化も内包されていた。そこで本節では、こうした
台湾社会の変容も念頭に置きつつ、政府の高等教育政策に焦点をあて、台湾
高等教育の展開を4つの時期、すなわち安定回復期 (1949 年～ 1961 年)、人材
開発期 (1962 年～ 1993 年)、自主開放期 (1994 年～ 1998 年)、多元競争期 (1999 年
～ 2018 年) に分けて整理する。

(1) 安定回復期 (1949 年～ 1961 年)

この時期は、中国大陸から台湾への国民党政府の移行後の混乱を安定させ、
経済建設計画を発展させることがもっとも重要であった。したがって、この
時期の政策は政府に強く主導されながら、いかに高等教育を再開させるかと
いう課題に論点が集中した。これに対応するために、高等教育に関する法律
を整備し、従来の中国で定められていた制度を再開させることを目的とし、
1949 年以前に定められた法律である「大学法」、「専科学校法」、「師範学校法」
及び「師範教育規則」[53]を再び公布した。また、中国大陸からの学生を復学
させるため、私立高等教育機関の設置を奨励するとともに、中国大陸にあっ
た高等教育機関の再開も進められていった[54]。しかし、社会を安定させるこ
とがこの時期のもっとも重要な政策方針であったため、1960 年までに設置
された高等教育機関はわずか数校にとどまった (後掲表 1-1 参照)。

これら一連の政策が実施された結果、高等教育の機能は徐々に回復し、高
等教育システムの基礎も定められた。すなわち、学術研究と専門人材を育成
する大学及び学院からなる普通高等教育体系、実務系技術人材を養成する専
科学校からなる高等職業教育体系の 2 種の体系が確立された。こうした 2 つ
の体系に基づく高等教育システムはこれ以降、社会からの高等教育機会拡大
の要望や、政策の規制緩和などの影響を受けて、体系を構成する機関または
体系間の距離などにいくつかの変化があったが、この 2 つの体系は一貫して
存在し、体系の間には一定の境目が維持された。

(2) 人材開発期 (1962 年〜 1993 年)

　1960 年代になると、社会が徐々に安定するとともに、主要な産業構造が農業から工業へ移行し、それに対応できる人材への需要が高まっていった。したがって、この時期は主として国家建設計画に応じ、経済発展に寄与できる人材を養成することが政策課題とされた。このような方針は高等教育に強く影響を及ぼし、専科学校の設置が促進され、高等教育システムの変容が進んでいった。

　まず、技術人材の需要に対応するため、専科学校が大量に増設された。政府は、1962 年の「スタンフォード報告[55]」の提言に応じて、1966 年に「人材開発計画」(原語、人力発展計画) を公表し、高等教育機関が経済の発展に必要な人材を供給できるようにするために、教育課程を弾力的に調整すべきであると指摘した。この計画が公布された後に専科学校数は急激に増加し、1960 年にはわずか 12 校だったのがその 10 年後には 70 校に達した。これは、同じ年 (1970 年) に大学と学院があわせて 22 校だったのに比べると非常に大きな数値である。

　上述した政策方針及び量的な展開からみると、この時期には、台湾の高等教育発展政策は専科学校の増設によって高等教育の需要に応じようとするものだったといえる。ただし、産業の高度化に対応できる専門人材への需要に応えるために、学士課程段階以上である機関もしばしば高等教育システムに取り組まれた。具体的には、新設された技術学院及び昇格した師範学院という 2 種類の機関があげられる。前者は、1974 年に設置された全国初の技術学院である国立台湾工業技術学院 (現、国立台湾科技大学) である。こうした機関の設置によって、実務系人材の養成を、専科学校だけでなく、より上級の 4 年制教育機関である技術学院でおこなうことが可能になった。後者は、1987 年に師範専科学校から昇格した師範学院である。それ以前の教員養成機関は教育段階によって、師範学院及び師範専科学校の 2 種類に分けられていた。初等教育段階の教員を養成する場は、師範専科学校でおこなわれている。1987 年になると、小学校教師の質を向上させる政策に応じるため、9 校

の師範専科学校を師範学院に昇格させた。これによって、師範専科学校の制度は終焉を迎え、すべての教員養成が4年制以上の教育機関でおこなわれるようになった。

こうした機関の新設や昇格とも関連して、この時期の専科学校では、位置付けの揺らぎによる制度的な見直しもおこなわれていた。従来、政府は財政資源の不足で、国公立専科学校の増設を制限し、私学セクターに五年制専科学校や二年制専科学校の設置を積極的に奨励した[56]。こうしたことから、3種類の専科学校が設置されていた。すなわち、高級中等学校と高級職業学校の両方の卒業生を募集対象とする三年制専科学校[57]、前期中等教育段階の卒業生を募集対象とする五年制専科学校及び、高級職業学校の卒業生を募集対象とする二年制専科学校であった。

しかし、三年制専科学校は制度上、大学と同じように高級中等学校卒業生を募集対象としていた、入学試験、試験科目、カリキュラム及び卒業に必要な単位数も大学と同じであるものの、学士学位が授与されなかった[58]。こうした制度的な枠組み及び取得できる資格との不一致に影響され、当時の教育統計資料によると、三年制専科学校進学者が再び大学に編入したり中退したりする比率が1割に達した[59]。それだけでなく、在学者の学習意欲も消極的になっていた[60]。その制度的な曖昧さを解消するために、1960年代から1990年代の約30年間にわたって、三年制専科学校の大学の昇格や廃止などの制度的な調整がしばしばおこなわれていた。1958年から三年制専科学校が順次、大学に昇格されるようになった[61]。そして、1974年以降、技術学院という種類の機関が生じたことにともない、三年制専科学校は、大学への移行や技術学院への移行という2つのルートで昇格した。そのあと、1990年に教育部は、三年制専科学校制度の廃止を決定し、残っていた三年制専科学校を、行政命令によって大学や技術学院、あるいは二年制専科学校などに転換させることにした。

この時期は、前の時期と同じように国家主導の形で、経済発展に貢献できる人材を養成する役割を高等教育に担わせることが政策の中心になっていた。この方針のもとで、専科学校を中心として増設してきた。一方で、より高度

私立淡江大学

淡江大学の授業風景

私立淡江大学 1954 年に建てられた校舎である「宮燈教室」

な人材養成のために、それぞれの体系で提供できる教育のレベルも引き上げられた。それとともに、社会のニーズや価値観に定着できるような高等教育制度の形成が求められていた。

(3) 自主開放期 (1994 年〜 1998 年)

この後、1994 年の前後で、台湾の高等教育政策は大きく転換し、規制緩和の方針に基づいて新たな政策が進められるようになった。こうした変化は、第一節で言及した 1987 年の「戒厳令」解除以降、社会運動が活発になっていったことと関連する。当時、台湾社会は、政府が経済建設計画で高等教育の発展を主導することに疑問を持つとともに、民衆の高等教育に対する需要が高まるという背景に基づいて、政府に対して民間教育運動団体などを通じてより社会の多元性に配慮した高等教育政策を展開すべきだと要求した[62]。1994年の 4 月には、それ以降台湾高等教育の改革及び発展に大きな影響を与えた「四一〇教育改革行動連盟」によるデモ運動が起きた。このデモでは「教育基

本法の制定」、「少人数クラスの実現」、「後期中等教育機関や大学の増設」、「教育の現代化の推進」が掲げられた。それらへの対応として、同年 6 月に第七次全国教育会議[63]が開催され、その後同年 9 月には、教育改革の方針を確立することを目的とする「教育改革審議委員会」が設置された。その後、『中華民国教育報告書—邁向二十一世紀的教育遠景』(1995 年)、『教育改革総指議報告書』(1996 年)、「教育改革行動方案」(1998 年) など、それ以降の台湾の教育発展の方針、提案がしばしば打ち出された。

　それらの案をまとめれば、政府による制限を緩和し、教育機関が自由で、弾力的な教育制度を創出することを軸として、柔軟な学制の構築、入学制度・ルートの見直し、適性や適切な能力を発達させる教育の実施、教育機会の普及・均等、教育の質の向上、多元的な教員養成の展開、生涯学習社会の構築などの目標が示されており、高等教育だけでなく、教育行政、幼児教育の各教育段階、さらに教育に関する社会通念など全面的な見直しが目指されていた[64]。こうした改革のもとで、高等教育に対する制限を緩和し、大学の運営自主権を拡大することが進められた。

　また、1994 年の「大学法」修正も高等教育の発展に大きな影響を与えた。修正後の同法によって、大学に学術の自由及び自治を与えることが法律で保障され、カリキュラム編成、入学者選抜における募集対象の決定及び教員の雇用といった権限が大学に委譲されたからである。そうした規制緩和の方針及び「大学法」の修正によって、1994 年以降の高等教育政策はこれまでの 2 つの時期と完全に異なる方向へと展開されるようになった。高等教育の規模が拡大されるとともに、多様な発展が促された。具体的には次のように 2 つの側面に分けて述べることができる。

　まず、機関設置に関する規制の緩和の実施とともに、専科学校が威信の上昇とより多くの学生獲得を目指して、大学・学院に昇格した[65]。この影響を受けて、台湾における高等教育は学士課程段階に上昇し、大きく拡大した。すなわち、1990 年度[66]には高等教育機関数 121 校、学生数 57 万人であったのが、2000 年度には専科学校は減少する一方で、大学数は 127 校になったことにより、高等教育機関数 150 校、学生数 100 万人に達した (後掲の表 1-1 参照)。

また、これら専科学校が主に私立セクターから構成されていたため、それらの昇格にともない、台湾の大学・大学教育は私立セクターを中心として拡大することになった。設置者別にみると、1990年度には大学は46校で、そのうち20校は私立大学であった。2000年度になると、国公立大学は23校増加したのに対して、私立大学は58校増加し、合わせて78校で全体の61.4%を占めるまでになった。

　また、大学内部における教育の提供も制度的に緩和された。1994年に「師範教育法」が「教員養成法」（原語、師資培育法）に変更された後、教員養成制度が閉鎖制から開放制に転換され、教員養成は、特定の大学のみで担われる制度から、すべての高等教育機関でおこなわれる体制になった。また、1996年に「大学における二年制技術学院設置審査規則」が公布され、普通高等教育体系や師範高等教育体系にある大学に二年制技術学院を増設することが奨励された[67]。これによって、学士課程4年間のうちの3、4年目に相当し、実務志向の特徴を有する二年制技術学院が職業高等教育体系だけでなく、他の体系の中にも設けられるようになった。ここで注意してもらいたいのは、序章で述べたように、この二年制技術学院における学院の概念が機関名称としての学院とは異なっている点である。後者の学院は大学と同等な高等教育機関を示すのに対し、前者の学院は大学内部に設置される組織である。つまり、二年制技術学院の増設は、大学と学院という高等教育機関の内部に二年制技術学院の組織を設置することを意味しているのである。

　このような規制緩和の傾向に応じて、高等教育機関は、量的に著しく拡大しながら、普通高等教育体系に属する大学で二年制技術学院を設置できるようになったり、師範高等教育体系以外でも教員養成カリキュラムが提供できるようになったりしたことにより、機関が属する体系に求められてきた従来の役割を越えた多様な教育を提供することができるようになった。これによって、従来の体系の境目が曖昧になるとともに、機関ごとに独自の特徴を持って発展することが可能になった。ただし、発展の歴史的経緯の影響を受け、体系ごとに独自の特性がなお存在していることには留意すべきである[68]。

　上述したことに加え、この時期のさらなる2つの動向に注意する必要があ

る。それらは政府が知識基盤社会への対応とグローバル化の影響を重視し始めたことで現れたものであり、具体的には1994年の第七次全国教育会議における議論から確認することができる。第1は、弾力的な教育体制の形成を目指すことである。産業界との連携、昼間制と夜間制の統合、とりわけ社会人学生や教員のキャリア・アップのルートとして生涯教育及びリカレント教育が注目されるようになった[69]。第2は、国際社会との交流を深めることである。世界と競争できる高等教育を形成することを目指し、具体的には、学生の外国語能力を向上させること、国際的な学術交流を促進すること及び大学教員の海外研修を支援することなどがあげられた[70]。これらの議論はそれ以降の政策方針に反映され、その後の発展に大きな影響を与えた。

(4) 多元競争期 (1999 年〜 2018 年)

　この時期の高等教育政策は、第3期の自主開放とほぼ同じように展開されるが、2002年の世界貿易機関(WTO)加盟後、国際的な連携が強まる状況に対応するため、世界各国と競争できるようにすることを目指し、高等教育の質を向上させ、学術研究の役割を強化する方向での政策がよりいっそう強化されていった。一方で、規模が拡大されてきた高等教育では、民主化及び少子化などの社会変容にいかに対応するのかも課題として重視されている。社会の是正に寄与し、より柔軟な制度の形成が求められている。それとともに、少子化の影響による高等教育機関の定員割れの問題を解消するために、規制緩和や市場メカリズムの導入及び弾力的な教育制度の構築などの政策が実施され、高等教育機関が、より社会や学習者の需要に適した組織を形成したり、教育を提供したりすることが求められている。こうしたことから、この時期の政策方針は以下のように大きく学術研究の役割の強化と弾力的な制度枠組みの構築に分けられる。

　まず、学術研究の役割の強化に関しては、WTOに加盟すること(2002年)と関連している。グローバル化の影響のもとに、世界との連携の強化、国際競争力の維持などが全体の発展方針として定められた。高等教育において、世界と競争できる大学の形成が求められ、大学の国際化や優れた研究の創出

などが政策の目標として提起された。こうしたことから、WTO に加盟する直前にすでに一連の対策がおこなわれ始めていた。その中でもっとも重要なのは、1999 年に公表された「大学学術卓越発展計画」により、学術研究を重視する方針が確立されたことである。それと関連して、2004 年になると、「国際一流大学及び先端的研究センターの発展に向けたプロジェクト」（原語、発展国際一流大学及頂尖研究中心計画）が打ち出され、優れた研究をおこなう大学を助成する目的で政府は 5 年間で 500 億元（約 1,833 億円）を用意し、世界各国と競争できる一流大学を発展させようとした。2003 年の『高等教育の国際競争力を促進する報告書』（原語、促進高等教育国際競争力専案報告）、2004 年の『教育政策白書』（原語、教育政策白皮書）でも同じように学術研究の卓越性について言及がなされている。これら一連の政策によって、学術研究の成果が重視されるようになり、高等教育・高等教育機関の研究機能が強調されるようになった。

　それから、こうした学術研究の発展を重視する動きとともに、弾力的な制度の構築もこの時期の重要な動きである。こうした動きは、自主開放期（1994 年〜 1998 年）に言及した規制緩和政策及び私立セクターを中心とする高等教育の規模拡大に影響されて生じてきた、高等教育の市場化と関連している。つまり、政府は高等教育の規模拡大による財政負担の軽減、及び高等教育の質向上・維持を図り、大学への権限委譲及び制度・政策的な規制緩和をおこなう一方で、市場メカニズムを導入した[71]。そのため、政府は大学に対する投資を削減しながら、競争的資金の導入や大学の自主的な財源の調達を求めた。

　具体的には、1998 年に国立大学における運営資金に関する法案が議決されることによって、高等教育に関する新たな財源調整の方針が確立された[72]。政府は国立高等教育機関に対する教育支出を従来の 8 割に削減し、残りの 2 割は各大学が寄付金、授業料など様々なルートで自ら調達することになっている[73]。その後、1999 年「国立大学校務基金設置条例」の公布によって、各大学による自主的な資金調達と運用が可能となった[74]。こうした大学の財政自主に関する方針のもとで、大学は管理運営、課程の提供、施設の運用など

においてより市場志向になっていった。また、高等教育の規模拡大及び市場メカニズムの導入にともなって、高等教育機関間の競争も激しくなった。資金や資源及び学生の獲得競争で優位に立つため、各大学が独自の位置づけに基づいて、学生や社会の様々な要求に応じ、より多様な教育を提供することも重視されるようになった。それに加えて、少子化のもとで定員割れの問題を解決するために、大学が幅広い様々な需要に弾力的に対応することがよりいっそう求められるようになるとともに、高等教育の改善と大学の統廃合も政策の方針として確立された。

　こうした規制緩和のもとでの高等教育の規模拡大及び市場メカニズムの導入がなされる一方で、多元的な社会、多様なニーズに対応できる人材を育成するために、大学の多様な発展に必要な枠組みの構築も図られた。

　例えば、大学入学制度において、従来から配慮してきた原住民の進学ルートの保障[75]に加えて、さらに全体として弾力的で多様な人材像を求めることができるようになり、社会的な格差を縮小できるような制度の形成が図られるようになった[76]。2002 年には、これまで実施されてきた複数大学による連合募集(原語、聯合招生)を中心とする入学制度から、多次元入学制度に転換された[77]。こうした制度によって、従来のような知育という単一的な基準による進学ではなく、都市と地方のバランスの是正、または学生個人の背景、性向、能力及び興味の差異に配慮した進学が意図されるようになり、「推薦入学」、「申請入学」、「繁星入学」など様々な入学方式が導入され、多様な進学ルートが構築された[78]。その後、その制度の枠組みに対しては、教育制度の改革、入学方式の改善などの影響を受けて、いくつか変容があった。現在(2020 年)では、台湾の大学進学ルートは大きく「繁星推薦」、「申請入学」及び「試験配分入学」という 3 つに分けられる[79]。

　そして、これまで言及してきた規制緩和、高等教育規模や社会の変容がなされていく動きの一環として、大学の転換及び革新に関する政策・法規もしばしば打ち出された。2010 年に第八次全国教育会議が開催され、台湾教育の今後の発展方針が示され、この会議の提案及び議論事項に基づいて、2011 年に『中華民国教育報告書　黄金十年、百年樹人』が公表された。この報告

駅看板広告にて載せられた多次元入試に関する募集案内

書では、「精巧、革新、公平正義、持続」を目標として、高等教育に関して、教育体制の整備と教育資源の拡充、高等教育の転換と発展の促進、知識経済人材の育成と教育の革新、多元的な現代市民リテラシーの発達、多元文化や社会的マイノリティの権益の尊重、国際交流の促進、生涯学習社会の深化などの方針が示された[80]。2013 年には『人材育成白書』（原語、人材培育白皮書）が公布され、高等教育の管理体制や機能分化、生涯学習ルートの整備、グローバル人材の育成と強化、及び人材育成の多元化と法制化が高等教育の方針として示された。これらの方針によって、大学教員資格審査制度の多元化[81]、大学入学と就学の多元的な支援制度の導入、カリキュラムの弾力化などの施策が実行された[82]。また、大学の管理運営について、2015 年に「高等教育の革新と転換プロジェクト」（原語、高等教育創新転型方案）が発表された。その中では、高等教育の再構築が強調され、各大学が自らの特徴にしたがい高度な人材を育成して、産業の発展に寄与することが求められる一方で、大学の組織的な統合と再編を促すことが目標とされた[83]。

　また、上述の点とも関連して、高等教育の転換及び多元化の方針の影響を受けて、すでに述べた国際競争力、学術研究能力の向上を目的とする拠点大学計画、及び卓越教育計画など一連の経費補助政策が終了したあと、それらの計画に代わって 2018 年に「高等教育の深化と発展計画」(原語、高等教育深耕計画)が出され、「地方と連結し、国際的につながり、将来に目を向ける」(原語、連結在地、接軌国際及迎向未来)を方針として、教育の革新、高等教育の公共性の向上、大学の特色の推進、社会的責任の実践という 4 つの目標が定められた。この計画では、従来の学術型と教育型という二分的な捉え方ではなくなり、研究、教育及び社会貢献を組み合わせて、より統合的な枠組みで経費配分をおこなうことで、大学の多元的な発展を求め、新たな時代に対応できる多元的な人材の育成を期待するとされた[84]。

　以上のように、この時期の教育政策は第 3 期と同様に高等教育機関により大きな自主権を与える一方で、高等教育の質を向上させ、国際競争力を備えることを重視している。それと同時に、多元的な需要に応じられる大学の形成が注目されており、少子高齢化、グローバル化や知識基盤社会など新たな社会に相応しい教育の提供のあり方が模索されるようになっている。

　上述した歴史的な展開を概観すれば、繰り返しになるが、1980 年代後期の台湾社会における政治、経済などの変容に影響され、高等教育政策は 1990 年代に大きく転換され、より規制緩和的で、弾力的な制度や教育の形成などの方針に基づいて進められるようになった。こうした動きの中で、政策の展開にしたがって取られた方針は、高等教育システムの異なる側面に影響を与えていた。具体的には、1990 年代には、高等教育政策では主に高等教育・高等教育機関に対する制限の解除という制度上の規制緩和がおこなわれてきた。その後、2000 年代前後、規制緩和に関する制度の確立に加えて、グローバル化や高等教育規模拡大など外的な要因に影響され、高等教育政策では、さらに高等教育の提供において多様な基盤を形成することが求められるようになり、柔軟な教育制度や学習の形成などがリカレント教育及び教育卓越化などの理念に基づいて導入されるようになった。

3. 台湾における高等教育制度の概要

　台湾の高等教育では、すでに述べたように、1980 年代以降、民主化、自由化が進められる中で、グローバル化の進行、知識基盤社会への移行、生涯学習社会の構築といった動きの影響を受けて、社会の転換と歩調を合わせて一連の規制緩和施策が採られるとともに、その量的な拡大が図られてきた（**表 1-1**）。

　具体的には、1960 年には大学と専科学校あわせて 27 校だったが、1990 年度には 121 校、学生数 57 万人になり、2010 年度には機関数 163 校、学生数 130 万人に達している。そのあと、すでに述べたように少子化による大学進学者の減少、及びそれに関連する大学組織の再編や廃止の動きが生じたことによって、高等教育機関の数と学生数には減少の傾向がみられるが、ほぼ一定の規模で推移している。2017 年度には機関数 154 校、学生数 127 万人になっている。高等教育の粗在学率も、1990 年度の 29.7% から 2010 年の 83.1% へと急激に上昇し、そのあとほぼ同じような比率が維持されている。こうした学士課程段階の教育の拡大に加えて、産業革新と技術の変容に応じるより高度な人材の需要が高まることで、さらに上位の教育段階に対する需要も増加するようになっている。その結果、高等教育の規模拡大は大学院教育段階へ移行する傾向がみられる。表 1-1 に示すように、1990 年度から 2010 年度の間に大学院生は 2 万人から 21 万人へと増加し、2017 年度に約 20 万人になっている。全体として、高等教育の在学者総数に占める大学院生の割合は、ほぼ 15% になった。

　上述した高等教育の量的な拡大及び大学院教育の拡大への移行とも関連しているが、リカレント教育制度の導入及び教育組織・教育に関する規定の緩和にともない、高等教育の質にも変化が生じている。具体的には次のとおりである。

　まず、1990 年代から生涯学習社会を形成するため、社会人学生の教育機会の拡大を重視し、弾力的な学制を導入することが求められるようになった。詳細は第 4 章で述べるが、1998 年にリカレント教育制度が導入されること

表1-1　高等教育機関数及び学生数の変遷

	年度	1960	1970	1980	1990	2000	2010	2017
機関数	専　科	12	70	77	75	23	15	13
	大　学	15	22	27	46	127	148	141
	合　計	27	92	104	121	150	163	154
学生数	専科課程 *			183,134	315,169	444,182	102,789	90,838
	本科課程 **			153,088	239,082	564,059	1,021,636	985,927
	修士課程（うち在職）			5,633	17,935	70,039（13,223）	185,000（57,466）	168,783（52,505）
	博士課程			673	4,437	13,822	34,178	28,346
	合　計			342,528	576,623	1,092,102	1,343,603	1,273,894
純在学率				11.1%	19.4%	38.7%	66.7%	71.1%
粗在学率				16.2%	29.7%	56.1%	83.1%	84.5%
大学院生の比率				25%	4%	8%	16%	15%

注：機関数には大専進修学校を含まず、学生数には大専進修学校及び空中大学（日本の放送大学に相当）
　を含まない。この表では大学及び学院の名称を持つ、本科課程を設置する高等教育機関を「大学」と
　している。
* 専科とは、専科学校であり、日本の高等専門学校段階に相当し、後期中等教育及び 前期高等教育段階
　を含む。
** 本科とは、学士教育段階を示し、本科課程を修了した後に学士学位を授与するも
　のである。
出典：教育部統計処『中華民国教育統計　民国107年版』教育部、2018年、及び教育部統計処のデータベー
　スより、筆者作成。

によって、社会人を対象とする進学のルートが学士課程段階から修士課程段
階まで整備された。その中で、著しく拡大したのは社会人向けの修士プログ
ラムに相当する在職プログラム（原語、在職専班）である。1999年に在職プロ
グラムが導入された直後の2000年から2010年の10年間に在職プログラム
の学生数は13,822人から57,466人に増加し、修士課程全体に占める比率は
19%から31%にまで上昇した。そのあとは少子化及び進学ニーズの縮小な
どの影響を受けて学生数は減る傾向があるが、依然として一定の規模が維持
されている。このプログラムにおける社会人向けの特徴及び大学院教育の段
階での規模に鑑みると、これは、序章で議論した大学院教育の規模拡大に寄
与しているだけでなく、高等教育システムにおいて、教育の提供の仕方、進
学する対象、また大学の戦略などのあり方にも影響を与えているだろう。

　次に、2001 年に「大学における学系、研究所、クラス及びグループの調整と募集定員数における審査規則」(以下、総量制限規則と略) が公布されることによって、大学の組織・教育の提供に大きな転換がもたらされた[85]。この規則により、教育組織[86]の設置や調整の権限が大学に委譲され、大学がより自由に教育を展開することが可能になった。この規則が公布される以前、大学は教育組織を設置・調整する際、教育部 (日本の文部科学省に相当) の審査・認可を得る必要があり、各教育組織の募集定員数も規制されていた。しかし、グローバル化と知識基盤社会への移行にともない、教育組織の設置基準の中で大学が柔軟かつ迅速に社会の需要に対応できるようにする方策について様々な検討がおこなわれた[87]。そして、これらの課題に対応するために、教育組織の設置基準の修正がおこなわれた。具体的には、2001 年に総量制限規則が公布されて、2002 年に正式に実施され、「総量制限」と呼ばれる制度が導入された。「総量制限」とは、教育組織の設置及びその募集学生数を大学が自由に設定できるようにする仕組みであり、具体的には、機関の規模、施設及び大学教員の構成などの資源条件によって、当該機関における募集定員総数 (原語、総量) が算出され、その定員数内で機関が自ら教育組織や組織内の学生数を調整することができるものである。この仕組みが導入されることにより、それぞれの大学が各段階の学生数を弾力的に調整することができ、教育組織の設置や調整もより自由におこなえるようになり、それぞれの状況に対応して教育を展開することができるようになった。

　このように、少子化及び高等教育の普及にともない、進学者数からみると、高等教育は規模の拡大から減少へと転じる傾向がみられるが、一定の数を維持している。また、大学は社会・学生のニーズにより相応しい教育の提供が求められるようになっている。それと同時に、規制緩和施策にともない、教育組織の構成及び教育の提供に関する権限が大学に委譲されてきた。それに加えて、リカレント教育体系の形成が目指され、社会人に向けてより弾力的な教育プログラムが導入された。これらのことにより、大学・大学教育の多様化がみられるようになっている。

4. おわりに

　これまで議論してきたように、台湾の高等教育は社会の民主化、自由化の動きの影響を受けて、1990 年代前後に大きく転換した。このことに関連して、次の 3 つの点を説明することができる。

　第 1 に、社会の民主化の動きに基づいて、高等教育制度は 1994 年前後に大きく転換し、政府の主導から大学自治に移行している。1994 年以前には、高等教育機関は単に国家発展や経済革新の需要に応じる機関とみなされ、政府に強く制限され、その指示にしたがう機関であるとされた。1994 年以降「大学法」の修正にともない、大学の自主権が法律上確立された。その上で、一連の規制緩和施策が採られたこともあり、大学は自主的に組織の編成、教育の提供、教員の雇用などができるようになった。

　こうした流れの中で、教育に対する考え方も変容してきており、個人の需要、多元的なニーズへの配慮が考えられるようになった。繰り返しになるが、従来の政府管轄のもとでの、高等教育が経済発展の需要に対応するという考え方は、民主化、自由化の影響を受けて、高等教育を受けることは大衆の権利だという考えに移った。1990 年代以降の高等教育規模の拡大は、それらの教育の需要に対応することと関連していると考えられる。それに加えて、国民党による一元的統治から台湾全体としての多元的な社会の構築への移行の影響を受けて、台湾における高等教育の考え方も多様なニーズに対応するように変化した。前述した歴史的な展開からみると、台湾では国民党の統治のもとで政治的な衝突があるだけでなく、それに関連する族群間、文化及び価値観の相違が多く存在していた。こうした特徴に基づいて、政府による強い制限から脱出しつつある中で、それらの違いを認めながらどのようにして社会の一体性を創出するのかは、民主化にともなって考えなければならない課題となっている。したがって、多文化主義は台湾社会を構成するための基本的な認識になり、高等教育制度においても、いかに各族群、価値観、及び地位が異なる人を統合するのかが、教育の提供に関する 1 つの重要な観点になっていると考えられる。第 2 節と第 3 節で述べた、職業教育体系の導入、

54

生涯学習社会の構築及び多次元入学制度の導入なども、こうした観点の影響を受けている。

　ただしここで注意すべきなのは、社会の需要、経済発展への貢献は高等教育システムの中で今日に至るまで一貫して求められているという点である。第2節及び第3節で言及したように、1990年代以降規制緩和施策がおこなわれ、各大学が自らの特徴にしたがって発展するようになっているとはいえ、グローバル化及び知識基盤社会に対応できる人材を育成することがなお強調されている。それに加えて、第3節に示した高等教育機関数及び学生数の推移でもみられるように、大学は少子化のもとで、定員割れの危機に直面していることが確認できる。こうした状況のもとで、大学はよりいっそう学生や社会のニーズに対応しなければならないことになっている。

　総じていえば、台湾の高等教育システムは社会の転換にしたがって変容してきている。すなわち、大学を主体として、従来求められている経済発展や社会の需要に対応するとともに、社会で様々な背景を持つ個人の需要に配慮するという2つの軸に基づいて、展開してきている。そこで、2つの軸に基づいた高等教育システムの展開について、その教育がどのような論理によって提供されたのかを解明するために、次章では、新たな機関やプログラムの導入によって、政策導入の経緯、制度的な枠組み、及び教育理念を手がかりに、それらはどのように台湾の高等教育システムに組み合わされたのかを検討する。

注

1　何義麟『台湾現代史―二・二八事件をめぐる歴史の最記憶』平凡社、2014年、26-27頁。

2　陳建仁『台湾自由民主化史論』御茶の水書房、2004年、124頁。

3　同上書、128-131頁。

4　「三七五減租」とは、1949年に定められた、小作農と地主との利害関係の協調を規定する法規である。同法規によって、地主が小作農から徴収する小作料は年間収穫量の37.5%以下でなければならないと定められた。そのほかに、小作農と地主との間に耕作契約の形式、小作農の権利、収穫量の計算方式なども規定

されている（中華百科全書―西元 1983 年典蔵版「三七五減租」、http://ap6.pccu.
edu.tw/Encyclopedia/data.asp?id=8630、2019 年 3 月 19 日最終確認）。

5　詳細は、陳振雄『台湾の経済発展と政府の役割―いわゆる「アジア NIES 論」を超
えて』専修大学出版局、2003 年、53-76 頁を参照。

6　中華民国統計資訊網「国民所得及び経済成長（歴年各季国内生産毛額依行業分
―当期価格）」、https://www.stat.gov.tw/ct.asp?xItem=37407&CtNode=3564&mp=4、
2018 年 12 月 29 日最終確認。なお、1980 年代からサービス業の比率が徐々に上
昇し、全体の半分以上を占めるようになり、1992 年には 6 割以上に達して、台
湾の主産業になった。

7　同上。

8　中華民国統計資訊網国民所得及経済成長統計資料庫「国民所得統計常用資料」、
http://statdb.dgbas.gov.tw/pxweb/Dialog/NI.asp、2018 年 12 月 29 日最終確認。

9　詳細は、陳振雄、前掲書、2003 年を参照。

10　オーストロネシア語族系の原住民はさらに「平埔族」と「高砂族」に分けられる。
「平埔族」の多くは漢化されて、漢人とほぼ区別されなくなっているが、1990 年
代以降原住民における社会的な不利の是正、位置づけの確立などの運動に影響
され、原住民は全体として自らのアイデンティティを強調し、高めるようになっ
ている。

11　詳細は、沼崎一郎「社会の多元化と多層化―1990 年以降のエスニシティと社
会階層」沼崎一郎・佐藤幸人編『交錯する台湾社会』アジア経済研究所、2012 年、
37-68 頁を参照。

12　詳細は、陳振雄、前掲書、2003 年、77-123 頁；陳建仁、前掲書、2004 年、109-
200 頁を参照。

13　本文で言及したように、台湾の産業構造については、公営企業と民間企業から
なる官民二重構造の特徴が存在した。それぞれの産業の形態、規模、類型、及
び経営主体については、「原料」から「製造」、「販売」までを川の流れにたとえて
「川上」、「川中」、「川下」産業と呼ぶことから以下のように説明することができ
る。まず公営企業は、国内市場を独占し、資本集約的・技術集約的産業で大企
業の特徴を持つ。その類型は原材料を生産する重工業からなるため、川上産業
とも呼ばれる。一方、民間企業は、労働集約的加工産業、中小企業の特徴を持っ
ており、その産業の類型は原材料を加工する軽工業からなるため、川中・川下
産業とも呼ばれる（詳細は、石田浩『台湾経済の構造と展開―台湾は「開発独裁」
のモデルか』大月書店、2003 年、21 頁を参照）。

14 1970 年代後期、蒋介石が逝去した後蒋経国時代に移行する権力交替の時期には、国民党が内部の不安定を抑えるため、党外勢力、党外運動及びそれらに関連する要請を一定程度認めるようになり、1980 年代以降に生じた一連の民主化、自由化を求める社会運動の基盤が定められた。

15 詳しくは、若林正丈『東アジアの国家と社会 2 台湾 台湾分裂国家と民主化(第 3 版)』東京大学出版会、1997 年を参照。

16 詳細は、陳建仁、同上書、2004 年、109-200 頁を参照。

17 一党独裁権威とは、後述する「党国体制」と関連して、国民党組織が自らを国家機構の上層に位置づけ、国家の自立性を奪い、党が国を掌握する政治体制というあり方を指す。こうした体制は、国家機構、軍隊、特務機関、学校、国営企業、社会団体などが党に様々な形で支配されており、「党=国家体制」になっている(吉田勝次『台湾市民社会の挑戦』大阪経済法科大学出版部、1996 年、19-25 頁を参照)。

18 ここで用いる「党国体制」とは、台湾型の権威主義体制であると想定できる。本文でも言及したように、国民党が台湾に来てから、自らの正統性の維持及びそれに関連する社会安定性の確保を実践するために、国民党が政治上、経済上においてコントロールできる体制を築く一方で、中国大陸の共産党と対立する「自由陣営」としての正当性を強調し、制度上には「民主憲政」の建前とその枠組みを残さなければならなかった。つまり、「国民党が政府と軍隊を指導し」(原語、以党領政、以党領軍)、台湾社会の政治と経済を統制するにもかかわらず、その統制の形式は直接的な形ではなく、「党は背後に退いて」という形になっていた。具体的な例として、政治エリートの二重構造の構築があげられる。1950 年に「台湾省地方自治要綱」など一連の関連政令が制定され始め、1951 年に定期的な地方公職選挙が、そして 1970 年代には中央民意代表増加定員選挙がしばしば実施されるようになった。一見すると国民党の統制権限が緩和されつつあるようにみえるが、党国エリート(中国大陸から来た国民党)と新たに登場した地方エリートからなる二重構造が構築されることによって、国民党政権を維持する仕組みとなっていた。新しい地方エリートはほとんど「本省人」であり、地方と血縁(日本統治期の五大家族など)、地縁、同窓関係や民族宗教など様々な形で結びつき、地方公職選挙で県・市長や省議会議員として選ばれたものである。そして、党国エリートは、これまで言及してきた「外省人」からなる国民党政権と想定することができる。それらは国民党、政府機関、軍事機関、特務機関において主要ポストを占め、国家の重要政策や人事に発言力を有する人々である。党国エ

リートは地方エリートに選択的な「レント」(地方連合寡占経済、党による選挙
応援)を与える一方で、地方エリートはそれらの資源から得られた地方民衆の支
持を国民党政権への支持へと転換し、国民党が上層を独占する体制を維持させ
る。このように、党国エリートと地方エリートの間で、相互的に恩顧・庇護関
係のネットワークが築かれたことによって、「国民党の統治」のもとの「民主憲政」
がおこなわれるようになった。総じていえば、この時期台湾社会の統制体制は、
台湾型の疑似的(ないし不完全な)パーティ・ステイトという党国体制であると
考えられる。詳細は、若林正丈、前掲書、1997 年、63-142 頁を参照のこと。

19　詳細は、石田浩、前掲書、2003 年、77-96 頁を参照。

20　同上書、39 頁。

21　石田浩、同上書、31-47 頁。

22　沼崎一郎『台湾社会の形成と変容—二元・二層構造から多元・多層構造へ』東
　　北大学出版会、2014 年、78-79 頁;石田浩、前掲書、2003 年、97-129 頁を参照。

23　沼崎一郎、同上書、78-79 頁。

24　新竹科学園区「園区営業額之成長—依産業別区分」、https://www.sipa.gov.tw/
　　home.jsp?serno=201006180001&mserno=201001210113&menudata=ChineseMenu&cont-
　　link=ap/statico_view.jsp&level2=Y&classserno=201002030017&dataserno=201404250003、
　　2018 年 12 月 24 日最終確認。

25　同上。

26　王明郎「認識台湾半導体産業」『台湾綜合展望』第 7 号、2003 年、73-93 頁。

27　馬維揚「半導体産業対台湾経済的重要性分析」『園区簡訊』第 39 期、2014 年、16 頁。

28　同上。

29　「族群」とは、日本語のいわゆる「族」といった言葉から、台湾の異なる集団を
　　指すため借用された言葉である。この言葉は台湾では様々なグループや集団を
　　指す際に濫用されているが、台湾社会で普遍的に受け入れられている区分の仕
　　方は、「四大族群」である。すなわち、原住民(原住民族)、客家人、閩南人(福
　　佬人)、そして外省人である。王によると、この 4 つのカテゴリーは、三組の対
　　比的な族群から構成されている。すなわち、(1)「原住民」対「漢人」の区分、(2)「漢
　　人」の中での「本省人」対「外省人」の区分、(3)本省人の中での「閩南人」対「客家人」
　　の区分である。こうした区分は文化に対するアイデンティティの差異や歴史的
　　な経緯と関連している。本文でも言及したように、第二次世界大戦後、1945 年
　　に台湾が中華民国の統治を受けるようになった際には、従来台湾に住んでいた
　　漢人は「本省人」と呼ばれ、1945 年以降大陸の各省から流入してきた台湾以外の

漢人は、「外省人」と呼ばれるようになった。それらの人たちは原住民と相対して、ともに漢人と位置づけられるが、両者の間には政治的な相違が存在している。その後、1970 年代以降の国内情勢の変化によって、民主化、台湾化などの反体制運動が起き、「台湾ナショナリズム」の活動を高揚させた結果として、族群運動が生じ、本省人の中でさらに「閩南人」と「客家人」が区分されるようになった。なお、ここで注意すべきなのは、これら四大族群の区分の中で、さらに複雑な文化、集団に対する認識があり、この四大区分はあくまでも大きな枠組みにとどまることである。詳細は、王甫昌 (松葉隼・洪郁如訳)『族群　現代台湾のエスニック・イマジネーション』(台湾学術文化研究叢書) 東方書店、2014 年を参照のこと。

30 　詳細は、若林正丈、前掲書、63-142 頁を参照。

31 　詳しくは、沼崎一郎・佐藤幸人「社会の多元化と多層化」沼崎一郎・佐藤幸人編、前掲書、2012 年、37-68 頁を参照。

32 　沼崎一郎・佐藤幸人編、同上書、44 頁。

33 　1990 年代後期から、国際結婚などで台湾の国籍を取得したものは新移民と総称される。その中で、とりわけ台湾人男性と結婚する中国、東南アジア諸国の女性の数が多い。それらの新移民女性の多くは出身国が台湾に比べて経済的な格差があり、結婚した家庭の多くも経済的不利な位置づけにあるため、台湾社会では「外国人花嫁」(原語、外籍新娘)、「中国人花嫁」(原語、大陸新娘) などマイナスのラベルを貼られており、差別されている。それらの家庭に生まれた子は「新台湾人の子」(原語、新台湾之子) と呼ばれる。学校でどのようにこれらの子どもに教えるか、どのようにこれらの子どもを台湾社会に取り込むかは課題となっている (詳細は、游美恵「跨国婚姻与多元文化教育」譚光鼎、劉美慧、游美恵編『多元文化教育』高等教育、2010 年、273-291 頁；張芳全『新移民教育的実証』五南、2017 年、1-30 頁を参照)。

34 　詳細は、沼崎一郎、同上書、93-112 頁を参照。

35 　勞動部労動統計査詢「産業及社福外籍労工人数－按国籍分」、https://statdb.mol.gov.tw/statis/jspProxy.aspx?sys=210&kind=21&type=1&funid=q13012&rdm=i7B6Kooe、2018 年 12 月 14 日最終確認。

36 　詳細は、沼崎一郎・佐藤幸人編、前掲書、2012 年、50-56 頁を参照。

37 　同上。

38 　中華民国内政部移民署「統計資料」、https://www.immigration.gov.tw/ct.asp?xItem=1346321&ctNode=29699&mp=1、2018 年 12 月 14 日最終確認。

39　内政部に公表した「人口統計資料」の「結婚人数按性別及原属国籍分－按登記日期」により算出（中華民国内政部戸政司全球資訊網「人口統計資料（結婚人数按原属国籍－按登記及発生）」https://www.ris.gov.tw/app/portal/346、2019 年 2 月 22 日最終確認）。

40　同上。

41　同上。

42　同上。

43　李美賢「離郷・跨海・遠嫁・作『他』婦―由越南性別文化看『越南新娘』」蕭新煌編『台湾与東南亜―南向政策与越南新娘』中央研究院亜太区域研究専題中心、2003 年、215-247 頁。

44　沼崎一郎・佐藤幸人編、前掲書、2012 年、55 頁。

45　詳細は、游美恵、前掲論文、2010 年、273-291 頁を参照。

46　詳細は、張芳全、陳冠蓉、那昇華ほか編『新移民子女的教育』心理、2007 年を参照。

47　蘇国賢「台湾的所得分配与社会流動之長期駆勢」王宏仁、李広均、龔宜君編『跨戒―流動与堅持的台湾社会』群学、2008 年、187-217 頁；蘇国賢「階級与階層」王振寰、瞿海編『社会学与台湾社会』巨流、2009 年、103-128 頁。

48　詳細は、沼崎一郎・佐藤幸人「社会の多元化と多層化」沼崎一郎・佐藤幸人編、前掲書、2012 年、57-62 頁を参照。

49　職業別の格差については、1992 年と 2007 年の家計収支調査と台湾社会変遷調査による統計分析の結果によると、資本家の所得がもっとも伸び、専門職と熟練工の賃金も相対的に上昇している。それに対して、管理階層と自営業者の所得は下降している。また、所得 5 分位の最上位クラスと最下位クラスの間で、世帯規模の人数と就業人数の格差が拡大している。最上位クラスの平均世帯人数が 4.37 人に対して、最下位は 1.82 人である。そして、最上位クラス世帯の平均就業人数が 2.32 人で、最下位クラスは 0.59 人である。沼崎の研究によると、こうした現状は独居老人のような単身世帯または母子家庭の困窮化と考えている。（詳細は、林宗弘「台湾的後工業化：階級結構的転型与社会不平等、1992-2007」『台湾社会学刊』第 43 期、2009 年、93-158 頁；蘇国賢、前掲論文、2008 年、187-217 頁；沼崎一郎、佐藤幸人編、前掲書、2012 年、60 頁を参照。）

50　同注 47。

51　薛承泰「台湾地区貧窮女性化減少之探討：以 1990 年代為例」『人口学刊』第 29 期、2004 年、95-121 頁。

52　Wang, L.Y., "What Accounted for the Availability of Higher Education in Taiwan over

Time?." Harvard University, 1998, Ph.D. thesis.

53 1979 年に「師範学校法」と「師範学院規程」は同時に廃止された。その代わりに、「師範教育法」が制定され、中等教育段階以下の教員養成の法律根拠になった。

54 「私立学校法」が修正され、学校設置の基準と手続きなどが容易になった。また、1949 年以前に中国に設置されていた高等教育機関である国立清華大学、私立東呉大学、私立輔仁大学、国立政治大学、国立交通大学、国立中央大学などが台湾で再開された。

55 1962 年スタンフォード大学からの顧問団は、台湾に中級人材の供給を増やし、中等教育と専科学校を設けて増やすべきだと提言した。この提言に応じて、台湾の第二期経済建設計画は専科学校と職業教育を重視し、工業及び海事及び水産に関する二年制と五年制専科学校を設置した (劉曉芬『歴史、結構与教育』冠学文化、2007 年、88-138 頁)。

56 教育部年鑑編纂委員会『第四次中華民国教育年鑑』正中書局、1974 年、655-659 頁。

57 三年制専科学校は制度上、普通高等教育機関と同じように普通高校卒業生を募集対象としていただけでなく、入学試験、試験科目、カリキュラム及び卒業に必要な単位数も普通高等教育体系と同じであり、二年制専科学校とは性質が異なっていた。ただし、三年制専科学校では卒業に際して学士学位が授与されないという違いがあった。1990 年に教育部の技術・職業教育制度改革研究グループは、三年制専科学校の制度を廃止することを決定し、その時点で残っていた三年制専科学校を、行政命令によって学院や技術学院、あるいは二年制専科学校などに移行させることにした。

58 許勝雄、徐南號、曾憲政ほか『我国技術及職業教育的階段劃分与修業年限問題之探討』(国立台湾工業技術学院計画案　研究代表者　許勝雄) 国立台湾工業技術学院、1986 年、12-17 頁。

59 行政院経済建設委員会人力規劃小組『人力規劃研究報告』第 4 輯、1984 年、191-203 頁。

60 劉清田「工業技術職業教育 I －学制之探討」『技術及職業教育研討会論文集』教育部技術及職業教育司、1986 年、159-167 頁。

61 1958 年に淡水英語専科学校は淡水文理学院 (現、淡江大学) に昇格し、1963 年静宜専科学校及び大同専科学校は静宜学院 (現、静宜大学) 及び大同学院 (現、大同大学) に昇格した。また、1964 年に省立海事専科学校は省立海洋学院 (現、国立台湾海洋大学) に昇格した。

62 楊瑩「台湾高等教育政策改革与発展」『研習資訊』25 巻 6 期、2008 年、21-56 頁；

篠原清昭『台湾における教育の民主化―教育運動による再帰的民主化』ジダイ社、2017 年、18-46 頁。

63　「全国教育会議」とは、全国の教育専門家、教師、保護者及び学生が教育の現状を論議する会議であり、会議の結果はその後の教育政策に大きな影響を持つ（呉清山、林天祐「全国教育会議」『教育資料与研究双月刊』第 93 期、2010 年、217-218 頁）。たとえば、第七次全国教育会議の結果、『中華民国教育報告書』が編集された。この報告書と、行政院教育改革審議委員会が提出した『教育改革総諮議報告書』は、台湾教育のその後の十年にきわめて大きな影響を与えた。

64　詳細は、南部広孝『東アジアの大学・大学院―入学者選抜制度の比較―中国・台湾・韓国・日本』東信堂、2016 年、56-91 頁を参照。

65　小川佳万「高等教育の発展」小川佳万、南部広孝編『台湾の高等教育―現状と改革動向』（高等教育研究叢書 95 号）広島大学高等教育研究開発センター、2008 年、3-4 頁。

66　台湾の教育部統計処によって公表されたデータは基本的に年度別で公開されているものの、データによって収集する時点が異なっている。各教育段階における学校数、学生総数、卒業生総数（前年度）、教員数、在学率などは毎年の 9 月 30 日時点で収集・計算したデータである。そして、海外学生数に関しては、毎年の 10 月 15 日の時点で収集したデータである（教育部「予告統計資料発布時間表」、https://win.dgbas.gov.tw/dgbas03/bs7/calendar/calendar.asp?Page=1&ShrField=&OrderList=&AnnuPrd=&KeyWrd=&Mode=A&SelOrg=9&fmonth=1&open、2019 年 3 月 6 日最終確認）。

67　実際には、1996 年以前でも大学内に技術学院が設置されることはあったが、それは特例であっただけでなく、規模も小さかった。なお、1996 年以前に設置された技術学院は 3 つであり、1953 年に設けられた国立台湾師範大学工業教育系、1974 年に設けられた国立彰化師範大学の商業教育系及び 1989 年に設けられた国立海洋大学の輪機技術系である。

68　具体的には、その管轄部門及び入学試験などが体系ごとになお異なっていることが挙げられる。管轄部門については、普通高等教育機関が教育部の高等教育司によって管轄されるのに対して、高等職業機関は技術・職業教育司によって管轄される。師範高等教育機関は 2005 年に大部分の師範学院が教育大学に昇格した後、2008 年に管轄部門も改められた。具体的には、教員養成に関する事項は依然として中等教育司（2013 年に師資培育及芸術教育司に改編）が管轄するものの、教員養成に関連がない教務、学生事務、総務及び人事など師範高等教育

機関の一般行政事項については、管轄が中等教育司から高等教育司に変わった。また、入学試験の形態については、普通高等教育機関と師範高等教育機関は学科能力試験と指定科目試験によって選抜がおこなわれる。他方、高等職業教育機関では四年制技術学院、科技大学及び二年制専科学校では「四技二専統一入学試験」が実施され、二年制技術学院については高等教育段階における「二技統一入学試験」が実施される。また、五年制専科学校は「中学基礎試験」あるいは抽選、内申書などによる選抜が実施されている。

69 教育部『第七次全国教育会議報告』教育部、1994 年、313-315 頁。

70 同上書、311-312 頁。

71 蓋浙生「台湾高等教育市場化政策導向之検視」『教育研究集刊』50 輯 2 期、2004 年、29-51 頁。

72 Mok, K. H., "From Nationalization to Marketization: Changing Governance in Taiwan's Higher-Education System." *Governance: An International Journal of Policy, Administration, and Institutions*, Vol. 15, No. 2, 2002, pp.137-159.

73 *Ibid*, p.147.

74 小川佳万、前掲論文、2008 年、6 頁。

75 台湾社会では、マイノリティである原住民の権利を保障、是正するために、1987 年からすでに「台湾地区山地学生原住民升学優待辦法」が制定され、原住民の後期中等教育段階以降の進学ルートが保障されている。その後、社会の変容、大学入学制度の変革、価値観の転換などにともない、法律の名称、原住民に関する身分の認定、優遇措置の判定基準と内容などいくつかの変容があるが、一貫して原住民の進学を一定程度保障している（詳細は、教育部『教育部公報』146 期、1987 年、3 頁；全国法規資料庫「原住民学生昇学保障及原住民公費留学辦法」、https://law.moj.gov.tw/LawClass/LawAll.aspx?pcode=H0020031、2019 年 3 月 6 日最終確認；許育典「原住民昇学優待制度的合憲性探討」『中原財経法学』34 期、2015 年、1-57 頁を参照）。

76 詳細は、南部広孝「台湾の大学入学者選抜における『繁星計画』の導入と展開」『大学論集』39 集、2008 年、129-144 頁を参照。

77 1990 年代に入ると、すでに連合募集という大学入学制度の見直しが検討され始めた。こうした検討のもとで、1994 年「推薦入学」、1998 年「申請入学」など新たな入学方式が導入されるようになった。これらの制度を基礎として、2002 年に「大学多元入学新方案」が公布されてから、多次元入学制度は台湾の大学入学選抜のあり方として確立された（詳細は、教育部『第七次中華民国教育年鑑』教育部、

2012 年、153-192 頁を参照)。

78　こうした大学入学者選抜制度の理念、変遷及び関連する入学方式の詳細は、南部広孝、前掲論文、2008 年、129-144 頁を参照。

79　「繁星推薦」は従来からの特定の大学だけで実施されていた「繁星入学」制度を広げ、各大学が参加することになった制度である。その入学方式は、地域間のバランスを配慮し、都市部と地方にかかわらず、すべての高級中等学校に在学する学生に平等な教育機会を提供することを目的とし、高級中等学校は大学に規定された入学条件に合致する学生を推薦することができる。推薦された学生は規定された試験の成績を合格した後に、高級中等学校での学業成績の学年相対順位の高さによって選抜される。これに対して、「申請入学」は、学生個人が試験の成績(日本のセンター試験に相当)と学業成績によって志望大学に入学申請するルートである。それから、「試験配分入学」は、試験の成績によって配分入学する制度である。なお近年、12 年国民教育制度を実行するために、2015 年から試行し始めた「特殊選抜」(原語、特殊選才)制度があり、これは 2022 年から正式に実行される予定である。この制度は、特別な才能または様々な学習歴を有する学生のための進学ルートである。たとえば、海外の台湾人学生、新移民やそれらの子女、実験教育を受けた学生や国際バカロレア資格を持つ学生などが対象となっている。詳細は、大学招生委員会聯合会「入学管道」、http://www.jbcrc.edu.tw/admission.html、2019 年 3 月 6 日最終確認；大学招生委員会聯合会『大学多元入学方案(110 学年度適用)』2017 年を参照。

80　教育部編『中華民国教育報告書　黄金十年、百年樹人』教育部、2011 年。

81　詳細は、廖于晴「台湾における大学教員資格審査制度の変容」『京都大学大学院教育学研究科紀要』第 62 号、2016 年、225-237 頁を参照。

82　教育部『人材培育白皮書』教育部、2013 年。

83　教育部「教育部発布高等教育創新転型方案」、https://www.edu.tw/news_Content.aspx?n=9E7AC85F1954DDA8&s=495C1DB78B6E7C7A、2018 年 7 月 31 日最終確認。

84　教育部『高等教育深耕計画』教育部、2017 年。

85　この規則は、2011 年に高等職業教育機関の「職業教育組織の設置規則」という独自の総量制限制度と 1 つの法規に統合されることになった。つまり、2011 年にすべての高等教育機関における教育組織の設置規則は「専科学校段階以上の教育機関における総量発展及び資源条件標準」(原語、専科以上学校総量発展規模与資源条件標準) に統一された。

86　台湾の大学の教育組織は主として学院、学系、研究所、クラスという 4 種類に

分けられる。学院が主要な組織として構成されている。学院の下に複数の学系や研究所が設置される。その下にさらにクラスを設置することにより、学士課程、修士課程及び博士課程が提供される。ただし、その中で研究所は修士課程や博士課程だけを提供する。

87　黄政傑『大学教育改革』師大書苑、2001 年、68-83 頁。

第2章　台湾における大学教育観の変容
——空中大学における学位授与の論争を手がかりに

1. はじめに

　グローバル化の進行と知識基盤社会への移行という社会の変化に対応するため、従来の大学にとって教育目的、構造、課程内容及び新たな組織の形成などが課題になっている[1]。第1章で述べたように、台湾では、1980年代後半から民主化、自由化の動き及び国際環境の変化の影響を受けて、高等教育の量的な拡大が図られるとともに、一連の規制緩和や多様化などの動きも生じた。1960年度には大学と専科学校を合わせると27校だったが、1980年度には104校、学生数34万人、2010年度では163校、学生数130万人となり、1980年度に比べて4倍弱の学生数に達している[2]。これにより、粗在学率も、1980年度の16.2%から1999年の50.5%に達し、さらに2010年度には83.1%へと急激に上昇した[3]。このような量的拡大にともない、台湾の高等教育も大学の組織、使命や役割などには変革がもたらされ、高等教育に対する考え方も変化していると考えられる。

　1986年に台湾は社会のニーズに応え、より多くの人に高等教育の機会を提供するため、日本の放送大学に相当する新形態の大学である空中大学（Open University、University of the Air）を創設した。しかし、空中大学は1982年の「大学法」改正によりその設置に関する法的根拠が与えられたものの、大学と同じように学士学位を授与することはできず、卒業証書を授与する継続教育プログラムしか提供できなかった。その後、社会の変化及び高等教育の拡大に加えて、学位に対する制限の緩和により、空中大学は1993年から学位を授与できる

ようになった。こうした空中大学における学位授与に関する論争は、台湾高
等教育の提供の原理と関連している。すなわち、大学教育がどうあるべきか
に対する認識をめぐって、空中大学が当時の大学像にあてはまるかどうかと
いう問題を提起した。では、当初大学として扱われながらも学位授与権が与
えられなかった空中大学で1990年代に入って学位が授与されるようになっ
た背景として、大学教育観にどのような変容があったのだろうか。

　こうした問題意識から、台湾の高等教育の変容に関する先行研究をみると、
主に教育政策・方針という視点から高等教育における量的・質的な展開が検
討されてきた[4]。また、政府と大学のガバナンスという視点から大学の自主
性の変容を分析した研究もみられる[5]。これらの研究によって、台湾の大学
教育は政府の規制緩和施策のもとで拡張されてきた一方で、政府の役割がコ
ントロールの観点から監督の観点に移行することにより、大学の自主性が拡
大しつつあり、より多様な大学教育を提供する傾向にあることが明らかにさ
れている。また、これらの研究では、大学のあり方が多様化しつつあると同
時に、教育の形式も様々な形態となりつつあることが確認されている。しか
し、上述した大学としての位置づけと学位授与権が一致しない事例をふまえ
れば、政府の政策方針だけで台湾の大学教育観を捉えることは不十分である。
大学及びその教育内容などの変容は、社会発展の傾向、産業社会の需要、教
育政策など外的な影響を受けている一方で、高等教育システムの特徴と種類、
学術発展の基盤などとも関連している[6]。したがって、台湾の大学教育観の
変遷を理解するためには、前述した政策の分析に加えて、制度上、大学を具
体的にどのように捉えて政策が実行されたのかを考察することが必要である。

　以上のことから、本章は、1980年代の空中大学が学位を授与できなかっ
た要因、及び1993年の学位授与権付与の動きを分析することを通して、台
湾で大学教育観がどのように考えられ、それがどのように変化したのかを
明らかにすることを目的とする。その際、主に「大学法」の改正、及びそれ
に関連する法律制定をめぐる議事録を手がかりとする。これらの手がかりに
よって、これまでは検討されてこなかった大学教育と非大学教育の間の境界
がどのように考えられていたかを描くことができるだろう。ただし注意すべ

きなのは、議事録の検討を研究手法とするため、ここで明らかにする大学教育に対する考え方は主に政策形成側の認識となるということである。

　本論に先立って、まず、台湾における法律制定のプロセスを説明しておく。そのプロセスは、**図2-1**に示すように、立法院（日本の国会に相当）で進められ、主に提案、委員会審査、立法院審議、制定という4つのプロセスを経る。このうち大学教育に関する主要な審議は、教育委員会審査段階と立法院審議段階でおこなわれていることから、本章ではそれらの段階の議事録を手がかりとする。

　この過程において、空中大学は最初は学位を授与する通信制大学として提案されたが、委員会審査と立法院審議段階で空中大学の学位授与に関して異

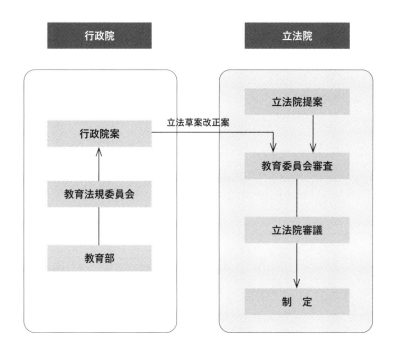

図2-1　台湾における法律制定のプロセス

出典：篠原清昭「台湾における教育運動と民主化」『岐阜大学教育学部研究報告　人文科学』第62巻第2号、2014年、275頁参照。

なった主張がみられ、結局提案とは異なる空中大学の法律が定められた。このように教育委員会審査と立法院審議という2つの段階を中心とし、空中大学のあり方に関する教育目的、内容、学位授与などの側面から議論を考察することによって、導入時及び学位授与権付与の際に空中大学がどのように扱われたかを明らかにできると考える。

2. 空中大学の現状と展開の経緯

　まず、空中大学の現状と展開の経緯について整理しておきたい。

　空中大学は主にテレビやインターネットなどを媒体にして遠隔型の教育をおこなう大学であり、2018年時点で国立空中大学（1986年設立）と高雄市立空中大学（1997年設立）の2校が設置されている。空中大学の学生は現在、学位取得の可能性によって、大きく選修生と全修生に分けられる。選修生は、入学前の学歴を問わず、18歳以上の者なら誰でも登録することができ、本人の関心に基づいていくつかの科目をとることができるが、卒業証書や学位を得る資格は与えられない。ただし、単位を修得した科目について、修了書が与えられる[7]。一方、本章で議論の対象とする学士課程段階の全修生は、その入学には後期中等教育段階またはそれに相当する学歴が必要であり、定められた課程をすべて修了した場合は卒業証書、そして学位を得ることができる。学位を取得するまでのプロセスについて、国立空中大学を例として取りあげれば、そこでの全修生は、128単位を修得した後卒業を申請し、卒業証書と学士学位を取得することができる[8]。学修の過程では、夏期に開設された科目を除けば、すべての科目は原則として4回の対面式授業を受けなければならない。その授業は、毎回2時間で、主に休日や夜間に各地域に設置された学習指導センターでおこなわれる[9]。

　空中大学の学生数については、2000年度に歴代でもっとも多い5万人に達した後、出生率の低下や高等教育規模の拡大がもたらした大学進学率の上昇にともなって入学者数が減少し、2017年度の時点では学士課程段階に11,642人が在籍している[10]。

　以上のように、現在、空中大学は、台湾の高等教育システムにおいて学位授与ができるという点で、通常の大学と同等に扱われる遠隔型の大学となっている。しかし、すでに述べたように、空中大学の導入時には、この大学を高等教育システムの中で大学として扱うか否かについて大きな論争が起きた。空中大学が初めて言及されたのは 1982 年の「補習教育法[11]」においてである。同法の修正によって空中大学設立の根拠を制定する予定であったが、空中大学の学位授与を認めるか否か、そしてそれが正規教育なのか非正規教育なのかという問題は解決されなかった。そのため、1982 年に教育部は空中大学の設立について「大学法」を修正する方向に転換し、その後「大学法」に基づいてさらに 1985 年に「国立空中大学設置条例[12]」(以下、「空中大学条例」と略)が制定され、空中大学は大学として扱われることになった。しかし、そのあり方については、立法段階で学位授与に関する異なった意見が出され、最終的に学位授与権を与えないことが決議された。その後、社会の変化にともない、1993 年に「学位授与法」が修正されたことによって、空中大学は学位を授与することができるようになった。以下では、こうした学位論争の理由と経緯を解明するために、「補習教育法」、「大学法」、「空中大学条例」及び「学位授与法」の改正に関する議事録を用いて、高等教育システムにおける空中大学の位置づけを考察する。

3. 空中大学導入の背景

　空中大学は、単により多くの人に高等教育を提供すること及びグローバル化や情報化など社会の変化に対応することのみを目的として創設されたのではなく、制度上「補習・研修教育体系」を大学レベルにまで延長させる動きとも深く関連していた。この関連については後に詳しく述べる。まず、本節では、1982 年の「補習教育法」の修正を中心として、空中大学の導入経緯に焦点をあてることによって、学位授与の論争をもたらした背景を考察する。

　ここでいう補習・研修教育体系は、日本で用いられる補習教育とは意味が異なり、国民に基礎知識を補充させ、教育レベルを向上させ、実用的な技術

を教え、市民としての意識を養い、社会の発展を促進することを目的として、通常の学校教育体系と並行して形成されている非正規教育体系のことである。その体系の設置目的は、正規教育である学校教育の不足を補完し、学齢を超えて教育機会を失った成人や職業教育を受けたい者に教育を提供することであり、主に正規の学校に補習学校や研修学校を付設して、教育をおこなう形式が採られている[13]。それらの学校において課程を修了し、試験に合格した学生は、教育行政機関がおこなう試験に合格した後、履修した課程と同等の段階に相当する学校を修了し、相応の学力を有することを証明する「資格証明書」が授与される[14]。

　この補習・研修教育体系について、在職者への継続教育機会の提供、大学受験戦争の緩和、及び大学間学術交流と教育方法の改善を促進するため、1982年に、高級中学及び職業進修学校（日本の高等学校段階に相当）、専科進修学校（日本の短期大学段階に相当）という2段階からなっていた従来の補習・研修教育体系を大学レベルにまで延長させ、空中大学を導入する案が打ち出された[15]。このとき、空中大学は遠隔型である「空中専科進修学校」の延長として設置するものとされ、遠隔型の研修教育体系の整備が目指された。しかし「補習教育法」を制定する際に、空中大学の性質及び形態について補習・研修教育体系に属するものかどうかについて議論がなされ、またそれに関連して学位授与に関する異なる意見も出て議論が起きたことから、方針が転換されて、「大学法」を修正することとなった。

　当時の議事録を整理すると、空中大学の構想が提出された際、教育部の立場からは、空中大学は「補習教育法」に基づいて設立される新形態の大学であり、独自の組織と課程を有し、規定の単位と成績によって学位を授与するものであって、当時の大学に関する法律によって制限される必要はないと認識されていた。つまり、空中大学は、補習教育の範囲内に属し、他の大学と区別される非正規の大学として位置づけられていた[16]。しかし当時の立法委員の中には、**図2-2**に示すように、それとは異なる意見を持つ者も少なくなかった。たとえば、空中大学を大学として扱うのであれば、「補習教育法」によってそれを規定することは大学教育制度のあり方に抵触するため、「大

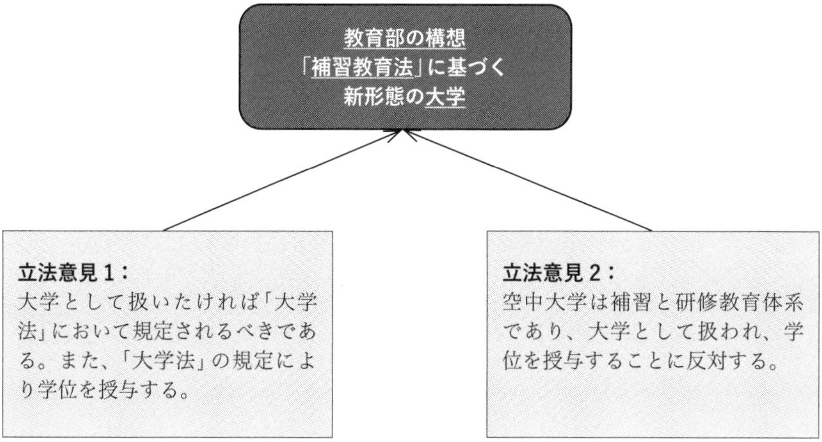

図 2-2　空中大学の設置に対する考え方

出典：1982 年の「補習教育法」の改正に関する議事録より、筆者作成。

学法」で規定するべきだとの指摘があった[17]。また、そのように「大学法」の
規定に基づいて空中大学を位置づけ、学位授与権を与えるようにすることが、
大学教育制度に相応しく合理的であるという意見もみられた[18]。一方で、空
中大学は補習・研修教育体系に属しているのだから、大学として扱い学位授
与権を認めることには反対だという意見もあった[19]。このような意見を持つ
委員は、空中大学は専門知識だけを提供し、大学のように教養を培うことは
できないため、他の大学と同等に扱うことはできないと考えていた[20]。こう
した審議の結果、「補習教育法」第 5 条に大学研修学校の根拠が定められたが、
教育部は、「補習教育法」同条の規定に基づいて空中大学を設置することは
せず、空中大学での学位授与を実現させるため、「大学法」の修正によって、
空中大学の設置根拠を定める方向に転換した。

　以上のように、このときの議論は主に空中大学が学校教育か補習教育かと
いう位置づけの問題をめぐって展開されたのである。そのような議論が生じ
た要因には、教育部が空中大学を導入しようとする際の、空中大学に対する
認識の矛盾があったと考えられる。つまり、教育部は空中大学が非正規の教
育機関であると認識しながら、同時に大学として扱い、学位を授与すること

が必要であると考えていた。こうした空中大学の教育目的とそれに相応しい教育制度について意見の一致が得られなかったことが、この後「大学法」の修正と「空中大学条例」の制定を経て、空中大学が「大学法」に規定されながらも、学位を授与することができなかった核心的な背景だと考えられる。

　こうした展開を受けて、教育部は、すでに述べた大学レベルの研修教育制度を実現するために、1982年に「大学法」修正の提案において、空中大学の設置根拠を「大学法」の条文に入れることを修正の重点として提出した[21]。教育部は、**表2-1**に示すように、同修正案において提示された「大学法」第6条によって、教育部が指定した大学が空中教育機関を設置できるようにすることにより、空中大学設立の根拠を定めることを目指した[22]。しかし、教育委員会審査の段階において、空中教育機関は補習教育の一種であり、すでに「補習教育法」に規定されているため、「大学法」第6条に空中教育機関を書き込むべきではないという声があがったことに加えて[23]、「大学法」の修正により空中大学に設立根拠を与えることには慎重であるべきだと指摘された[24]。そのため、空中大学の設立根拠を「大学法」第7条として別に定めることになった。結果的に、空中大学は「大学法」第7条の規定に基づいて扱われるようになり、高等教育システムの中でその位置づけを定める方向に進んでいった。

表2-1　1982年の「大学法」修正案における空中大学の規定の変容

原条文	第6条　大学は夜間部を設置でき、その設置規則は教育部が制定する。
原提案	第6条　大学は夜間部と**空中教育機関**（原語、空中教育機構）を設置することができ、その設置規則は教育部が制定する。
教育委員会審査後の提案	第7条　**教育部は空中大学を設置することができ、その組織と教育施設についての規則は教育部が制定する。**
最終制定文	同上

出典：1982年「大学法」改正に関する議事録より、筆者作成。

4. 高等教育システムにおける空中大学の位置づけ

このような経緯にもかかわらず、前述した導入背景のもと、その後一連の法律制定の過程では、なお補習・研修教育体系の特徴に影響されて、空中大学が高等教育システムに組み込まれることへの懸念が示され、とりわけ学位授与という課題をめぐって議論が展開された。

すでに述べたように、空中大学は 1982 年「大学法」に法律上の根拠を得たものの、それに基づいて 1985 年に制定された「空中大学条例」では、大学と同様に学位を授与することは認められず、卒業証書しか授与できないことになった。**表 2-2** に示すように、「空中大学条例」の原提案では、通常の大学と同じように学位を授与することが盛り込まれていた。しかし、教育委員会審査において、「空中大学条例」第 1 条で、空中大学は「大学法」第 7 条に基づき設置できるとされていたものの[25]、その性質は通常の大学とは異なったものとして規定された。すなわち、同条例第 2 条によると、空中大学の目的はメディアを用いて成人の継続教育を提供し、国民の教育レベルと教養を向上させ、人的な資本の改善に資することとされており、そのことから空中大学はなお補習・研修教育体系に属していると主張する議員もいた。また、管理体制からみると、通常の大学が高等教育司の管轄であるのに対し、空中大

表 2-2　1984 年の「国立空中大学設置条例」における空中大学の規定の変容

原提案	第 12 条　全修生で規定された単位数を修了し、試験に合格した者には、**大学から卒業証書が授与され、かつ学位授与法の規定により、学位が授与される**。規定された単位数を修了しなかった者には、修了しかつ合格の成績を得た科目について、単位証明書が授与される。
教育委員会審査後の提案	第 12 条　全修生で規定された単位数を修了し、大学がおこなう資格試験に合格した者には、**資格証明書が授与される**。規定された単位数を修了しなかった者には、修了しかつ合格の成績を得た科目について、単位証明書が授与される。
最終制定文	第 12 条　全修生で規定された単位数を修了し、試験に合格した者には、**大学から卒業証書が授与される**。規定された単位数を修了しなかった者には、修了しかつ合格の成績を得た科目について、単位証明書が授与される。

出典：1985 年の「国立空中大学設置条例」制定に関する議事録により、筆者作成。

学は社会教育司の管轄とされていた。

　これらの理由から、教育委員会審査において、空中大学は学位を授与すべきではないと考えられ、原案の学位授与という案が資格証明書の授与に修正された。この修正に対しても異なった意見を持っている者が多く、立法院審議段階に入る時に法案審議が進められない状況となり、最後に協議の結果として空中大学の単位修了者に卒業証書を授与する形になった。こうした学位授与に関する賛否の意見は、**表2-3**に示すように、大きく教育目的、制度、社会背景、教育の質という4つの側面にまとめられる。

　表2-3の理由をまとめると、これらの賛否の意見におけるもっとも中心的な争点は、大学の教育目的に対する認識の相違であると考えられる。つまり、大学がどのような教育を提供し、どのような人材を養成すべきかについて、賛成側と反対側で考え方が異なっているのである。賛成側は、大学は知識伝達の場であり、大学レベルの知識を伝達すれば、大学として認められると考えた。そして、空中大学はその基準を満たしているので、大学として認めることができるし、学位を授与しても構わないと考えた。それに対して反対側は、大学は単に知識を伝達する場ではなく、さらに全人教育[26]もおこなうことが必要だと考えた。空中大学は単に知識を伝達する場であり、本来大学が果たすべき全人教育の機能はないので、学位の授与を認めるべきではないと主張した。同様に、制度上でも賛否で異なる認識を持っていた。賛成側は空中大学が「大学法」にしたがっていることから、学士学位を授与すべきだと主張したのに対し、反対側は空中大学が社会教育司に管轄され、国民の教育レベルの向上、及び人的な質の改善を目的とするものであるとした。こうしたことから、空中大学が、高等教育司に管轄され高度な学問を研究し専門的な人材の養成を目的とする大学と同等に扱われ、大学レベルに相応しい教育を提供することが可能であるか、様々な側面から大学として適切に機能するのかが問われた。

　これらの理由から考えると、空中大学が学位を授与できないという決議は、空中大学に対する認識が不足していたこともあるが、主に大学における教育のあり方をめぐって展開された議論にしたがってなされたと考えられる。こ

表 2-3　空中大学の学位授与に関する賛成と反対の理由

	賛成理由	反対理由
教育目的	①大学は五育(徳育、知育、体育、群育、美育)を養う場ではなく、知識を伝達する場である。また、「大学法」の第1条にも大学教育の主旨は五育を養うことであると言及されていない。 ②学術研究の役割は大学院段階が担うものである。学士課程段階は単に学術研究の基礎力を養成する段階である。したがって、先進国は学士課程段階をUnder Graduateと称する。空中大学は学士学位の授与ができる。	①正規大学は五育を養い、学生の全人格を養成している。これは単に知識を伝達する空中大学では代替できないところであり、空中大学が学位を授与することはできない。 ②大学は、高度の学術を研究し、専門の人材を養成することを目的とする。それは、成人の継続教育を目的とする空中大学と異なっている。空中大学は国民の教育レベルを向上させ、人的資本の改善に資することを目的とする成人の継続教育であるため、明らかに正規の大学と異なっている。
制度	①「空中大学法」は「大学法」第7条に沿い制定されたため、学位を授与することなく、修了証書や資格授与をするのは「大学法」に違反することである。「大学法」の規定によると、大学を卒業した者には学位が授与されると規定されている。 ②空中大学は社会教育司に管轄されているから補習・研修教育体系に属するという論理は、因果関係を逆転させている。「大学法」に沿い設置された空中大学は学位を授与すべきである。	①空中大学は成人を対象とする継続教育である。その基本法は「大学法」ではなく、「補習教育法」である。「補習教育法」には単位修了者に、資格証明書を与えることが規定されている。混乱が生じないようにするためには、「大学法」にしたがって学位を授与すべきではない。 ②空中大学は通常の大学と異なり、社会教育司に管轄されている。
社会背景	①台湾の社会は学歴を重視し、就職や出世にも学歴が必要である。より多くの人に高度な教育を受けさせることは悪いことではない。 ②学位を授与するほうが、学生を誘致することができる。	①在職者の継続教育のために設置された空中大学は、学位を授与すべきではない。 ②学位を授与すれば、学歴主義を助長させる恐れがある。
教育の質	①空中大学の卒業基準は通常の大学より厳しく、学位を授与することは問題にならない。 ②空中大学が学位を授与すれば、教育部が真剣に空中大学を管理するだけでなく、空中大学の学生を励ますことができる。 ③空中大学を軽蔑すべきではなく、空中大学を一流の大学に発展させるべきである。	①空中大学は単に遠隔型教育の方法で研修を目的として学ぶ場所であり、人格の養成はできないため、学位を授与すれば、全体として高等教育の質が落ちる恐れがある。

出典:1982年の「大学法」修正と1985年の「国立空中大学設置条例」制定に関する議事録より、筆者作成。

うした決議になった理由は、大きく2つの側面に分けて説明できる。第1に、大学の教育目的は、知識の伝達に加えて、全人教育と専門的人材の養成であると認識されていた。この認識のもと、空中大学は単により多くの人に高度な知識を提供する場であるとみなされ、全人教育の実施及び専門的人材の養成という役割は欠けていると考えられた。第2に、これとも関連するが、空中大学の位置づけと高等教育機会へのアクセスのあり方が通常の大学と同等とはみなされなかったことがある。この時期の空中大学の全修生になるためには、後期中等教育修了または同等の学歴を有し、入学試験に合格することが求められるだけでなく、さらに22歳以上である必要がある。また、その入学制度は、通常の大学に進学する枠組みと異なり、独自の入学試験及び定員枠組みを有していた。こうした規定及び入学制度からみると、空中大学はより多くの国民に高等教育を提供することを目指しており、提供された教育が大学として相応しい教育であるかどうかについては、依然として疑問視されていた。そして、従来の大学のように学術的、専門的人材を養成する教育を目指すのではなく、より多くの人に高等教育を提供することを目的とし、主に在職者や社会人など成人の進学のルートを保障するものだと考えられた。すなわち、空中大学は通常の大学を補完するものだとみなされたのである。これらの理由により、空中大学の教育課程、卒業基準及び試験の規定が通常の大学に相当するかまたはより厳しく規定されたにもかかわらず[27]、当時の空中大学には他の「大学法」に規定された大学と同じように「学位授与法」の規定に基づく学位授与権が与えられることはなく、協議の結果として卒業証書が授与されるようになっていた。

5. 1993年における学位授与権付与の背景と動き

こうした学位授与ができない状況はその後変化し、1993年の「学位授与法」の修正により空中大学は学位を授与することができることとなった。こうした転換の要因を考えると、主に、これまで言及した1980年代後半からの民主化のもとで政府の規制緩和に対する要請が影響したと考えられる。繰り返

しになるが、台湾では、1987 年に「戒厳令」が解除されて以降、社会運動も活発になっており、社会側は政府が経済発展計画で高等教育の発展を主導することに疑問を持つとともに、人々の高等教育に対する需要の高まりから、政府に対してより弾力的・開放的な高等教育政策を展開すべきだと要求するようになった[28]。政府はこのような社会の要請に対応するため、高等教育に対する制限を徐々に緩和し、それによってより弾力的な高等教育体制が整備され、その後一連の緩和政策の実施が促進された。

　こうした背景のもと、1993 年に教育部は、空中大学はすでに社会の信頼を得たとし、かつ全修生の卒業資格が通常の大学と同じであり、学士学位を授与させるべきであるとして「学位授与法」を修正する案を提出した[29]。立法委員は、この修正によって、従来の空中大学は多くの学生を擁していたにもかかわらず、その卒業基準が厳しかったため、卒業生数が千人しかいないという状況が解消されると考えた[30]。すなわち、空中大学での学位取得を可能にすることで、学生のプログラムを修了する意欲を増加させ、卒業生を増やすことができると想定したのである[31]。それに加えて、先進諸国では空中大学と類似している遠隔型大学でもすでに学位が授与されていることも主張された。また、もし空中大学が学位を授与できれば、空中大学の質を向上させられるだけでなく、より多くの人が空中大学で職業訓練を受ける流れが促進されるとされ、それによって 1993 年に空中大学に在籍している学生の84% を占める在職者の学修を励ます意味があると考えられた。立法院はこれらの理由をふまえつつ、当時の規制緩和の施策と高等教育の規模を状況もあわせて考え、学位授与の提案に賛成の意見を示し、1993 年、「学位授与法」第 5 条において「国立空中大学の全修生のうち、国立空中大学設置条例に規定された単位を修得し、合格した者に学士学位を授与する。前項の学士学位の授与については、本法を修正する前に規定された単位を修得した者にも有効である」と規定した。これにより、空中大学は学位を授与できるようになった。ただし、この修正の中で、学位の濫用がなされないように、しばらくの間は大学院教育を提供することはできないという付加条件がつけられた[32]。なお、「空中大学条例」は 1995 年に、この「学位授与法」の規定に沿い、修正

された[33]。

　このような学位授与の動きは、1988年から始まり、1994年に大幅改正された「大学法」における教育目的に関する修正内容と対照すれば、それが大学教育観の変容に影響されたものであることがよりいっそう明らかとなる。1994年の「大学法」の修正は一連の規制緩和施策の中でもっとも核心に位置し、高等教育に大きな変容をもたらしたものである。なぜなら、同法によって、大学に学術の自由及び自治を与えることが法律で保障され、カリキュラム編成、入学者選抜における募集対象の決定や教員の雇用といった権限が大学に委譲されたからである。この修正の要項に基づいて、大学に自主性を与え、大学の役割と機能を向上させるために、大学の教育目的も修正された。1994年以前の「大学法」第1条では、「大学は、中華民国憲法第158条の規定により、高度な学術を研究し、専門的な人材を養成することを主旨とする。」と規定されていた[34]。それが1994年の修正により同条は、「大学は、学術の研究、人材の養成、文化の向上、社会サービス及び国家の発展を主旨とする。大学は、学術の自由が保障され、法律に規定された範囲内で自治権を有している」となった[35]。修正の前後を比較すると、その変化は大きく2点にまとめられる。1つは、「社会サービス及び国家の発展」が明記され、重視されるようになったことである。もう1つは、「高度な」及び「専門的な」という表現が学術研究と人材養成の規定から外されたことである。これら2点から、1990年代以降大学教育に対する考え方はより多様になっており、大学は社会に寄与すべきであるという認識が強まっていると同時に、より多様な人材を養成することを目的とすべきだという概念が形成されたとみなすことができる。

　このような大学教育の目的の変化をふまえながら、1993年の「学位授与法」改正と1995年の「空中大学条例」改正をめぐって議論された学位授与に関する意見を合わせて考えると、空中大学に学位授与権が与えられた理由は、以下に示すように3点に分けられる。第1に、社会人や在職者のキャリア・アップへの対応である。職業訓練のニーズに応える弾力的な制度を有する空中大学は、社会に寄与することを重視する傾向に合致していた。第2に、規制緩和施策の実行も関連している。この施策のもと、「学位授与法」には、学位

授与の制度をより弾力的にすることを目的として各大学に権限を委譲し、自らの特徴を示す学位を授与できるように修正する方針が反映された[36]。第3に、前述した2点とも関連しているが、大学教育に対する制限をなくし、大学教育をより広範に普及させようという考え方である。この時期の粗在学率は1980年代の空中大学導入期に比べて一定の増加傾向がみられ、1993年に37.9%に達し、1980年の16.2%より約2.5倍に増加していた[37]。こうした状況から、一連の規制緩和施策の方針に加えて、大学教育は専門的な、高度な人材を養成するものだという従来の考え方が弱まり、それに代わってより多くの人に教育を受けさせる、とりわけ学士課程段階は基礎的な人材を養成する場だとみなされるようになったと考えられるのである[38]。

　このように、空中大学に学位授与権が与えられた理由は、大学教育が社会に寄与するのを重視する傾向が生じたことに加えて、高等教育の拡大と規制緩和施策の影響を受けて、より多くの人々に高等教育を受けさせることが目指されるようになったからだと考えられる。この大学教育をすべての人に提供すべきだという考え方は、空中大学が大学教育において周縁的及び補完的な位置づけしか与えられていなかった時期の考え方とは大きく異なっていた。また、高等教育の規模拡張と規制緩和施策にともない、養成すべき人材は多様になっており、提供すべき教育の基準を緩やかにすることにより、導入時のような、量的な拡張に対する大学教育の質的な面への配慮は弱まった。

　ただし、大学教育とみなす範囲を拡大し、それぞれ異なる形態である教育を同じように扱うようになったにもかかわらず、在職者や社会人など成人がより容易に進学できるような配慮は維持されている。つまり、在職者や社会人に対する扱い方が、後期中等教育からの通常の直接進学者に対する扱い方とはなお区別されていることに留意する必要がある。

6. 考　察

　前節まで、1982年の空中大学の導入及び1993年の同大学に対する学位授与権付与に注目し、「補習教育法」、「大学法」、「空中大学条例」及び「学位授

与法」の制定や修正に関する議事録を用いて、空中大学における学位授与論争の要因及び空中大学に学位授与権が与えられた背景と理由を分析した。本節では、これまでの分析の結果にしたがって、空中大学における学位授与の経緯について考察することにより、制度形成の面から、台湾の大学教育観がいかに表され、どのような変化が起きたのかを検討する。それは大きく3つの側面から論じることができる。

　第1に、1980年代から1990年代にかけて台湾における大学の方針は、学術研究及び専門的人材の養成から、より一般的な人材の養成、社会の発展への寄与へと比重が移行した。空中大学導入時の1980年代前半において、大学教育は社会に寄与する役割をすでに求められていたが、この時に着目されていたのは専門的な人材を養成することであり、社会とのつながりにおいては一定の距離が保たれていたことが確認される。そこでは、社会に寄与することは教育の結果であり、必ずしも教育提供の直接の目的とされてはいなかった。その後、1980年代末から社会の変容と規制緩和の影響を受けて、大学は社会に寄与すべきであるという考え方が強まり、大学は大衆のための教育の場であり、社会の多様なニーズに対応しなければならないと徐々に認識されるようになってきた。

　第2に、前述した社会に寄与すべきという方針の強化とも関連しているが、大学教育の目的は、高度な人材を養成することからより多くの人に教育を受けさせることへと転換された。より多くの人々に大学教育を提供するという考えは空中大学に学位授与権を与える前にも存在していたが、その位置づけと役割は異なっていた。空中大学導入時における概念では、大学教育の不足を補完する役割を持つとされ、大学と同等の教育内容を提供する手段とみなされていた。その後、すでに言及した高等教育の規模拡大にともなって、補完的な役割が必要ではなくなる一方で、社会のニーズに対応する役割が課されるようになった。空中大学の位置づけも周縁からより中心に移行し、より多くの人に大学レベルの教育を提供することがその中心的な目的とされた。こうした転換により、空中大学は通常の大学と同等の機関となって、学位を授与することができるようになり、さらに社会に向けた開放的な機能の発揮

が求められることになった。その背景には、大学教育の柔軟性の改善が求められ、大学教育の扱い方をよりいっそう緩やかにしようとする変化があった。

　しかし第3に、高等教育へのアクセスについて教育対象による区別は依然として維持された。空中大学導入期において、こうした高等教育へのアクセスの区分が導入されたのは、1980年代に主により多くの人に教育を提供するという教育目的で周縁的な位置づけと補完的な機能を持っていた空中大学が大学として相応しい教育を提供できるのかという、質的な面への懸念が原因であった。こうした懸念を解消するために、通常の進学ルートと在職者や成人などの社会人進学ルートが区別されるようになった。その後、高等教育の拡大と多様化にともない、こうした懸念は弱まったが、それにもかかわらず、社会人の進学を促進するため、制度上では社会人を対象とする教育がなお通常の進学ルートと区別されている。ただし教育目的は、第2点として言及したように区別されてはおらず、すべて大学レベルの教育内容を提供するものとなっているのである。

　以上、本章では、空中大学の学位授与をめぐる論争の経緯に基づいて、大学教育に関する制度上の方針や目的、及び内容とアクセスの考え方を考察することにより、台湾における大学教育観の変容を明らかにした。これらをまとめると、台湾の大学教育に対する認識は、先行研究で明らかにされていた通り、規制緩和及び社会のニーズの影響を受けて多様化されてきたと考えられる。大学の教育内容・目的は、従来の専門的な人材の養成から多様な人材を養成することへと転換されており、どこまでを大学教育とするのかについての基準がより幅広くなる傾向がみられた。それと関連して、高等教育機会の提供においても社会の発展に寄与するため、社会人を対象とするルートを定着させ、大学教育への進学ルートを拡張することにより、さらに多くの人に教育を提供するようになってきた。本章の考察をふまえると、結局、台湾において大学教育かどうかを分ける基準は、従来の専門的な人材を養成する限定的な考え方から変化し、より多くの人びとに教育を受けさせ、多様な人材を養成することに転換されたのである。その結果、1990年代以降、制度上では大学教育とみなされる範囲は拡大される傾向にあり、大学教育を提供

しようとする基準としては、大学レベルの知識を伝達すれば、大学教育として認められるようになったと考えられる。

7. おわりに

　本章で分析の結果として、総じていえば、空中大学が導入された時には、空中大学、大学教育において単に知識を伝達する手段とみなされ、正規の大学教育の補足的な位置づけにあったが、その後、1990 年代から高等教育の規模拡大と規制緩和施策の実施にともない、社会に寄与する機能の重視、教育目的の転換及び制度の弾力化がもたらされこともあって、空中大学はより多くの人に教育を提供するという大学教育の目的に合致するものとみなされ、大学として扱われるようになったことが明らかとなった。このように台湾の大学教育観は、社会の変容を受けて 1990 年代に大きく変容し、緩和的・大綱的な考え方に転換された。そして実際にも大学と称する基準は、従来の専門的人材を養成する機関からより多くの人に高度な知識を伝達する機関に変容していったのである。

　上述した法律制定の観点に基づく空中大学における事例の分析によって、1990 年代前後、社会の自由化、政策方針の規制緩和、高等教育規模の拡大などの転換がどのように当時の大学教育に対する認識に影響をもたらしてきたかを解明した。分析結果である政策決定側による大学教育に対する認識の緩和は、教育の基準が大綱化へ移行することであり、1990 年代以降高等教育システムにおける多様化の基盤とみることができる。ただし上述の議論から、本章で解明した大学教育観は最低限の基準と考えられる。つまり、第 1 章で言及した高等教育の規模拡大、産業の変容などの影響を受けて 1990 年代以降高等教育システムの発展は上述した大学教育の基準を満たした上で、さらに機関の存続や社会のニーズに適応し、さまざまな教育形態が求められているようになっている。後の章ではこうした制度上からみた大学教育観の変容をふまえて、さらに大学組織に基づいて、その類型や実態などによって実践的な面に着目し、台湾における高等教育多様化のあり方を検討する。

注

1　Hanna, D. E.“Higher Education in an Era of Digital Competition Emerging Organization-al Models.”*Journal of Asynchronous Learning Networks,* Vol.2, No.1, 1998, pp.66-95.

2　教育部統計処『中華民国教育統計　民国 107 年版』教育部、2018 年、及び教育統計処のデータベースより算出した。

3　同上書、60-61 頁。

4　Wang, R.J. “From elitism to mass higher education in Taiwan: The problems faced.” *Higher Education,* Vol.46, No.3, 2003, pp.261-287；呉文星・陳舜芬・伍振鷟（大塚豊訳）「台湾における高等教育の発展」P. G. アルトバック・V. セルバラトナム編（馬越徹・大塚豊監訳）『アジアの大学：従属から自立へ』玉川大学出版部、1993 年、348-371頁；陳昭穎『從精英走向大衆：台湾高等教育拡充過程之政策分析』国立台北師範学院国民教育研究所碩士論文、2001 年；陳徳華「台湾高等教育的回顧与前瞻」『国民教育』46 巻 2 号、2005 年、13-31 頁；陳徳華「台湾高等教育過去 20 年数量的拡充与結構的転変」『高等教育』2 巻 2 号、2007 年、67-69 頁；潘昌祥『台湾的大学教育理念与功能発展変遷之研究』国立嘉義大学師範学院教育行政与政策発展研究所碩士論文、2008 年。

5　Mok,K.H. “Globalisation and higher education restructuring in Hong Kong,Taiwan and Mainland China.” *Higher Education Research and Development*, Vol.22, No.2, 2003, pp.117-129；王麗雲「台湾高等教育拡張中国家角色之分析」『中正大学学報』10 巻 1 号、2003 年、1-37 頁。

6　Hayhoe, R. “An Asian multiuniversity? Comparative reflections on the transitions to mass higher education in East Asia.” *Comparative Education Review*, Vol.39, No.3, 1995, pp.299-321.

7　選修生のうち、空中大学で 40 単位修得した者は、全修生になることが可能である。

8　国立空中大学招生専区「簡章—大学部」、http://studadm.nou.edu.tw/FileManage/download_recruit?categoryId=18、2018 年 12 月 29 日最終確認。

9　同上。

10　教育部統計処、前掲書、2018 年、201 頁。

11　同法は社会の変容に対応するため、1999 年に、「補習・研修教育法」（原語、「補習及進修教育法」）に修正された。

12　「国立空中大学設置条例」は 1985 年に公布された後、地方政府による空中大学の設置を認めるため、1995 年に「空中大学設置条例」に修正された。

13　補習・研修教育体系は、主に国民補習教育、研修教育、及び短期補習教育から

なる。国民補習教育は就学年齢を超え、かつ国民小学と国民中学（日本の小学校と中学校に相当）段階を合わせて9年の基礎教育に相当する教育を提供する。研修教育は国民補習教育の上級段階に位置づけられ、後期中等教育段階以上と同等の教育を提供する。そして、短期補習教育は日本の塾に相当し、学校、機関、団体または私人が設置することができ、主に技術補習クラスと文理補習クラスという2種類がある。これらの中で、国民補習教育と研修教育は主に同段階の学校に付設した補習学校や研修学校でおこなわれる。

14 1999年、「補習・研修教育法」が改正されたことにより、補習・研修教育体系の高等教育段階である進修学校の学生は、課程を修了した後、成績が合格に達した者には卒業証書または学位証書が授与され、同段階の学校の卒業資格を有するようになった。その後、さらに2004年「学位授与法」の改正より、専科学校及び大学が附設する進修学校での学位取得が明記されるようになった。同法によって、専科学校及び大学が附設する進修学校で専科課程や学士課程を学び終えた学生は、法に基づいて修業年限が関連規定に合致すれば、それぞれ副学士学位、学士学位を取得することができることになった。ただし、2018年の「学位授与法」の改正案によると、進修学校の学位授与権が改めて正規教育体系と統合しようとする動きがあった。同改正案において、学位授与機関を明確に規定されるために、大学が附設する進修学校や進修学院が大学内部に附設される進修部に再編され、大学が学位授与するような改革が計画されている。こうした改正は、学位授与機関の定義を統合して、明確に大学と専科学校が学位を授与するものとするようになされる。なお、ここで言及した副学士学位とは、2004年の「学位授与法」修正のより導入された制度であり、学士学位の半分程度の水準に達したことを示すものである。専科学校、専科部やそれに相当する教育段階に修了し、規定された要件に満たした者に副学士学位が授与される。その全体的な学位制度の変容及び改革の動向について、廖于晴・南部広孝「台湾における学位制度」南部広孝編『後発国における学位制度の研究』(高等教育研究叢書148)広島大学高等教育研究開発センター、2019年、33-44頁を参照のこと。

15 立法院『立法院第1屆第68会期第19次会議議案関係文書』立法院、1981年、1-6頁。

16 立法院『立法院公報』71巻52期、1982年、137-146頁。

17 立法院『立法院公報』71巻41期、1982年、21頁;立法院『立法院公報』71巻53期、1982年、123頁；立法院『立法院公報』71巻66期、1982年、54頁。

18 立法院『立法院公報』71巻56期、1982年、86頁。

19 立法院、同上書、1982年、86頁;立法院、前掲書、71巻66期、1982年、53-54頁。

20　詳細は、立法院、前掲書、71 巻 52 期、1982 年、137-146 頁；立法院『立法院公報』
　　71 巻 54 期、1982 年、42-92 頁；立法院『立法院公報』71 巻 66 期、1982 年、48-57
　　頁を参照。

21　詳しくは、1982 年の「大学法」修正案を参照のこと。

22　立法院『立法院第 1 届第 69 会期第 24 次会議議案関係文書』立法院、1982 年、1-15 頁。

23　立法院『立法院公報』71 巻 84 期、1982 年、118-147 頁。

24　立法院、前掲書、71 巻 54 期、1982 年、42-92 頁。

25　「国立空中大学設置条例」(1985 年)第 1 条は「教育部は、大学法第 7 条に基づいて、
　　国立空中大学を設立するため、本条例を制定する」と規定されている。

26　ここで本来の用語は五育であり、徳育、智育、体育、群育及び美育からなるも
　　のである。

27　空中大学は設立当初、「入学は緩やかに、試験は厳格に」(原語、入学従寛、考
　　試従厳)が方針とされた。したがって、18 歳以上という就学年齢を満たし、相
　　当の学歴資格を有する者はすべて入学できることになっていた。一方で、「国立
　　空中大学設置条例」(1985 年)第 13 条において、「本大学の学生で学期の成績が
　　不合格の者は、追試験を受けることはできない。学生の成績は厳しい基準で評
　　価すべきであり、その規則は当該大学が定め、教育部に報告、審査される」と規
　　定されていたことからすると、空中大学は通常の大学より厳しい評価基準を持っ
　　ていたと考えられる。

28　楊瑩「台湾高等教育政策改革与発展」『研習資訊』25 巻 6 期、2008 年、21-56 頁。

29　立法院『立法院公報』83 巻 17 期、1994 年、37-66 頁。

30　具体的な数値を確認すると、空中大学の学生数は、設立から 1993 年までで全
　　修生と選修生を合わせて 150,676 人であった。そのうち全修生は 117,626 人で、
　　学生総数の 8 割弱に達していたが、1993 年までの卒業生数は 1,000 人に満たなかっ
　　た (楊武勳『日、台空中大学之比較』淡江大学日本研究所修士論文、1997 年、152-
　　242 頁の資料を参照)。

31　当時の空中大学における学位授与に関する答申では、「多くの空中大学の学生
　　は激しい競争を経て、やっと空中大学に入学することができた。その後、厳し
　　い修業規則にしたがって、4 年間またはそれ以上の時間をかけて、単位を修得し、
　　卒業することができるようになったが、学士学位を取得することはできなかっ
　　た。それだけでなく、それらの卒業生は、さらに大学院や教員養成プログラム
　　に進学したい時に、学士学位を持っていないことから、進学できないことになっ
　　ていた。これらのことは、空中大学の学生に不公平なことである」と述べている

（立法院『立法院第 2 届第 1 会期第 42 次会議議案関係文書』1993 年、質 303-304 頁；質 401-402 頁を参照）。

32　立法院、同上書、546-583 頁。

33　「空中大学設置条例」（2014 年）第 14 条では、「全修生で、規定された単位を修得し、合格の成績を得た者には空中大学が卒業証書を授与し、また学位授与法に基づいて、学士学位を授与する」と規定されている。

34　立法院法律系統「大学法」（1993年）、https://lis.ly.gov.tw/lglawc/lawsingle?00125894D-D4C000000000000000000A000000002FFFFFD^01711092011300^001AF001001、2019 年 2 月 23 日最終確認。

35　立法院法律系統「大学法」（1995年）、https://lis.ly.gov.tw/lglawc/lawsingle?00125894D-D4C000000000000000000A000000002FFFFFA00^01711094121300^001AF001001、2019 年 2 月 23 日最終確認。

36　立法院、前掲書、1993 年、546-583 頁。

37　教育部統計処、前掲書、2018 年、60-61 頁。

38　立法院『立法院公報』84 巻 5 期、1995 年、321-340 頁。

第3章　高等職業教育の位置づけと役割の変容
──高等職業教育体系の定着と「技術及び職業教育法」の制定に着眼して

1. はじめに

　第1章で述べたように、台湾では1974年に、産業構造の変革に応じたより高度な技術人材を育成するために、大学レベルに相当する職業教育機関である技術学院という機関類型が導入され、その後、短期職業高等教育機関である多数の専科学校が技術学院に昇格した。そしてこれを契機として、それまで短期課程を提供する専科学校のみから構成されていた高等職業教育体系は、専科学校と学士課程を提供する技術学院から構成される体系へと変化した。このことは、台湾における高等教育システムに大きな変容をもたらした。すなわち、従来の、大学及び学院からなり学士課程以上の教育を提供する普通高等教育体系と、短期の教育課程のみを提供する専科学校からなる高等職業教育体系という、制度として上下関係にあった2つの体系が、いずれも学士学位を授与できる機関を包摂する並立の関係になったのである。

　こうした体系を持つ台湾の高等教育システムは現在に至るまで40年以上も維持されてきたが、この間、普通高等教育体系にある大学や学院と高等職業教育体系にある大学や学院との異同について議論が続いてきた。後に述べるように、そうした議論の中で高等職業教育に関する法案が何度か提案された。それらは関係者の合意が得られないなどの理由から制定には至らなかったが、2010年代に入ると、高等職業教育機関が「普通高等教育機関化[1]」する動きへの懸念から改めて様々な改革が検討され、一連の取り組みがおこなわれる中で職業教育の法制化が再び進められ、最終的には2015年に、高等

職業教育に関する法律として「技術及び職業教育法」（原語、技術及職業教育法）が公布された。これによって、高等職業教育の法律上の位置づけが明確になり、法的な根拠が確立されたのである。高等職業教育機関とそれによって構成された高等職業教育体系はよりいっそう明確化され、それにともなって、それらがどのような教育を提供するべきなのかという問題も改めて提起された。

このように、台湾では大学レベルの高等職業教育機関が設置されるようになって以降、社会状況の変化もあって、高等教育段階における職業教育としてどのような教育を提供すべきかについて、教育機関や政府、産業界の関係者により長期間にわたって模索が続けられてきた。その経緯に関する先行研究としては、大きく2つのものがある。1つは、主として歴史的な観点から高等職業教育体系の役割を考察する研究、あるいは高等職業教育体系を対象とした政策の検討や提言を中心課題として議論している研究である[2]。もう1つは、「普通高等教育機関化」という状況を前提として高等職業教育機関の現状やあるべき姿を議論する研究である[3]。この他、政府による高等教育機関の機能分化政策を手がかりに各大学の発展について論じる研究があり、その中にも、高等職業教育機関の機能や発展の方向性に関する言及がみられるものがある[4]。

これらの研究によれば、台湾の高等職業教育には次のような変化があったとされる。すなわち、1980年代後半以降台湾社会が民主化し自由化するのにともない、学習機会の拡大や生涯学習社会の創出などを目指す教育改革の影響を受けて、高等職業教育については、技術学院の増加が生じるとともに、より高度な教育段階への移行が強調された。この結果として、高等職業教育機関の課程の種類や発展の方向性が普通高等教育体系にある大学と変わらないものになってきているというのである。それでは、台湾の高等教育の多様化に影響を与えた高等職業教育体系は、普通高等教育体系と比べてどのような差異があるのか、またその体系に属する大学はどのような機関だと考えられてきたのか。そして、社会環境が変化する中で、台湾の高等職業教育体系はどのように変わったのだろうか。

　以上をふまえて、本章は、高等職業教育体系の変容に着眼して、高等教育システムの歴史的な変遷、職業教育に関連する政策、制度、及び職業教育に関する法律の制定を手がかりに、高等職業教育が高等教育システムにおいてどのような役割や位置づけにあるのかを明らかにすることを目的とする。本章の構成は以下の通りである。第 2 節では、台湾の高等教育システムの変容という点から、高等職業教育体系の導入背景及びその影響を整理する。続いて第 3 節では、職業教育改革に関する一連の政策、議事録、法案等を手がかりとして、現在台湾では高等職業教育についてどのように考えられるかを検討する。続いて第 4 節では、高等職業教育体系の拡大によって、高等教育の規模に関する量的な検証を改めておこない、最後に、これらの制度、現状及び考え方の変容と特徴をまとめて検討することによって、台湾の高等教育システムにおける職業教育体系の役割と位置づけを考察する。

2. 高等職業教育機関の導入及び職業教育体系の形成

(1) 政策方針による教育システムの分化

　台湾の職業教育は日本統治時代からすでに展開されていた。日本政府は植民地統治において人的資源計画の観点に基づいて台湾の職業教育を実施した。最初は「試験場」、「講習所」など技術人材の訓練所が開設された。その後、「工業日本、農業台湾」や「工業台湾、農業南洋」の植民地政策が出されたことによって、実業学校、実業補習学校などが導入された[5]。1949 年に国民党が台湾に移転した後も、台湾の職業教育はなお経済発展に寄与することを方針として採用した。日本統治時代の講習所、実業学校、実業補習学校などは、初級職業学校[6]、中級職業学校または職業補習学校に転換し、職業教育が続けられた。一方で、高等教育段階においては、日本統治時代に設置されていた専門学校を基礎として、大学と専科学校という 2 つの機関類型が確立された。それぞれ「大学法」と「専科学校法」を根拠とし、大学は学術研究への寄与を中心として学士課程以上の教育をおこなうのに対して、専科学校は実務技術系人材の育成を目的とする短期高等教育機関であることが定められた。また

台湾の専科学校は当初、修業年限によって五年制専科学校（日本の高等専門学校に相当）、三年制専科学校、二年制専科学校などいくつかの類別があったが、1960年代以降主に展開されたのは五年制専科学校であった。本章では、特に断らない場合、専科学校は五年制専科学校を指すものとする。

すでに述べたように、1980年代以前台湾の教育は、政府管轄のもとで社会・経済発展に寄与することが主要な役割だと定められていた。そのため、1960年代から1980年代にかけて、台湾の教育政策は主に経済建設計画、人力発展計画にしたがい、「科学」と「職業」の振興を基本方針とし、社会の安定と経済の発展、国家建設に寄与することが求められていた[7]。こうしたことから、高等教育の発展方針としては職業教育の方が一般教育よりも重視され、発展していた。経済建設計画や人力発展計画に基づいて、一般教育を提供する大学の設置は強く制限された[8]。一方で、職業教育の規模の拡大が図られ、高級職業学校及び専科学校の増加が促され、1961年の第四次全国教育会議において、大学の質を向上させるとともに、経済発展の需要から専科学校をより多く設置することが決議された[9]。同年のアメリカの顧問団による「スタンフォード報告」では、工学系実務人材が不足していることが指摘され、この不足を解決するためにそれに相当する教育段階の人的資源の供給を増やすこと、具体的には後期中等学校と専科学校を充実すべきであることが提言された[10]。これらの決議と提言に応じて、1983年までに後期中等教育段階において、高級中等学校と高級職業学校[11]の比率を3対7とすることが目標として定められた[12]。それとともに、第二期人力発展計画（1968年〜1972年）では職業教育が重視され、専科学校の新設が奨励された。そこで特に強調されたのは、工業、海事及び水産に関する専攻分野の設置だった[13]。職業教育の提供が経済発展に関連する専攻分野に限ることが定められていた[14]。その結果、1960年度の時点で大学は16校、専科学校は11校であったが、1970年度には、大学が22校だったのに対して、専科学校は大幅に増加して70校になった[15]。

こうした高級職業学校と専科学校が拡大される一方で、1956年から複数の専科学校及び大学が共同でおこなっていた連合募集（原語、大専聯合招生）

が1972年に変化し、普通高等教育体系と高等職業教育体系において、それぞれに独自な進学ルートが設けられるようになった。具体的には、1972年に専科学校は連合募集から分かれ、独自の募集を実施することになった。そこでは、高級中等学校の卒業生が入学できなくなり、前期中等教育機関及び高級職業学校の卒業生が主要な募集対象になった[16]。その後、より多くの高等職業教育機関が募集に参加することによって、高等職業教育機関による入学者選抜制度が徐々に明確に形成されるようになっていった。

　このように職業教育機関及びその入学体制を整備することによって、台湾の教育システムは、後期中等教育段階以降、普通教育体系と職業教育体系が分かれるという基本的な構造が形成されていった。当時の教育政策に鑑みると、そのような構造をもたらした理念は以下のようにまとめることができる。すなわち、知的な能力を有する者が、高級中等学校に進学して汎用的で基礎的な教育を受け、大学に進学するとされていた。そして、彼らが進む普通教育体系はエリート育成を目的とするため、その体系を構成する高級中等学校、大学の規模は制限すべきであることも強調された。一方で、そのほか大学の進学に向いていない者、または技術に関する仕事に興味を持っている者は、前期中等教育段階を修了した後に、高級職業学校または専科学校に進学し、一般技術及び専門的な技術を学び、中等以下の階層にある技術者、工場人員などの仕事に就くことが想定されていた[17]。

(2) 技術学院導入による大学レベルまでの職業教育体系の形成

　1960年代後期から政府は、台湾の産業構造を労働集約型から技術集約型へと転換する方針をとるようになり、そうした新たな需要に対応するため、より高度な技術人材を養成する上級の高等教育機関を設置することについて議論するようになった[18]。そして、1970年に開かれた第五次全国教育会議において、「職業教育体系は、普通教育体系と同じように学士課程段階までの体系とする」ことが提言され、学士課程段階の職業教育を提供する機関として「技術学院」の設置が示された[19]。教育部はこれを受け、1974年に全国初の技術学院である国立台湾工業技術学院（現、国立台湾科技大学）を新設した。

これによって、高等職業教育体系にも大学レベルの機関が存在することになったのである。ここで注意すべきなのは、技術学院が主に職業高級学校や専科学校の卒業生に進学や研修の機会を提供するために設置され、しかも「教育－仕事－教育」というように、教育と仕事の間にサイクルを設けた教育の提供が想定されていたという点である。政府は職業教育体系の学生が卒業した後に直接技術学院に進学することを望まず、一定の仕事経験を積み重ねた後に技術学院に戻ることが原則だとされた。したがって、国立台湾工業技術学院が設立された当初は、その応募資格として後期中等教育段階を修了していることだけでなく、一年の仕事経験を有することも求められていた[20]。

また、すでに述べたように、1980 年代まで高等教育の発展は専科学校を中心としていたため、1991 年に国立雲林技術学院（現、国立雲林科技大学）及び国立屏東技術学院（現、国立屏東科技大学）が設置されるまでの 17 年間、台湾には大学レベルの高等職業教育機関は国立台湾工業技術学院 1 校しかなかったのであった。したがって、台湾の高等教育システムでは、技術学院の設置によって、職業高等教育体系が普通高等教育体系と並立するようになったが、実際には依然として普通高等教育体系は大学を中心とし、高等職業教育体系は専科学校を中心に展開されていた。こうした状況は、1980 年代後半から、社会の変容、後期中等教育機関の規模拡大及び産業発展の需要の影響を受けて、大学レベルの職業教育機関の増設が議論されることで変わり始めた。

(3) 技術学院・科技大学の設立による職業教育体系の確立

1980 年代後半からの、台湾社会の民主化、自由化がもたらした政府の規制緩和や民間からの改革要請にしたがって、1990 年代に入ると政府は、教育の自由化、教育規模の拡大、進学ルートの整備拡充を政策の方針とした。高等教育に対しても一連の規制緩和施策がおこなわれ、高等教育機関の設置条件が緩やかになるとともに、政府から高等教育機関への権限委譲がおこなわれ、大学の自主権が拡大した。

こうした変容は、高等職業教育機関のあり方にも影響を与えた。1980 年

私立東南科技大学の校門前

代以前にはすでに、高級職業学校の規模が拡張されすぎていたため、高級職
業学校と高級中等学校の比率を調整しなければならないと指摘されていただ
けでなく、職業教育体系の卒業生を受け入れる、より上級の教育段階におけ
る教育課程を置く機関の設置も提案されていた。しかし当時は、国家・経済
発展に寄与すべきだとする教育政策に影響され、上述の指摘は重視されてい
なかった[21]。これに対して、1990 年代以降は、産業変革への対応に加えて、
民主化、自由化の動きのもとで生じた教育改革の要請により、個人の教育需
要への対応が重視され、大学レベルの高等職業教育機関である技術学院・科
技大学の整備がおこなわれた。当時の関連政策・法規[22]によれば、大学レ
ベルでの高等教育機関の設置に関する議論は、以下の 3 つに分けて説明する
ことができる。
　第 1 に、大学の増設により高級中等学校における進学ルートが整備されて

私立台北海洋科技大学の校門前（2017年台北海洋科技大学に名称変更）

いたのに比べて、高級職業学校と専科学校の卒業生の進学ルートが不足していると指摘された。こうしたことは、職業教育の軽視につながるだけでなく、高級職業学校と専科学校の学生が大学に編入することを目標とすることになり、技術や職業能力の習得という職業教育体系の教育目的を歪めることになるといわれた[23]。そして、職業教育の位置づけを向上させるとともに、これらの学生に進学の機会を与えるため、大学レベルである高等職業教育機関の整備が提言された[24]。同時に第2に、産業構造の高度化もこうした傾向に影響を与えた。台湾の産業構造は経済の発展にともない、労働集約型産業から知識・情報の提供を重視する知識集約型産業への転換が進められたため、従来高級職業学校と専科学校が育成してきた人材ではこれら産業のニーズに対応できなくなり、より高度な職業教育機関の設置が求められた[25]。それから第3に、前述のこととも関連しているが、産業構造の変容によって、これらの高級職業学校及び専科学校の卒業生は産業の需要に対応できなくなり、仕事に就くことが難しくなるため、失業率が上昇する傾向にあった。この課題

を解決するためにも、これらの学生に対してより高度な職業教育を提供しなければならなくなった。

　教育部は、上述した社会、産業構造の変容及び個人の教育需要に応じるため、1990 年代から「職業教育の尊厳と価値の再構築」を軸とし、専科学校を技術学院に昇格させることや技術学院と科技大学を設置することによって、職業系大学を充実させ、大学レベルまで高等職業教育体系を確立することを目標とした。こうした動きは、1994 年から始まる一連の教育改革の要請において、大学の増設による民衆の高等教育需要に対応する動きにも影響を受け、職業系大学の増設がよりいっそう促された[26]。

　その結果として、1996 年に「優秀な専科学校を選択して技術学院に昇格させること及び専科部の併設を認めることに関する実施規則」(原語、教育部遴選専科学校改制技術学院並核准附設専科部実施辦法；以下、改制規則)が公布され、専科学校を技術学院に昇格させる際の条件が明示されるようになったことで、専科学校の技術学院への昇格が促された。「改制規則」の実施後、**図3-1**からみて取れるように、専科学校が急速に減少する一方、職業系大学は急速に増加した。1995 年「改制規則」が制定された時点で、その年度の高等職業教育体系では、専科学校が 73 校あったのに対して、職業系大学は 7 校(すべて技術学院)しかなく、これは普通系大学全体の 10 分の 1 にすぎなかった[27]。その後職業系大学は、「改制規則」制定から 3 年間校数の増加がみられた後、「毎年 6 校しか昇格させない」という規定が廃止された 1999 年度には、わずか 1 年間で 21 校の職業系大学が誕生した。そして、2002 年度には、職業系大学は 71 校に至り、初めて普通系大学数を上回った。その後、増減はあるが、職業系大学は 2017 年度までに 75 校前後で推移し、大きな変化はみられない。2018 年度には、亜太創意技術学院が廃校となり、国立高雄第一科技大学、国立高雄応用科技大学及び国立高雄海洋科技大学という 3 校が合併され、国立高雄科技大学になったのにともない、職業系大学は 71 校になった[28]。ただし、看護系の専科学校は専門的な看護人材の育成をしなければならない点で、独自の位置付けを有している。そのため、これらの看護専科学校をより効率的に教育資源を応用し看護人材の育成に力を入れるために、そ

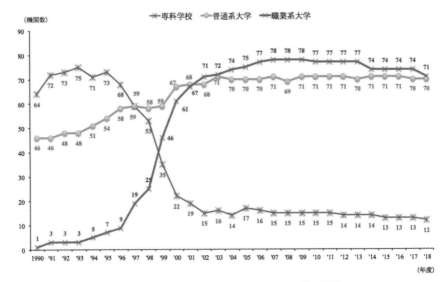

図 3-1　機関類型別による高等教育機関数の推移

出典：教育部統計処「学校基本資料」のデータベースをもとに、筆者が算出して作成。(https://depart.
moe.edu.tw/ED4500/Content_List.aspx?n=273B458338AE810B、2019 年 3 月 14 日最終確認。)

れらを技術学院に昇格することが抑えられるようになった[29]。現在 (2019 年)、
12 校の専科学校はすべて看護系及び医療に関する学校である。

　また、1995 年には「職業教育の転換と革新計画」(原語、技術職業教育的転型
与革新方案) が公布されたことにより、科技大学の設置も提起された。同計画
では、科学技術の進展にともない、高度な科学技術人材を育成するため、大
学設置基準を制定することにより、学院を大学に転換する法的な根拠を定め、
これにより、技術学院に人文系の専攻分野を設置することによって、技術学
院を科技大学に名称変更し、総合型大学として位置づけることが述べられ
た[30]。その後、1996 年には、「大学及び分校の設置基準」(原語、大学及分部設
立標準)と「技術学院が科技大学に改名する際の審査方法に関する規定」(原語、
技術学院改名科技大学審核作業規定)が制定された。これにより、技術学院はさ
らに科技大学に名称変更することができ、高等職業教育機関も大学の名称を
用いることができるようになった。

　上述した法規に基づいて、1997 年度に国立台湾工業技術学院、国立台北

馬偕医護管理専科学校の校門前

技術学院、国立雲林技術学院、国立屏東技術学院、朝陽技術学院がそれぞれ
に科技大学に名称を変更し、台湾初の科技大学が成立した。その後、毎年お
およそ2校〜5校の技術学院が名称変更をし[31]、2018年度には71校ある職
業系大学の中で60校が科技大学となっている[32]。

　第1章で言及したように、1990年代には、台湾社会の変化によって、高
等教育機関が発展の方向性を自ら決めることができるようになったのである
が、これまでの高等職業教育体系の展開及び高等教育政策の経緯からみると、
高等職業教育機関は産業発展に対応し、それに対応できる人材の育成が一貫
して求められており、普通高等教育機関に比べて、比較的特定の職業・専攻
分野に対応する傾向にある。また1990年代以降、台湾社会における規制緩
和による個人の進学ニーズへの配慮や経済発展の需要も、高等職業教育体系
の主体が専科学校から職業系大学への移行を促した。とりわけ1996年以降、
高等職業教育に対する政策では職業系大学の発展に重点が置かれるように
なった。これは、高等教育システムにとって非常に重要な変化であるといえ

る。それに関連して、こうした職業系大学の整備は、大学教育全体の規模拡大にも寄与した。高等教育システムは、これまで議論してきた高等職業教育体系を大学レベルまで延長することによって、大学教育機関をシステムの主要な構成組織とするとともに、職業系大学をその構成の半分に位置づけ、高等職業教育体系と普通高等教育体系が並立するようになったのである。

3. 「技術及び職業教育法」制定前における高等職業教育の考え方

では、社会がこのように変容する中で大学レベルまでの高等職業教育体系が確立されたことにより、高等職業教育に対する考え方はどのように変わってきているのだろうか。本節では、職業系大学が増加して普通高等教育体系と並立するような高等職業教育体系が形成され始めた1990年代後半から、「技術及び職業教育法」の制定が議論されるようになるまでの時期を対象として、高等職業教育に関する法律制定の動きを中心に、高等職業教育がどのように考えられていたかを分析する。主として取り上げるのは、1999年に出された「技術・職業教育機関法」（原語、技術及職業校院法）の草案である。この草案を含めて、2015年に「技術及び職業教育法」が制定される前には職業教育に関する法案が何度か提案されたが、そのうち成立に向けた手続きがもっとも進んだのがこの草案だった。具体的にいえば、同法案は、最終的には2000年の立法委員（日本の国会議員に相当）改選にともない廃案になったのだが、その時点ですでに立法段階の第二読会[33]まで通過していた。つまり、この草案は、この時期における高等職業教育に対する考え方をもっとも体系的に表しているとみなすことができる。

1998年、行政院（日本の内閣に相当）の教育改革審議会が打ち出した「教育改革行動方案」において、高等職業教育機関に関する法律の制定が改めて提起された。すなわち、同文書では弾力性を有する職業教育体系を形成し、職業教育の位置づけを明確にするという目標の中で、「技術・職業教育機関法」の制定が謳われたのである[34]。その背景には、この時期の経済発展政策があった。1990年代後半、台湾では、従来の受託製造から脱却し、高度な科学技

術の発展を促進して、台湾をアジアの金融、交通及び情報などの拠点とすることが目指され、そのために、より高度な科学技術人材の育成を体系的におこなう職業教育の法的根拠が求められるようになった。これらの教育政策や経済発展政策に基づいて、高等職業教育機関を包括的に規定する法律の制定が政策課題となったのである。このような経緯を経て提出された 1999 年の「技術・職業教育機関法」草案は、職業教育機関の教育主旨を総括的に定めた上で、各教育段階の職業教育機関の目標と関連する内容をそれぞれ規定するものとなっており、その内容は大きく、総則、科技大学、専科学校、職業高級学校、附則という 5 章、全 60 条で構成されていた。

　この草案では、高等職業教育は専科学校及び職業系大学でおこなうことが規定されていたが、同時に、職業系大学には、基本的には普通高等教育体系の大学と同じように、「大学法」が適用されることになっていた。つまり、「大学法」に規定されておらず、職業教育に関して特に定めるべき事項だけがこの草案で規定されるという形式が採られたのである。たとえば、当時の「大学法」によると、職業系大学を含む大学は、学術の研究、人材の育成、文化の向上、社会への奉仕、国家発展の促進を主旨とし、学術的自由が保障されるとともに、法律に決められた範囲内で自治権を有しているとされていた（第 1 条）。また、大学教員の職階は、教授、副教授、助理教授及び講師という 4 段階に分けられ、その任用と昇進のためには、主に「教育人員任用条例」及び「教師法」にしたがうことが求められた（第 17 条）。加えて、専門技術者を任用することも可能となっていた（第 17 条）。学生の募集については、後期中等教育段階以上の学歴が必要とされている（第 23 条）。これ以外にも、大学に関する設立規則、行政、組織運営、学長の選出、人事、組織の設立、修業年限と学位授与などの制度的な原則事項が規定されていた。繰り返しになるが、これらの規定は職業系大学にも適用される。

　「技術・職業教育機関法」では、こうした「大学法」の規定をふまえつつ、教育目標、入学試験、教員資格及び行政組織などの事項が特別に定められることになっていた。まず、職業系大学の教育目標は、応用科学と実務的な技術の研究と発展を担い、職業倫理と教養を備えた専門技術人材を育成し、社

会サービスと国家発展に寄与することとされ（第1条）、とりわけ高度な技術を持った人材の育成が強調されている（第6条）。教員資格に関しては、普通高等教育体系と異なり実務的な教育を重視するため、専門科目の教員は実務経験を有する者が担当することが原則とされた（第53条）。入学者選抜についても、後期中等教育段階の職業学校を修了した者を主要な対象とし、筆記試験による選抜だけでなく、推薦入学、申請入学など多様な形式で入学者を選抜することが明記されていた（第10条、第11条）。

さらに、行政組織の設置と運営については、産官学の交流と連携を促進するため、研究の進展、コーオプ教育（原語、建教合作）、技術交流、実習・就職支援などの業務を担う技術協同センターを設置することができるとされた（第9条）。これに関連して、身につけた知識やスキルを実際に応用する学習機会を学生に与えるために、教育と実習のニーズに応じて、実験・実習の場や職業訓練機関を併設することができることも規定されていた（第50条）。

こうした法的規定からみれば、当時の高等職業教育は、主に職業系大学でおこなわれることになっており、普通高等教育体系と同じように経済発展に寄与する人材の育成が求められ、中でも実務といっそう結びつく応用的な教育の提供が強調されていたことが分かる。この時期の職業教育政策の内容を含めてこうした点を具体的に説明すると、次のようになる。

まず、この時期の職業教育政策は、前節で述べた規制緩和のもとで、高等職業教育の規模拡大と職業教育の提供の大学レベルへの引き上げによる職業教育制度の形成と確立を主要な方針としていた[35]。こうした制度の確立に向けた動きの影響を受けて、高等職業教育に対する考え方は、従来のように政府の人的資源政策のもとで計画的に人材を育成するよりもむしろ、各機関で教育の形式や内容、評価方法が模索されるように変わっていた。ただしその際には、普通高等教育体系の大学でおこなわれている教育の枠組みを前提として、職業教育の位置づけが考えられる傾向にあった。

次に、職業系大学が育成すべき「高度な技術人材」でいう「技術」は、特定の専攻分野と結びついていた。すなわち、この草案が制定された際には、教育段階ごとに育成すべき人材が想定されており、職業系大学に関しては、科

学技術、工学及び経営管理に関する高度な技術人材の育成を目標とすることが主として考えられていた[36]。また、2000年に発表された、台湾初の総括的な職業教育の方針を示す『職業教育政策白書』(原語、技職教育白皮書；以下、『白書』と略)においても、産業の変容にともなって専攻分野を調整することに言及されていた。具体的には、世界の産業発展の動向及び政府の経済政策により、将来的には高度な科学技術及びサービス業の増加が予測されることから、それに関連する人材のニーズも増加すると指摘され、そうした変化に対応するため、サービス業、電子・情報科学、バイオテクノロジーといった特定の専攻分野の調整や増設が具体的な施策として提起されていた[37]。

　さらに、草案の審議過程や『白書』では高等職業教育における教養教育や基礎教育の強化も言及されていたが、それも、産業発展のニーズに対応することが前提とされていた。たとえば、草案の議論の中で、職業系大学は人文・社会科学の領域を増設し、総合的な大学として発展することができるが、これらの領域はあくまでも技術人材の育成を目的とするために設置するのであって、普通系大学の教育とは異なり、基本的には産業界と結びつかなければならないことが教育部によって表明された[38]。また、『白書』にも教養教育と基礎教育の向上に関する言及はあったが、それは、現代社会に共通する公民の育成を求め、産業の急激な変化に対応できる創造力、問題解決能力等の革新能力を有する人材を育成することと関連づけて述べられていた[39]。

　このように高等職業教育の実務的な側面が強調される一方で、教員の雇用や資格審査などの制度については、基本的に普通系大学と同じような枠組み、すなわち「教育人員任用条例」及び「教師法」の規定にしたがうことになっていた。また、草案には専門的技術を有する者を雇用することができるという規定があったが(第53条)、そうした専門技術者の雇用は実際には、1996年に公布された「大学において専門技術者を雇用し教育を担当させることに関する規則」(原語、大学聘任専業技術人員担任教学法)に依拠し、基本的には、普通高等教育体系における大学教員の雇用や資格審査の規定を基礎としておこなわれていた。この点について『白書』では、職業教育体系全体として教員の専門や実務能力の向上を目標とすると記される一方で、同時に大学教員と

しての教育能力の向上が求められ、教育哲学や教育原理に関する教職課程・講座を定期的に開設したり、大学から教育マニュアルを発行したりしてその能力を高めることも提案された[40]。

　以上をまとめると、「技術及び職業教育法」が制定される前の台湾における高等職業教育に対する考え方は、普通高等教育体系に属する大学でおこなわれている教育を基礎としながら、それに比べて経済発展への対応がいっそう重視され、実務と結びつく応用的な知識の伝達が強調されるとともに、教養教育など一般的な内容も高等職業教育の目的に合致したものとすることが求められた。そして、経済発展に直接的に寄与するために、高等職業教育では、主として工学、情報科学やサービス業など特定の専攻分野の提供が想定されていた。

4.「技術及び職業教育法」の制定と法規内容からみた高等職業教育

　それでは続いて、2015 年に制定された「技術及び職業教育法」の内容や関連政策を中心に、現在の高等職業教育に対する考え方について検討しよう。

　まず、同法制定の背景と経緯を整理する。2010 年代に入ると、台湾では、新興工業国家の成長及び地域経済共同体[41]の繁栄によって輸出が減少したことをふまえて、世界の発展により相応しい、継続性及び先端性を有する産業構造への移行が模索されるようになった[42]。そして、そうした産業発展に対応できる職業教育の法制化及びその位置づけの明確化が 1 つの目標としてあげられた[43]。また、教育の面においては、少子化の影響を受けて進学者が減少するようになり、高等教育全体として定員割れ、生き残りなどの課題に直面する中で、普通系教育機関より厳しい状況におかれている職業教育体系が健全に発展し、職業教育の実務的、応用的であるという特徴を強化しなければならないと考えられるようになった[44]。そしてこうした状況の中で、職業系大学における定員割れ問題の解消、及び職業教育機能の強化、その位置づけの再設定を図るため、2010 年に「職業教育再構築計画」が打ち出され、その後、この計画の延長として 2013 年には「職業教育再構築計画第二期」が

発表された[45]。

　これらの計画では、職業教育に関する法律を整備することによって、職業教育における実務的な特徴を強化し、教育機関、産業界及び政府の各機関間の連結、協力に寄与することが明記された。これを受けて、2013 年に職業教育に関する法律の制定についての議論がはじまった[46]。この議論の中で、法律の適用対象は職業教育機関だけでなく、非政府機関や職業教育訓練機関にまで広げるべきだと主張された[47]。また、各職業教育機関はすでに「大学法」など関連法で規定されていたため、機関を対象とした法律として規定すれば、その役割がさらに制限されるおそれがあることから、職業教育を対象とした法にすべきだとの提案がなされた[48]。こうした議論を経て、これまでのように機関を対象とするのではなく、職業教育を広く包括する法が構想されることになった。そして、2014 年に行政院から草案が提起されて審議がはじまり、2015 年 1 月、立法院で可決されたことにより、「技術及び職業教育法」が制定、公布されたのである。

　続いて、「技術及び職業教育法」の規定内容を概観する。この法は大きく、総則、職業教育の発展と管理、職業教育の実施、職業教育の教員、附則という 5 つの章、全 29 条から構成されている。

　この法において、職業教育は、職業探究教育（原語、職業試探教育）、職業準備教育、そして職業継続教育という 3 つの類型に分けられ（第 3 条）、この類型ごとに目標が明記されている。また、それらを提供する主要機関として高等職業教育機関（専科学校、職業系大学）、後期中等職業教育学校、職業訓練機関があげられ、その総称が職業教育機関だとされている。教育の種類と目的、提供する機関をまとめると、次のようになる。すなわち、職業探究教育は、職業への認識、探究及び体験の機会を与えることを目的とし、後期中等教育段階以下の学校で担われる。職業準備教育は、職場に必要な専門知識、技術及び職業倫理を育て、職業専門性への誇りを持つ者の育成を目的とし、その提供は後期中等教育段階以上の教育機関で担われる。そして職業継続教育は、社会人や転職者を対象とし、職場に必要な専門能力を学び、職業訓練・教育を受けさせることであり、主に教育機関及び職業訓練機関で提供されるとさ

れている。これらの規定に基づけば、高等職業教育は主として高等職業教育機関でおこなわれ、職業準備教育と職業継続教育という2つの類型が含まれることになる。

　次に、法の構成をもとに、この法で規定されている高等職業教育の発展と管理、高等職業教育の教育目標・内容、教員資格という3つの点について、検討をおこなう。

　第1に、高等職業教育の発展と管理についてみると、職業教育機関が主体的に職業教育を提供することを前提として、各教育段階間での職業教育の接続を促進することや、政府等の行政機関からの支援を強化することが求められている。前者に関しては、具体的には、高等職業教育機関は後期中等職業教育学校と共同して教育課程を接続させる制度を形成すべきだと定められている（第18条）。この点は、高等職業教育機関の制度が職業教育の体系性をふまえて考えられるようになったことを示している。一方、後者については、職業教育機関が産業の現状を把握して、産業構造の変化により対応できる人材を育成できるようにするために、政府が産業の情報とそれに対応する職業教育の方針を定期的に公布する制度が導入され、行政院が少なくとも2年に一度、マクロ技術・職業教育政策要綱（原語、宏観技職教育政策綱領）を制定して公表する必要があるとされている（第4条）。

　第2に、高等職業教育の内容に関しては、産業界と共同で人材を育成することが求められている。たとえば、職業準備教育について「専門科目は機関と産業界が共同で作成することができ、合理的な科目構成をおこなうとともに、学生が職業倫理の育成、キャリアの発展、労働・技術関連の法規を認識するよう、定期的に課程内容を更新する」（第11条）とされている。そして具体的には、産業界と協力して産業協同専門クラス（原語、産学合作専班）を開設すること（第17条）や、産業界から実務者を雇って共同で教育をおこなう（原語、業界専家協同教学）こと（第14条）などができるという規定が盛り込まれた。このように産業界からの参入を受け入れ、共同で課程を編成したり実際に教育をおこなったりすることによって、職業教育の内容と産業との連携を強化し、産業向けの特色科目を構築することが求められているのである。

　また、教育課程編成の拠りどころとして、職業能力基準（原語、職能基準）が設定されるようになったことも重要である。すなわち、「専門科目について、各機関は関連する管轄機関が設立した職業能力基準を参照することができ、それに基づいて課程を作成し、学生の就職に必要な能力を育成する」（第11条）と規定されている。このことは、後に論じるように、教育の基準が知識やスキルとともに能力によって規定されるようになったという点で大きな変化を示している。

　第 3 に、教員資格については、実務経験を備えることがやはり強調されている。具体的には、「大学法」に基づく大学教員の資格を前提とした上で[49]、さらに職業教育機関において専門科目を担当する教員は、関連する領域での 1 年以上の実務経験を有しなければならないと規定されている（第25条）。それだけでなく、実務の経験が産業発展によって時代遅れにならないようにするために、職業教育機関の専門科目や技術科目を担当する教員は、教育歴が 6 年に達したら、職業教育機関の協力機関、または担任する領域に関連する産業組織で、半年以上の専門と技術に関する研修や研究をおこなうべきだとされている（第26条）。

　以上のように、「技術及び職業教育法」では、高等職業教育機関が高等職業教育を提供するにあたって、産業界や後期中等教育段階の学校と連携することが求められている。その具体的な形式としては現在、産学連携協力プログラム（原語、産学携手合作専班）、産業修士プログラム（原語、産業碩士専班）、ラストマイル就職プログラム（原語、最後一哩就業学程）などがある[50]。

　このうち産学連携協力プログラムは、後期中等職業学校、高等職業教育機関、工場そして職業訓練センターなどが連合し、学習と就職を結びつけて教育をおこなう取り組みである。職業系大学の場合は通常、協力する後期中等職業学校から選抜された学生が同大学に入学すると同時に協力する企業に雇用され、職員の身分を持ちながら学習を進めるという方式が採られており、大学の授業と職場の訓練を合わせることによって、職場で必要な能力を育成することが目指されている。そして、その課程内容は、このプログラムに参加する他の教育機関や協力企業と共同で計画することが原則とされている[51]。

こうした取り組みの延長として、2018 年には国立台北科技大学を始めとする 3 つの科技大学が、IBM がデザインした P-TECH (Pathways in Technology Early College High School) の教育プログラムを導入した。アジアで初めて導入されたこのプログラムは、企業が職場に必要な能力を能力発展マップ (Skills Mapping) として示した上で、協力大学と共同で科目を開設して授業をおこなったり、企業が産業界の専門家を派遣して授業や学生の質問への対応をおこなったりするとともに、IBM が開発した、コミュニケーションや協調性、課題管理、そしてリーダーシップの育成を目的とする職場能力課程を実施する権限が大学に与えられることになっている[52]。

産業修士プログラムは、産業に対応できる修士課程段階を修了した人材の不足を満たすために、2010 年「大学における産業修士プログラム設置計画審査要点」(原語、大学辦理産業碩士専班計画審核要点) の公布によって導入された。このプログラムは、学習成果の実用化 (原語、学用合一) を促し、産業発展のニーズに対応する高度な人材の育成を目的として、企業と大学が連携して開設されるものである[53]。プログラムの開設にあたっては、企業と学校が産業発展の需要に基づいて、共同で教育部に申請し許可を得ることとされている。企業と学校の協力方法には、一企業または複数の企業が学校と連携する方式や、あるいは学校が自ら課程を計画して企業を誘致する方式など様々な形式があるが、その申請にあたっては、9 つの専門領域とそれに対応する産業があげられ、企業は自らの産業別分類に沿い、大学と共同で対応する領域の設置を申請することになっている。その分類は、電機工学、光エレクトロニクス、情報科学、創造産業、医用生体工学、金融、伝統製造、サービスとその他となっている。課程の内容については、産業の需要に適応し、実務応用能力を育成することが強調され、その形式は協力企業が共同して課程を計画することが可能であり、集中型の授業実施もできるとされている。

それから、ラストマイル就職プログラムは、大学と地方の産業との連結を促進するために導入された短期訓練課程である。その目的は、学生と企業との接点を強化するとともに、学生の就職の援助もおこなうことである。とりわけ、労働市場に参加する直前の学士課程段階の 3 年次、4 年次の学生に対

して、学際的、実務的経験の育成を強化することが求められている[54]。例として国立台中科技大学の創造産業応用と企画マーケティング専門人材育成プログラム(原語、文創応用与企劃行銷専材培育学程)を取り上げれば、このプログラムは応用中国語学系(原語、応用中文学系)が開設したものであるが、同大学のすべての学士課程段階の 4 年生が参加することができる[55]。このプログラムの目的は、学生の進路の方向性を定めるための支援を提供し、創造産業において開発からマーケティング計画力というプロセスの中で必要になる様々な専門能力を育成することである[56]。プログラムは専門科目(原語、専精課程)、共通コア職業能力科目(共通核心職能課程)、職場体験科目という 3 つから構成される。専門科目では理論、実務の講習、講座、または見学などの活動がおこなわれる。具体的には、図版・文字組版実務応用(原語、図文組版実務応用)、創造産業情報処理と応用(原語、文創資訊処理与応用)、デジタル編集出版と上級編集制作実務(原語、数位編採出版与進階編採実務)及びマルチメディアマーケティングと企画・創造性開発(原語、多媒体創意行銷与企劃創意開発)という 4 つの科目が提供されている。また、共通コア職業能力科目はキャリアの発展に必要な職業能力の解説、及び就職活動の準備と実践に関する講座を提供している。それから、職場体験は協力企業の現場に短期間の体験をおこなうものである。プログラムに参加する学生は、これらの科目に加えて、冬期休暇期間中に 120 時間の実習をおこなえば、プログラムの修了証書を取得することができる[57]。

　このように産業界と共同で教育課程を作成することは、特定の企業のニーズに対応する形になってしまうおそれもあるが、制度上、育成すべき能力は特定の産業分野や企業、職業に直接的に結びつくわけではなく、どのような職業でも共通して求められるものとなっている。すでに述べたように、教育内容の作成にあたっては、参照すべき職業能力基準が設定されている。この職業能力基準は、具体的には、産業界における複数の職業で共通に求められる専門的な人材の育成を目的とし、産業の将来性も考慮した上で、特定の職業ではなく、より包括的な職業グループの中で必要とされる複数の能力を組み合わせて作成されている[58]。このように特定の知識やスキルではなく汎用

的な能力の育成を重視する考え方は、2017年に公布された「技術・職業教育政策要綱」(原語、技術及職業教育政策綱領)でもみられる。この要綱では、実務能力、創造力及び就職能力を有する専門技術人材を育成することが構想され、専門的な知識や技術とともに実務を中核とする学習の機会を提供することが求められている。そして、その学習の成果として、将来的なキャリアの発展や転換のニーズに対応できるコミュニケーション能力、総合的思考力、問題解決能力及び学際的な学習能力を育成するとともに、創造力、起業家精神を形成し、教養及び人間性を備えることが目標とされている[59]。

　総じていえば、「技術及び職業教育法」は、2010年以降の「職業教育再構築計画」をふまえて制定され、これまでと同様、実践的な能力の育成を重視する一方で、その育成方法として、産業界や後期中等教育機関との緊密な連携、共同での課程編成が強調される点に特徴がある。同時に、急激に変化する産業に対応するため、特定の職業に対応した知識やスキルとともに、複数の職業に共通する中核的な実践能力を学生に身につけさせようとしている点や、高等職業教育機関がより適切な教育を実施できるように、政府が産業の状況などに関する情報提供する仕組みが導入された点も、これまでとは異なる側面としてあげることができる。

5. 考　察

　前節まで、高等教育システムにおいて、高等職業教育体系の歴史的な経緯及び大学レベルである職業系大学を中心とする構造の確立を整理した上で、「技術及び職業教育法」制定前後に焦点をあて、それに関連する法律(案)や政策、政府文書などを手がかりとして、高等職業教育体系が確立して以降の、高等職業教育に対する考え方を分析した。

　その結果、まず、1990年代後半から2000年代にかけての時期には、台湾社会の変容にともない規制緩和のもとで、従来の産業構造の変容に対応するだけでなく、社会の要請及び個人の教育に対する需要に配慮することも必要となった。そのため、高等職業教育の量的拡大や大学という名称を持つ総合

的な高等職業教育機関の設置認可などが進められた。それとともに、関連する制度を確立させる動きが生じ、そのもとで高等職業教育機関は、普通高等教育体系に属する大学でおこなわれている教育を基礎としつつも、実務と結びつく応用的な知識の伝達をおこなうことが強調された。したがって、高等職業教育の実施にあたって産学連携が謳われたものの、産業界は補完的な役割にとどまっていた。また、政府が打ち出した政策方針にしたがって、経済発展への対応がより重視され、特定の専攻分野の教育が提供された。

　それに対して、2010年以降には、急激に変容しつつある産業に対応できるようにするために、高等職業教育では、これまでと同様実践的な能力の育成が重視されてはいるが、特定の職業に対応した知識やスキルの習得とともに、複数の職業に共通する中核的な能力が強調されるようになっている。そして、そうした能力の育成を保障するために、産業界や後期中等教育機関との緊密な連携が求められ、あわせて政府による定期的な情報提供の仕組みの導入が図られているのである。

　以上の分析結果をふまえて、高等職業教育機関の導入とその体系の形成、及びその「技術及び職業教育法」制定の前後において考えられていた高等職業教育の異同について考察する。

　まず指摘できるのは、台湾における高等職業教育は、一貫して産業発展に対応することが求められていることである。1990年代以降政府による一連の規制緩和施策のもとで、職業系大学を含む高等教育機関は運営、人事及び課程内容などを自主的に決めることができるようになったが、高等職業教育の課程内容は、変わることなく実務的な能力を有する人材の育成を目標としている。これに関連して、教員資格に関しても実務能力が重視されている。すなわち、1999年の「技術・職業教育機関法」草案でも、2015年の「技術及び職業教育法」においても、専門科目を担当する教員は実務経験を有することが原則とされている。

　しかしながら、両者の考え方には重要な相違点も存在している。ここではそれを、3つの点に整理して示す。1つ目は、政府の高等職業教育に対する関わり方が、計画式の政策にもとづく管理から、各機関による主体的な実施

を保障する枠組みの提供へと移行している点である。21世紀に入った頃までは、従来の人的資源政策の影響から、高等職業教育は、政府が制定した政策のもとで方向づけられており、各機関は政策の誘導によって提供する教育の内容を定めていた。しかし「技術及び職業教育法」が制定される頃になると、政府は、具体的な事項を指示するのではなく、産業の状況に関する情報及びそれをふまえた職種の方向性を提示するように転換した。同時に、教員の実務的な能力の要求や産業ニーズに応える科目の提供に関しては明確な基準が規定されるようになった。そのような基準にはたとえば、教員に一定期間の実務経験が必要とされることや、産業界からの参入を得た科目を設置することなどが含まれている。能力基準の制定もその一環として位置づけることができる。このようにして、現在の高等職業教育は、政府によって直接誘導されるのではなく、高等職業教育機関がそれぞれ、政府から提供される情報と方針を参照しつつ、政府が定めた基準をふまえて、主体的に内容や形式を決めて提供するものになっている。

　2つ目は、高等職業教育の実施における産業界の役割についてである。具体的にいえば、2010年以前の時期には、高等職業教育は実務的な科目の提供が強調されていたが、このときの「実務的」という考え方は、普通高等教育体系の大学が提供する教育のうち主に応用的な知識の伝達に焦点をあわせていた。応用的な知識の実践として実習や産業界との連携などの活動も実施されたが、高等職業教育はあくまで教育機関でおこなわれるべきものであり、産業界との連携はその補完的な役割を持つものだとのみ考えられていた。これに対して2010年代になると、高等職業教育の提供はなお教育機関でおこなわれるものの、他の教育機関や産業界との連携をいっそう強化することが目指されている。第3節で取り上げた産学連携プログラムなどからも分かるように、産業界の役割は、単なる実習機会の提供にとどまらず、教育課程編成への参加や就職機会の提供などへと広がり、さらには企業からの専門技術者の派遣や実務家教員の送り出し、専門科目担当教員に対する研修の場の提供など、人的交流の側面まで含まれるようになっている。このように、高等職業教育の実施において産業界は、従来の補完的な役割のみを果たすという

位置づけから、より実質的で多様な側面を含む連携により、教育機関とより対等な役割を果たすことが期待されるようになっているのである。

　それから 3 つ目として、提供すべき高等職業教育を学生が身につける知識・スキルによって示すやり方が、育成すべき能力の形式で示されるように変わった点がある。繰り返しになるが、1990 年以降高等職業教育は、普通高等教育体系にある大学でおこなわれている教育を基礎としつつ、経済発展に対応する特定の専攻分野の提供が求められていた。そこでは、そうした専攻分野の知識やスキルが、高等職業教育で学生に身につけさせるべきものだと考えられていた。2010 年代に入って以降は、高等職業教育は、政府から出された職業能力基準や職業教育政策要綱を参照しつつ、各機関が主体的に提供するようになっている。そして、これらの基準や文書では、特定知識の提供よりもむしろ、問題解決能力、創造性などより中核的で通用性を有する能力の育成がより強調されている。これと関連して、従来は高等職業教育を通じてエンジニアや技術者など特定の産業・職業に対応する人材を育成することが想定されていたが、現在は、何らかの職業で必要とされる特定分野の知識・スキルとともに、より幅広く様々な職業で活用できる汎用的能力を有する人材を育成することが目指されるようになっている。

　以上の考察で明らかになったのは、次のようなことである。すなわち、台湾の高等職業教育は、従来の普通高等教育体系でおこなわれている教育を基礎とし、産業界の補完的な協力を得ながら、特定分野で直接的に役立つ人材を育成するために固定的な内容編成で訓練的におこなわれたものから、他の職業教育機関や産業界と緊密に連携しつつ、特定分野の知識・スキルの習得とともに複数の分野に対応できる汎用的な能力の形成を重視する、成長支援的なものへと変化してきているということである。

6. おわりに

　本章ではここまで、高等職業教育機関の導入と展開を中心とした高等教育システムの変遷と、1990 年代以降「技術及び職業教育法」の制定までの期間

における高等職業教育に対する考え方の変容を検討してきた。それに基づけば、台湾における高等職業教育体系の役割と位置づけは以下の3点に分けて議論することができる。

第1に、1990年代後半以降の規制緩和のもとで職業系大学を整備することによって高等職業教育体系は大学レベルにまで引き上げられることになった。それによって、産業変革にともなって必要とされるより高度の人材を育成できるようになっただけでなく、高等教育機関へ進学する需要を満たすことにもなった。すでに述べたように、1980年代後半における台湾社会の自由化、民主化という流れの中で、1990年代から高等教育機会の均等化及びいっそうの普及など一連の教育改革の要請が提起された。これにより、高等職業教育体系の展開は従来の産業発展のために高度人材を育成するという考え方だけでなく、さらに第1節で職業系大学の整備に関する論点としてあげたように、高級職業学校の学生により多くの進学の機会を与えること、またその就職に相応しい能力の獲得など社会・個人の教育需要に対応することが考えられ始めた。

それに関連して第2に、高等職業教育体系における、教育提供の仕方や考え方には、次のような変化が生じている。すなわち、高等職業教育体系にある職業系大学は従来、政府の主導により、普通の大学と同じように扱われつつ、特定の職業や分野に必要な知識やスキルを身につけた人材の育成を、産業界の補完的な協力を得ながら進めるものだと考えられていた。これに対して今日では、政府が提供した情報や制度的枠組み、能力基準などを参照しつつ、各職業系大学が、他の職業教育機関や産業界と密接に連携して教育課程の編成や実践的活動の実施をおこない、特定分野の知識・スキルとともに複数の分野に対応できる汎用的な能力を身につけた人材の育成を目指すものだと考えられるようになっているのである。そして、これまでの議論をまとめると、台湾における高等職業教育に対する考え方は、特定の分野の知識・スキルを基礎として固定的な内容編成からなる、どちらかといえば訓練的で学生を一定の型にはめようとする従来のものから、知識・スキルの習得に加えて汎用的な能力の形成を重視し、将来の変化の可能性を担保する、成長支援

的なものへと変化してきているといえる。

　第 3 に、こうした制度及び考え方の変容にもかかわらず、職業教育体系
は、期待される役割及びその位置づけについて依然として普通教育体系とは
異なっている。それは大きく 2 つの側面に分けて説明することができる。第
1 に、職業教育体系の役割として、依然として普通高等教育体系に比べてよ
りいっそう産業発展への寄与が求められている。今まで議論してきたように、
1990 年代以降個人の教育需要や能力の獲得が重視されるようになるものの、
その背景としてなお産業発展の変容に対応することに関連し、その教育の
目標や理念も実務経験の取得、産業界の参入などが一貫して強調されてい
る。第 2 に、職業教育体系は 2000 年代以降大学レベルにまで延長され、制
度上普通高等教育体系と並立するようになったが、社会的な認識において職
業教育体系は相変わらず普通高等教育体系の下に位置づけられており、いか
に高等職業教育の地位を向上させるかが常に政策の課題として問われている。
具体的には、第 2 節で言及した技術学院の増設や職業系大学の整備、及び第
3 節で言及した職業系大学の定員割れの課題に対する職業教育の再構築など
の動きがあげられる。このような状況は、また、職業系大学の多くが、1990
年代後期から 2000 年代にかけて専科学校から昇格した機関であるため、そ
の資源と条件が一般に普通の大学より不足していることにも関連している。

　これら 3 点に基づけば、台湾の高等職業教育体系の変容は次のようにまと
めることができる。すなわち、1990 年代以降、より高度の技術人材を育成
するとともに個人の教育需要を満たすために、職業系大学を中心として整備
が進められ、台湾の高等教育システムにおいて、職業教育体系は高度な技術
人材を育成し、産業発展に寄与することに対して一貫して役割を果たすとと
もに、普通高等教育体系が提供していた教育の補足として大学レベルの高等
職業教育を提供するようになった。それが、2010 年前後には、少子化のも
とで職業系大学の生存競争への対応及び職業教育の再構築が図られ、産業発
展の変容への対応が一貫して求められる一方で、個人の教育需要がよりいっ
そう強調された。その結果として、高等職業教育体系の役割と位置づけは、
単に経済発展への寄与及び高等教育の規模拡大への寄与だけでなく、経済と

114

個人の需要を調和させ、個人レベルで職業能力を向上させることを基礎とする考え方に基づくものとなったのである。

注

1 「普通高等教育機関化」とは、職業系大学が普通の大学を模倣し、学術研究の成果、教員の研究能力を重視するようになり、それによって、従来の職業訓練、技術発展などの特徴を失い、一般の大学と区別できなくなる懸念や状況に対する指摘である。具体的には、林は、「従来、普通体系と職業体系を分け、維持することは、わが国の教育体制の原則だが、普通高等教育と高等職業教育の境界は失われつつある。…（中略）…専科学校が技術学院に昇格した後、普通体系と職業体系が混乱する状況が生まれている。わが国は維持すべき境界を失った」と述べている（林大森『高等技職教育転型的社会学分析 - 以専科改制技術学院為例』南華大学教育社会研究所、2003 年、243-247 頁）。また、監察院の調査報告書の調査意見では、「専科学校が昇格や名称変更をした後、技術学院と科技大学が設置した学系、大学院課程の種類や発展の方向性は普通高等教育機関に近づいている。高等職業教育機関の位置づけと発展目標が漠然としていることは問題である」と指摘されている（監察院『科技大学及技術学院定位与発展之探討』監察院、2002 年、149-151 頁）。さらに、徐は、「近年、高等教育の拡張にともない、専科学校を技術学院に改め、技術学院を科技大学に名称変更することが非常に多い。しかし、それは職業教育の役に立たず、職業教育の本質にも影響を及ぼしている。…（中略）…高等職業教育機関には普通高等教育機関の教員が大量に流入している。現状においては、高等職業教育機関は歴史的に有名な大学と競争できないだけでなく、その本来の専門的な特徴も失うこととなっている。盲目的に研究型大学を追求することは無意味であり、職業学校を目指す学生にも公平ではない」（徐明珠「辦出特色就是一流大学」『国家政策論壇』2 巻 5 期、2002 年、107-110 頁）と指摘した。

2 Wu, R. T. *New Directions for Technological and Vocational Education Reform in Taiwan, Republic of China.* Paper presented at the American Vocational Association Convention, New Orleans, LA, 1998; Wang, R. J. "From elitism to mass higher education in Taiwan: The problems faced." *Higher Education*, Vol.46, No.3, 2003, pp.261-287; 簡明忠『技職教育学』師大書苑、2005 年。

3 張鈿富、王瑞壎「台湾地区技職教育発展与転変之探討」教育部技術及職業教育司編『技職教育的回顧与前瞻』教育部技職司、1999 年、135-144 頁；劉曉芬『歴史結

構与教育：技職教育変革探討』五南、2007 年；監察院、前掲書、2002 年；陳恆鈞、許曼慧「台湾技職教育政策変遷因素之探討：漸進転型観点」『公共行政学報』第 48 期、2015 年、1-42 頁。

4　詹盛如「機構的多元分化―論台湾高等教育未来発展」『高等教育』第 3 巻第 2 期、2008 年、1-32 頁。

5　詳細は、台湾省文献委員会編『重修台湾省通志巻四経済志商業篇』台湾省文献委員会、1993 年；徐南號『現代化与技職教育演変』幼獅文化事業公司、1988 年、77-121 頁を参照。

6　初級職業学校の卒業生は基礎な職業訓練しか与えられておらず、ほとんど就職できない状態であった。1968 年に 9 年一貫国民義務教育政策が実施されたことにともない、初級職業学校は徐々に廃止された。

7　簡明忠、前掲書、2005 年、255-330 頁。

8　教育部『立法院施政報告』教育部、1973 年。

9　教育部『第四次全国教育会議報告』教育部、1962 年。

10　美国加州史丹福研究所『教育与発展：中華民国経済発展過程中教育計画之任務』中央建教合作委員会、1962 年；劉曉芬、前掲書、2007 年、88-138 頁。

11　台湾の後期中等教育機関は従来大きく普通教育をおこなう高級中等学校、職業教育をおこなう高級職業学校及び前述 2 種類の教育ともおこなう綜合高級中学校という 3 種類に分けられていた。 2014 年に国民基本教育を 12 年に延長させる政策が導入されたことにより、それらの機関は改めて普通型高級中等学校、技術型高級中等学校、総合型高級中等学校、及び単科型高級中等学校に分けられた。詳細は序章を参照のこと。

12　台湾教育発展史料彙編編集委員会『台湾教育発展資料彙編―高中教育篇』台湾省政府教育庁、1985 年。

13　江文雄『台湾教育発展史料彙編―職業教育篇』台湾省政府教育庁、1985 年、1-7 頁。

14　教育部、前掲書、1973 年。

15　教育部統計処「学校基本資料」をもとに、筆者が算出して作成 (https://depart.moe.edu.tw/ED4500/Content_List.aspx?n=273B458338AE810B、2018 年 1 月 13 日最終確認)。

16　1963 年に専科学校は一度大学と共同の連合募集から離れて、独自の募集をおこなったが、翌年 (1963 年) 再び連合募集に参加するようになった。

17　詳細は、「職業教育七年発展計画 (1969-1976 年)」、「立法院施政報告 (1968 年)」、「第五次全国教育会議」、及び簡明忠、前掲書、2005 年を参照。

18 劉清田「我国技術学院之演進与展望」『教育資料集刊』第 19 輯、1994 年、2-13 頁。

19 教育部『第五次全国教育会議報告』教育部、1970 年、129-146 頁。

20 国立台湾工業技術学院『七十学年度 国立台湾工業技術学院概況』国立台湾工業技術学院教務処、1981 年、4 頁。

21 簡明忠、前掲書、2005 年、331-415 頁。

22 詳細は、高等技職教育之回顧与前瞻編集委員会編『高等技職教育之回顧与前瞻』国立工業技術学院、1995 年；林大森、前掲書、2003 年、79-144 頁、及び「専科学校改制技術学院並核准附設専科部実施辦法」を参照。

23 黄鎮台「大学多元化―談績優専科学校改制技術学院」高等技職教育之回顧与前瞻編集委員会編、前掲書、1995 年、23-24 頁。

24 同上。

25 教育部『第七次中華民国教育年鑑』2012 年、387 頁。

26 陳德華「台湾高等教育過去 20 年数量的拡充与結構的転変」『高等教育』2 巻 2 号、2007 年、67-69 頁。

27 「学校基本資料」のデータベースでは機関ごとに学生数、教員数、職員数や機関の施設状況などが公表されている。図 3-1 の高等教育機関数はこのデータベースに基づいて算出した結果である。その結果を教育部が出版した「中華民国教育統計」の中での教育機関数と照らし合わせると、2001 年度以前の数値はほとんど合致しておらず、機関総数は 1 〜 2 校の差がある。たとえば、「学校基本資料」に基づいて算出した 1995 年度の機関数は、普通系大学 54 校、職業系大学 7 校及び専科学校 73 校で、合わせて 135 校である。それに対して「中華民国教育統計」は大学 60 校、専科学校 74 で、合わせて 134 校である。こうした状況が生じた理由として、2 つのデータを採った時点が異なっていると推測される。にもかかわらず、「中華民国教育統計」で公表された教育機関数は、設置別で区分されており、体系別の状況を把握できないため、ここでは「学校基本資料」に基づいて算出した結果を基準として、分析をおこなう。

28 教育部統計処「106 學年各級學校名録及異動一覧表」、https://depart.moe.edu.tw/ed4500/News_Content.aspx?n=63F5AB3D02A8BBAC&sms=1FF9979D10DBF9F3&s=35BDB39E41C80E06、2019 年 3 月 13 日最終確認；教育部統計処「107 學年各級學校名録及異動一覧表」、https://depart.moe.edu.tw/ed4500/News_Content.aspx?n=-63F5AB3D02A8BBAC&sms=1FF9979D10DBF9F3&s=265B07F5154800DE、2019 年 3 月 13 日最終確認。

29 詳細は、教育部「専科学校改制技術学院与技術学院及科技大学設専科部実施

辦法第四条修正総説明」、https://edu.law.moe.gov.tw/Download.ashx?FileID=3976 、
2020 年 2 月 14 日最終確認；国立教育資料館『中華民国教育年―94 年』国立教育
資料館、2005 年、181 頁に参照。

30 簡明忠、前掲書、2005 年、331-415 頁。

31 教育部、前掲書、2012 年、387-391 頁。

32 教育部統計処「学校基本資料」をもとに、筆者が算出して作成 (https://depart.
moe.edu.tw/ed4500/News_Content.aspx?n=5A930C32CC6C3818&sms=91B3AAE-
8C6388B96&s=9D1CE6578E3592D7、2019 年 1 月 13 日最終確認)。

33 第 2 章で言及したように、台湾の法律制定の過程は、提案、委員会審査、立法
院審議、制定という 4 段階に分けられる。そして、それがそれぞれ提案、第一
読会 (委員会審査)、第二読会 (立法院審議)、第三読会 (立法院審議)、制定に分
けられる。第二読会と第三読会はともに審議の段階であるものの、第二読会は
法律の理念、内容、及び各条文の内容まで議論する段階であり、そこで議決し
て第三読会に進んだ場合には、字句の修正がおこなわれる程度となる。

34 教育部『教育改革行動方案』教育部、1998 年。

35 陳恆鈞、許曼慧、前掲論文、2015 年、1-42 頁。

36 教育部『教育部公報』第 208 期、1992 年、36-37 頁。

37 教育部『追求卓越的技職教育』教育部、2000 年、32 頁。

38 立法院『立法院公報』89 巻第 59 期、2000 年、1-27 頁。

39 教育部、前掲書、2000 年。

40 同上書、41-42 頁。

41 経済共同体とは、多国間経済協力を進めるために設置された連合である。こう
した連合に加盟する国家では、その商品が国境通過にかかる費用や障壁などが
非加盟国より低いため、相互の貿易がよりいっそう有利になる。台湾は、中国
大陸との政治関係の影響を受けて、これらの経済共同体に加盟するのが困難で
ある。そのため、商品輸出などの貿易が、経済共同体に加盟した国に比べて不
利になっている。

42 国家発展委員会「経済動能推昇方案」、https://theme.ndc.gov.tw/powerup/cp.aspx-
?n=445B991A1B69EF87&s=4C8F2E9B5908645D、2018 年 1 月 5 日最終確認。

43 同上。

44 教育部「技職教育再造方案構想」『高教技職簡訊』第 31 期、2009 年、2-5 頁。

45 職業系大学における深刻な状況としては、定員充足率不足及び廃校の実態が
あげられる。2017 年度に定員充足率 6 割以下の大学が 16 校 (宗教研修学院は含

まない）ある中で、11 校は職業系大学である。それとともに、2014 年の高鳳数
位内容学院をはじめ、永達技術学院、亜太創意技術学院が相次ぎ廃止されたが、
それらはすべて職業系大学である。なお、定員充足率（原語、註冊率）とは、（実
際の在籍新入生数＋実際の在籍海外新入生数）／（認可された収容定員数－入学
資格保留者数＋実際の在籍海外新入者数）によって算出された数値である（教育
部大専校院校務資訊公開平台「學 12-3. 新生（含境外學生）註冊率─以「校」統計」、
https://udb.moe.edu.tw/DetailReportList/%E5%AD%B8%E7%94%9F%E9%A1%9E、
2019 年 2 月 6 日最終確認；今周刊「不良私校快退場　別再硬撐」、https://www.
businesstoday.com.tw/article/category/154768/post/201807110009/ 不良私校快退場
%20%20 別再硬撐 ?utm_source= 今周刊、2019 年 2 月 6 日最終確認）。

46　立法院『立法院公報』104 巻第 2 期、2015 年、312-390 頁。

47　胡茹萍、陳愛娥、侯岳宏『技術及職業教育法草案研訂計画成果報告書』教育部
技術及職業教育司、2013 年、91-114 頁。

48　同上。

49　2013 年の多次元審査制度の導入により、「大学法」に基づく大学教員であっても、
任用や昇進の審査において、学術研究の成果に代えて技術報告や教育の成果な
どに基づくことが認められるようになった（廖于晴「台湾における大学教員資格
審査制度の変容」『京都大学大学院教育学研究科紀要』第 62 号、京都大学大学院
教育学研究科、2016 年、225-237 頁）。この制度改革は、実務能力を重視する教
員採用の促進に寄与すると考えられる。

50　詳しくは、教育部『第二期技職教育再造計画』教育部、2013 年を参照。

51　詳しくは、「技職校院辦理産学携手合作専班注意事項」の第 7 項を参照。

52　IBM「技能扎根産学共創新価値 IBM P-TECH 教育模式培育学生就業力」、2018 年、
https://www.ibm.com/news/tw/zh/2018/01/09/U994367A13429E79.html、2018 年 1
月 14 日最終確認。

53　教育部「産学碩士専班（計画簡介）」、2017 年、https://imaster.moe.gov.tw/plan、
2019 年 2 月 1 日最終確認。

54　詳細は「教育部奨助技専校院推動最後一哩就業学程要点」を参照。この規定は
2014 年に廃止されたが、ラストマイル就職プログラムの提供は継続している。
また、労働部（日本の厚生労働省に相当）は 2008 年から「大学における就職プ
ログラム補助計画」（原語、補助大学辦理就業学程計画）を実施しており、それ
は 2018 年まで継続している。同計画は就職の直前の一年に提供する就職向け科
目に援助している（労働部労働力発展署「補助大学辦理就業学程計画」、https://

www.wda.gov.tw/News_Content.aspx?n=74963F5F05BDB4FB&s=EB210E55A17E0901、2019 年 2 月 2 日最終確認）。

55　国立台中科技大学「培育就業学程―文創応用与企劃行銷専才培育学程」、https://www.nutc.edu.tw/files/14-1000-30482,r15-1.php、2019 年 2 月 2 日最終確認。

56　国立台中科技大学応用中文系「就業学程計画―104 学年度」、https://ac.nutc.edu.tw/files/15-1028-38730,c8929-1.php、2019 年 2 月 2 日最終確認。

57　同注 55。

58　労働部労働力発展署「職能基準介紹」、2017 年、https://www.wda.gov.tw/cp.aspx?n=587B06AA3B7E815B、2018 年 1 月 18 日最終確認。

59　行政院『技術及職業教育政策綱領』行政院、2017 年。

第4章　社会人プログラムの定着と役割の拡大
——大学院教育における在職プログラムの導入と現状に焦点をあてて

1. はじめに

　これまで、社会の変容にともなう高等教育政策及び大学教育に対する考え方の転換に着目して、高等教育システム全体を対象とするマクロの視点から、体系及びそれを含んだ機関間の関係と位置づけの変化を考察してきた。続いて本章では、機関内部の変化状況に対する考察を進める。

　繰り返しになるが、台湾では、1980年代後半からの民主化、自由化の動きを経て、1990年代以降第1章で言及した国際社会の動きや産業構造の変容などを始めとする社会の変化に適応するため、様々な改革が進められてきた。こうした改革の中で、第1章と第3章で言及したように、社会の変容及び個人の教育需要に対応するために、大学の設置に関する規制が緩和され、高等教育（学士課程段階）の量的拡大がもたらされた。高等教育の粗在学率は、1990年度の29.7％から2010年度には83.1％へと急激に上昇した[1]。同時に、社会及び教育の発展といった開放的な動きに合致する生涯教育や学習社会などの概念が提起されるようになった。

　1990年代後半には教育部によって『学習社会へ進む白書』（原語、邁向学習社会白皮書；以下『白書』）が公布され、学習社会の構築を目標とした施策が実施され始めた[2]。『白書』では、高等教育に関して、多元的形態の高等教育機関の構築、大学入学制度の弾力化、大学における生涯教育の充実及びリカレント教育制度の整備が打ち出された。

　上述した動きをみると、生涯教育推進政策の提唱は、それまで展開されて

きた台湾の高等教育制度・教育の発展に新たな概念を組み込ませ、より柔軟で弾力的な教育課程・制度の創出を促すことにつながる、台湾の高等教育の多様化にとって重要な出来事だと考えられる。こうした一連の生涯教育に関する政策の中で、1990年代以降台湾高等教育の発展にもっとも大きな影響を与えたのは、社会人を主要な対象とする生涯学習ルートを形成するために学士課程段階から修士課程段階にまで導入されたリカレント教育制度である。1996年行政院の教育改革審議委員会が作成した『教育改革総諮議報告書』には、中等・高等・成人教育の3つの段階におけるリカレント教育制度の形成に関する具体的な改革方法が書かれている[3]。その中で、高等教育段階におけるリカレント教育体系の確立は、特に重要な発展目標とみなされていた。その後、1998年に「高等教育のリカレント教育体系の形成に関する実施規則」（原語、建立高等教育回流教育体系実施方案）が公布されて、空中大学、研修学士プログラム、二年制技術学士在職プログラム、修士課程在職プログラム及び専科研修補習学校などの学位を授与しないプログラムが統合され、リカレント教育制度が形成された。このような制度が導入されたことによって、社会人学生の教育機会が拡大されるとともに、弾力的な学制が構築されるようになった。このうち、大学院教育段階では、リカレント教育をおこなう社会人向けの新たな修士在職プログラム（原語、在職専班；以下、在職プログラム）が導入され、台湾の大学院教育に大きな影響を与えた。

　それまで台湾の大学院教育政策は主に、日本のCOE計画、韓国のBK21や中国の985プロジェクトなど研究拠点の創出を目指す諸政策と同様に、大学における知的生産の拠点の形成を目指す計画と結びついていた。大学はより高度な学術研究を創出するために、大学院の規模拡大及び学術研究能力の向上を目指すとともに、大学院教育を通じて世界と競争できる学術人材を育成することを政策の目標としていた。しかし、実際に大学院教育の拡大状況を検証してみると、在職プログラムが導入される直前の1997年から導入後16年を経た2014年にかけての修士課程段階の大学院生の増加数134,362人のうち、約4割が在職プログラムの増加分で占められており[4]、在職プログラムが大学院教育の拡大にとって大きな役割を果たしているといえる。

　このように、大学院教育の構成の中で、学術研究と異なる理念に基づく在職プログラムが大きな割合を占めるようになったことは、それまで認識されてきた大学における大学院教育の役割と位置づけにどのような影響を与えたのか。この点を改めて検証する必要がある。本章では、このような問題意識に基づき、在職プログラムに焦点をあて、その導入の経緯、及び導入前後における大学院教育の発展状況を分析することを通じて、在職プログラムの導入によって、大学院教育にどのような変容がもたらされたのかを解明することを目的とする。

　以上をふまえて本章では、まず、在職プログラムに関連するリカレント教育制度が導入される前後に焦点をあて、その政策がどのように展開してきたかを整理して政府の意図を検討し（第 2 節）、続いて台湾の大学政策における大学院教育をめぐる施策をもとに在職プログラムの制度的な特徴をまとめる（第 3 節）。そうした政策内容と制度的な枠組みを明らかにした後、各大学における大学院教育の発展状況を検討する（第 4 節）。そこでは、主として各大学類型における修士プログラムと在職プログラムの専門領域の構成、学生数の増減がどのような傾向にあるかを分析することによって、台湾の大学における大学院教育の全体的な展開状況を描き出す。以上をふまえて、大学において、大学院教育の発展における在職プログラムがどのような役割を果たしているのかを考察し、その導入によって、台湾の大学にどのような影響を与えたについて明らかにする（第 5 節）。

　本文に入る前に、この章で使う「社会人プログラム」の定義について説明しておきたい。台湾における社会人プログラムは、「推広教育」の一部である。これはイギリス及びアメリカの「大学開放」（University Extension）の概念を引き継いだものであり、高等教育機関が自らの様々な資源を利用し、より多くの人々に教育機会を提供しようとするものである[5]。「推広教育」には公開講座、履修生などの制度も含まれるが、ここでは在職者を主な対象とし、学位が授与される形態に限定して議論することにする。本章ではこれを社会人プログラムと呼び、具体的には、後述するように、1965 年以降の夜間部及びリカレント教育政策で転換・導入された研修学士プログラム、二年制技術学系在

職プログラム、修士課程在職プログラムが含まれる。なお、台湾における大学院教育は、序章でも述べたように博士課程教育と修士課程教育とに分けられているが、本章では大学院教育という場合、特に断らない限り修士課程段階の教育のみを指すものとする。

2. 夜間部からリカレント教育体系への転換

　上述したように、在職プログラムの導入は、大学院教育で大きな割合を占めるようになっただけでなく、社会人を対象とした教育に対する考え方が大学院教育に組み込まれるようになったことで、その役割と位置づけにも大きな影響を与えている。実際には、社会人を対象とする教育制度は、在職プログラムが導入される前に、すでに学士課程段階の夜間部開講など社会人プログラムの形でおこなわれていた。こうしたリカレント教育政策のもとで導入された在職プログラムはこれまでおこなわれてきた社会人を主要な対象とする課程の中でどのように位置づけられるのかを解明するために、本節では、リカレント教育政策が実施される前後に焦点をあてて、その政策の実施前に社会人のための主要な制度であった夜間部、及び政策が実施された後に導入されたプログラムの変容を手がかりにし、在職プログラムの導入による政策的な意図を明らかにする。

(1) 夜間部の導入と変容

　夜間部の制度が導入された背景として、1949 年に国民党が台湾に移転してきた時、大学や独立学院がわずか4校[6]しかなく、大学に入学できる人数が制限され、政府と一緒に台湾にきた多数の在学青年の復学・進学が困難であり、就職にも弊害が生じたという状況があったことがあげられる[7]。これらの青年の進学難の問題を解消するために、大学を急激に拡張させて進学機会を増すことは、政府の予算及び人事の制限により不可能であった。したがって、既存の大学の人的資源及び設備を利用するのがもっとも効率的な方法だと考えられ[8]、立法院は1959 年、「大学夜間部の設

国立台湾師範大学 (旧台湾省立師範学院、旧制台北高等学校)

立」という決議案を教育部に提示した。教育部はその決議案に基づき、1960年に「公立大学及び独立学院における夜間部の試行規則」(原語、公立大学暨独立学院夜間部試辦辦法) を制定した。大学は、この規則にしたがって実際の状況に応じながら高等教育の質を維持することを原則とし、なるべく早く夜間部を設置するように命じられ[9]、国立台湾大学、国立政治大学及び国立成功大学は夜間部を試行し始めた。この時期の夜間部は、修業年限が昼間部より長いこと以外ほぼ同様で、大学の第二部とみなされた[10]。

　ただし、1960年に夜間部が導入されて以来、様々な問題が生じた。1つは、夜間部の入学試験は昼間部とともに連合大学入学試験[11](原語、聯考) でおこなわれており、夜間部に入学した学生はほとんどが、昼間部に合格できず、再び夜間部に出願して入学した者だったことである。こうした学生は入学後、授業に集中せず、翌年の大学入試の準備をすることになった。もう1つの問題として、男子学生は進学によって兵役の義務を延期できたため、徴兵制度[12]に影響を与えたこともあった。さらに、多くの夜間部の学生は在

職者でなかったため、昼間に町をうろついていて、夜になると疲労して学習意欲が低下したことも指摘された[13]。

　これらの問題を解決することを目的として、1963年には「大学夜間部改善要点」（原語、大学夜間部改進要点）が、また1965年に「専科学校以上における夜間部の設置規則」（原語、専科以上学校夜間部設置辦法）が公布された。これによって、夜間部の入学制度、募集対象の規定、授業料の徴収などの制度が修正され、夜間部は大学の第二部という位置づけから脱し、社会人プログラムへと転換された[14]。すなわち、夜間部は主に在職者を対象とすることになり、応用分野の課程の提供が重視され、職業訓練及び研修を主要な目標とするようになった。

　しかしその後、こうした社会人プログラムとして位置づけられた夜間部は正規教育であるのかという議論が起こった。そして、1972年に「大学法」が修正され、夜間部の設置が明記されることになり、同法第6条で、「大学は夜間部を設置することができ、その設置に関する規定は教育部によって定められる」と規定された[15]。当初の議事録によると、夜間部を「大学法」に規定する考え方に関しては、次のような指摘があった[16]。それは、夜間部は社会の需要に応える研修プログラムであり、学位は授与されず、正規教育より低いものとみなすというものである。しかし、学歴主義社会である台湾において、このような位置づけでは若者や在職者の進学、就職や昇進に利することがないため、彼らの向上心を促すことができなかった。このような状況を受けて、「大学法」の改正において、夜間部を昼間部に相当させるように規定が変更された。つまり、社会人プログラムである夜間部はその学生の質、単位修得のあり方などが昼間部と異なっているにもかかわらず、正規教育として認められ、学士学位を授与するものとして位置づけられるようになったのである。

　上述した議論を経て、社会人プログラムに位置づけられた夜間部は、正規教育と同じものとしては認識されないながらも、昼間部と同等に学士学位を与えることになった。また、こうした議論の結果として、夜間部の位置づけを社会人プログラムとするか第二部とするかについては大学が自由に決めら

れるようになり、夜間部の位置づけに対する認識が緩やかになった。

　このように、夜間部の位置づけに対する認識の緩和によって、社会人プログラムは徐々に正規教育に組み込まれるようになった。しかしそれは、学士課程段階に止まり、大学院教育段階には展開されなかった。その理由は、1977 年に修正された「学位授与法」に関する議論をまとめることによって、以下のように説明することができる[17]。当時、同法に在職者の学位取得に関する規定を盛り込む意向があったが、多数の賛同が得られず、結局規定は改正されなかった。この審議の中で、在職者の研修は、学齢を超えた者に対する学習機会の補足として補習・研修教育体系に位置づけられ、本来学位を授与されるべきではないと考えられたものの、産業発展・社会の需要に対応し、また公務員及び在職者の研修を促すために、夜間部の開設によって、学士課程段階までの学位を取得することが認められた。ただし、大学院教育は高度の学術研究を目的としているから、在職者の研修のためである社会人プログラムと混同すべきではないと指摘された。また、大学院段階の学習者は学習と研究に専念しなければならないが、在職者は仕事をしながら大学に通うことになるため、大学院教育には向いてないとも述べられた[18]。

　その後、「大学法」及び夜間部に関連する設置規則の改正によって、夜間部の位置づけは、第二部か社会人プログラムかでいくつかの変容があった[19]。1990 年代以降、第 1 章で言及した民主化、自由化の動きのもとで、国民の高等教育に対する需要の高まりに応えるとともに、弾力的な教育体制の形成を目指す方針に影響を受けて、夜間部は、制度的には積極的な規制緩和を通して整備され、それにともなって昼間部との境界は曖昧になっていった。

(2) 夜間部からリカレント教育制度への転換

　1990 年代に入ると、夜間部を中心とする社会人プログラムは、一連の生涯教育政策に影響を受け、生涯学習社会の構築及び大学の多元的な発展の方針にしたがい、リカレント教育制度のもとでより体系的に整備されるようになった。

　1994 年の第七次全国教育会議では、学習社会を構築するため、生涯教育

のルートを形成すべきという施策方針が打ち出され、1996年に行政院の教育改革審議委員会が作成した『教育改革総諮議報告書』では、中等・高等・成人教育の3つの段階におけるリカレント教育制度の形成という具体的な改革方法が示された[20]。このうち特に、高等教育段階におけるリカレント教育体系の確立が重要な発展目標とみなされた。そして、第1節ですでに言及したように、1998年に「高等教育のリカレント教育体系の形成に関する実施規則」が公布されたことによって、学士課程段階から修士課程段階までの社会人向けの進学ルートが構築された。具体的にはそれは、研修学士プログラム、二年制技術学士在職プログラム、及び修士課程在職プログラムからなるリカレント教育体系である。このうち、研修学士プログラムは夜間部から転換したものである。こうした転換により、夜間部の一部はリカレント教育体系の中に組み込まれ、新たに設置された二年制技術学士在職プログラム及び修士課程在職プログラムと組み合わされることで、社会人プログラムは体系的に修士課程段階まで提供することができるようになった。

　こうしたリカレント教育体系への転換によって、大学で提供される社会人プログラムの教育段階が向上するだけでなく、その質にも変容が生じた。それに関して、次の3点に分けて説明することができる。まず、社会人プログラムの高等教育での位置づけが、補足的で学位は授与されても正規教育としてみなされないという状況から、正規教育の一部として考えられるものへと変化した。そして、社会人プログラムの理念としては、従来のような、在職者を対象としながらも質を落とさないように高等教育の学習機会を拡大することから、より在職者の需要への対応を重視するようにと変わっていった。つまり、単に在職者を対象とするだけでなく、その入学制度、課程内容と学位の取得などに関して在職者の需要と合致させるための制度も設けられた。たとえば、在職者や社会人の入学を確保するため、年齢の制限や職歴に関する条件が設けられた。

　上述の変化をふまえて、1990年代以降の高等教育の拡大状況に鑑みると、研修学士プログラムはなお在職者に配慮したものになっているが、学士課程段階教育の普及にともない、従来あった年齢の制限がなくなり、後期中等教

育段階を修了した者、または後期中等教育段階相当の学歴を持つ者も募集対
象になったため、通常の学士課程とほぼ区別できなくなった。その一方で、
社会人プログラムの提供は、修士課程の在職プログラムを中心とする状況に
移行してきている。大学院段階の在学者を除いて、1990 年代からの高等教
育の純在学率をみると、1990 年度の 19.4% から 2000 年度に 38.7% まで増加し、
さらに 2010 年度に 66.7% に達した[21]。このように高くなった比率からすると、
学士課程段階では需要がすでに満たされ、社会人プログラムとして在職者の
進学ルートを特別に確保する必要がなくなったと考えられる。一例として『聯
合晩報』の記事によると、国立台湾大学は研修学士プログラムの需要が減少
してきたため、2011 年から募集を停止し、その代わりに修士課程の在職プ
ログラムや非正規教育である生涯教育の提供を拡大させることを提示してい
る[22]。このように、高等教育における学士課程段階の教育の普及にともない、
社会人プログラムの重点も大学院の修士課程段階に移行したのである。

3. 大学院教育における在職プログラムの特徴

　これまで述べてきたように、台湾の高等教育における社会人向けの課程は、
学士課程段階の普及にともない、大学院段階に移行するようになった。こう
した変容によって、従来学術研究を重視する大学院教育には社会人に対応す
る新たな役割がもたらされたと考えられる。では、修士課程段階にある在職
プログラムの導入は、大学院教育にどのような影響をもたらしたのだろうか。
この点を解明するために、本節では、大学院教育政策と大学院教育の動向を
まとめた上で、在職プログラムの制度的な特徴を分析する。

　台湾では、1950 年時点で大学院教育の組織は、国立台湾大学に設立され
た 5 つの研究所のみであり、大学院生数は合わせて 5 人であった[23]。その後、
高等教育の発展にともない、大学院教育は徐々に拡大していった。1961 年、
1970 年及び 1988 年の全国教育会議ではいずれも、学術研究の機能を充実さ
せるため、積極的に大学院教育を拡大させることへの言及がみられた[24]。こ
のように、1990 年代まで、大学院教育に関する議論は大学院の整備、教員

の質の充実及び研究機能の向上が中心だった。大学院教育の拡大傾向はみられたものの、それは主に政府に主導されており、組織の設置、各専攻分野の発展や募集定員数なども政府に制限され、大学院教育は国家発展の需要に対応するために発展させられてきたといえる。その後、グローバル化の進展によってもたらされた国際的な大学ランキングをめぐる競争、及び台湾社会の変容などが高等教育政策の規制緩和に影響を与えたことにより、大学院教育政策は1990年代以降大きく転換した。国際競争力向上策の一環として、学術研究の役割を特定の大学に集中させ、研究機能の強化や大学院の充実を通じて世界と競争できる大学を形成する施策が打ち出される一方で、社会に開かれ、弾力的な大学院教育制度を構築する政策が採られるようになった。以下では、学術機能の強化及び弾力的な制度の導入という2点に分けて、1990年代以降の大学院教育がどのように変容したのかを説明する。

　上述した大学院教育政策の方針転換をふまえて、1999年に「大学学術卓越発展計画」(原語、「大学学術追求卓越発展計画」)が公布されたことに始まり、2003年の「研究型大学統合推進計画」(原語、推動研究型大学整合計画)と「研究型大学における基盤施設の整備」(原語、提昇研究型大学基礎施設)及び第1章で言及した2004年の「国際一流大学及び先端的研究センターの発展に向けたプロジェクト[25]」(以下、拠点大学計画と略)という一連の政策が打ち出された[26]。これらの政策はいずれも研究機能の強化を求めていたが、その中でもっとも中心的な施策は「拠点大学計画」であった。この計画は、特定の大学への重点的な経費支援を通じた、研究機能の強化による世界水準大学の創出、拠点研究センターや優れた専門領域の形成が目標とされていた[27]。膨大な資金を集中的に配分することは、大学の経営方針を誘導した。その結果、政策に対する対応の仕方は関係する大学の発展に影響を与えたと考えられる。大学はこうした経費の支援を得るために、同計画の目標に合わせ、優れた研究成果の創出、学術研究の向上などを主要な目標として掲げた。また、教育の側面においても、研究の成果を教育内容に組み入れ、高度な専門的人材を養成することもねらいとされており、とりわけ修士課程段階以上の人材を養成することが求められた。計画に示された成果予想による

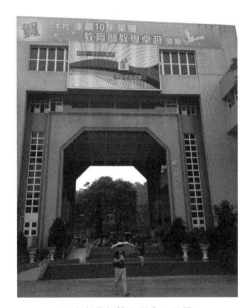

国立彰化師範大学内の風景

建物上連続 10 年教学卓越プロジェクトの補助を獲得していると書かれている。

と、10 年間に多様な専門領域と大学の修士課程段階以上の人材を毎年 1 万人増加し、特に高度な科学技術人材または各大学で優れた専門領域の人材を養成することが目標とされていた。このような政策により、選定された拠点大学や競争して資金を獲得したい大学は、よりいっそう研究機能を強化させ、研究型の人材を育成することを目指したと考えられる。

　一方で、繰り返しになるが、修士在職プログラムの導入によって、大学院教育は社会人に対応することも期待されるようになった。これは、政策文書によれば、社会人学生に対する教育機会を拡大するという政策方針と深く関連していた[28]。文書の中では、具体的に、次のように述べられている。すなわち、これまでの大学院教育は学士課程段階から直接進学してきた学生を中心とし、主に伝統的な筆記試験をおこない、その教育の内容も学術研究が中心であった。社会人学生に対応する学習ルートが整備されておら

国立彰化師範大学の掲示板に貼っている在職プログラム（碩士在職専班）の募集案内

国立彰化師範大学の進修学院である。主に社会人向け教育を提供している。

ず、社会人が大学院に進学しようとした際には新卒学生と競争する必要があり、結果的に進学の機会が制限されていた[29]。したがって、社会人の大学での学習を促進させるためには、彼らを対象とする進学ルートを形成することが重要であると指摘された[30]。また、社会人学生が大学院に進学する理由は学術研究をおこなうためではなく、一般的には実務能力を向上させることであるため、大学院の教育課程の内容を学術研究と実務中心という 2 種類に分けて、後者の方は論文や学術的な科目の割合を軽減することができるようにすることも文書の中で言及された[31]。

　こうした社会人の進学機会を拡大させる考え方は、在職プログラムの制度的な枠組みにも反映されている。まず、入学制度の側面に関しては、応募資格として学士学位やそれと同等の学力証明書を有することだけでなく、一定期間の勤務経験を有することが基本的な出願条件とされている。そして、入学試験にあたりそれぞれの大学は社会人学生の特徴にあわせて、筆記試験以外に口頭試問、技術能力試験や書面審査の試験をおこなうことができることになっている。筆記試験の内容は主に実務に関連したものでなければならないとする一方で、口頭試問、技術能力試験や書面審査の場合は、職歴、専門技術、学習能力や関連する特別な成果などを指標として含むべきであるとされる。この点に関して、国立成功大学を事例としてあげ、説明しておく。2018 年に公表された国立成功大学における各教育組織（学院、学系や研究所など）[32] による修士課程の募集要項によると、80 の募集単位があり、そのうち 20 の募集単位が在職プログラムを提供している。この 20 の募集単位の応募資格と採点基準をまとめれば、**表 4-1** に示すようになる。表 4-1 から、在職プログラムは修士プログラムに比べると、学術能力や基礎知識の有無より、職歴、仕事経験のほうが重視されていると考えられる。たとえば、在職プログラムの応募資格は学歴だけでなく、職歴を兼ね備えなければならない。また、その配点の仕方に関して、建築学、経営管理学、スポーツ・健康とレジャー、臨床医学、法学という 5 つの募集単位の修士プログラムを除けば、すべて修士プログラムは筆記試験の成績で合格者を決めることになっている。それに対して、在職プログラムの配点比率は主に資料審査と面接の結果を重視して

表 4-1 国立成功大学の修士課程における応募資格と配点比率（一部）

募集単位		修士プログラム					在職プログラム				
教育組織別[1]		応募資格		配点比率			応募資格		配点比率		
学院	学系・研究所	学歴[2]	職歴	筆記試験	資料審査	面接	学歴	職歴[4]	筆記試験	資料審査	面接
文	台湾文学	○		100%			○	○	30%	30%	40%
理	地球科学	○		100%			○	○		60%	40%
工	管理工学									60%	40%
	土木工学	○		100%			○	○		50%	50%
	治水と海洋工学	○		100%			○	○		50%	50%
	航空宇宙工学	○		100%			○	○		50%	50%
	基礎工学	○		100%			○	○		60%	40%
電子	電子工学			100%			○		30%	40%	30%
規画	建築学	○		60%		40%	○	○	30%	30%	40%
	工業デザイン学	○		100%			○	○	30%	35%	35%
管理	国際経営管理学	○					○			50%	50%
	金融学			100%			○			40%	60%
	工業と情報管理学	○		100%			○			50%	50%
	経営管理学	○		60%		40%	○		50%	30%	20%
	交通経営学	○		100%			○			50%	50%
	スポーツ・健康とレジャー	○		70%		30%	○			50%	50%
医	臨床医学	○		60%		40%	○			50%	50%
	公衆衛生学						○			50%	50%
社	政治経済学	○		100%			○		40%	30%	30%
	法学	●[3]		100%			○	○		50%	50%
		○		60%		40%					

注1　台湾の教育組織は主として学院、学系、研究所、クラスという4種類に分けられる。基本的な形としては、学院の下に複数の学系や研究所が設置され、プログラムが提供される。また、各学院の名称と略称は次の通りである。すなわち、文学院（文）、理学院（理）、工学院（工）、電子情報学院（電子）、規画とデザイン学院（規画）、管理学院（管理）、医学院（医）、社会科学院（社会）

注2　学歴に関しては、学士学位やそれと同等の学力を有することが求められている。

注3　法学における多くの修士プログラムは、学士学位やそれと同等の学力を有することが求められているだけでなく、学士課程において法学を主専攻または副専攻としなければならない。

注4　職歴については、治水と海洋工学（3年）、電子工学（3年）、政治経済学（3年）、建築学（5年）、国際経営管理（1年）、交通経営学（1年）、スポーツ・健康とレジャー（1年）という7つの専攻分野を除いて、すべて2年以上が求められている。

出典：国立成功大学「国立成功大学　108 学年度碩士班（含在職専班）研究生招生簡章」国立成功大学、2018年により、筆者作成。

表 4-2　国立成功大学政治経済学研究所における修士プログラムと在職プログラムの比較

	修士プログラム		在職プログラム	
応募資格	学士学位やそれと同等の学力を有する者。		1. 学士学位や同等学力を有する者。 2. 職歴を 3 年以上有する者。（職歴証明書の提出が必須）	
試験科目及び配点比率	筆記試験（100%）	1. 英語 2. 政治学、経済学、社会学 (2 科目を選択)	筆記試験（40%）	政治学、経済学、社会学、行政学（1 科目を選択する）
			審査（30%）	1. 関連する職歴資料 2. 成績証明書と推薦状 3. 著作や研究計画
			面接（30%）	

出典：国立成功大学「国立成功大学　108 学年度碩士班（含在職専班）研究生招生簡章」国立成功大学、
　　　2018 年より、筆者作成。

いる。また、多くの募集単位は、筆記試験を在職プログラムの入学基準として採用していない。

　具体的に、国立成功大学における政治経済学研究所という募集単位を一例として説明する。**表 4-2** は、国立成功大学における政治経済学研究所[33] 在職プログラムと修士プログラムの応募資格、試験科目、授業料などの違いを示したものである[34]。この表から、入学試験における在職プログラムの採点方法は修士プログラムと異なっていることが分かる。修士プログラムは筆記試験だけで評価をする一方で、在職プログラムは筆記試験が 40% で、資料審査と面接が半分以上の割合を占めている。資料審査については、職歴、仕事の実績と成果、学士課程段階の成績証明書、推薦書、及び著作や研究計画など、自らの学歴や職歴に関する成果の説明に資する資料が求められる。その他の募集単位では、さらに教員免許、創作や発明の成果、特許の取得、受賞歴、研究報告などを審査の提出資料としてあげている。

　そして、在職プログラムと修士プログラムは授業料も異なっており、**表 4-3** に示すように、修士プログラムと比べて在職プログラムはより高い授業料を徴収している。台湾の大学院教育段階における授業料は、基本的な学費と雑費に単位費を合計して決定される。単位費の総額は 1 単位あたりの単位

表 4-3　国立成功大学における修士課程の授業料

学院			修士プログラム		在職プログラム	
			学費と雑費(元)	単位費(元/1 単位)	学費と雑費(元)	単位費(元/1 単位)
文学院、社会科学院			11,400	1,600	11,400	3,700 4,800(法学)
理学院、生物工学院			13,200	1,600	13,200	3,700
工学院、電子情報学院、規画とデザイン学院			13,700	1,600	13,700	3,700
医学院			14.670	1,600	14,670	5,000(臨床医学) 3,700(公衆衛生学)
管理学院	経営管理	2010 年度以前	12,00	8,000		
		2011 ～ 2012 年度	11,580	4,500		
		2013 年度以降	11,580	5,000		
	経営管理、国際経営管理	2011 年度以前			12,000	8,000
		2012 年度以降			12,000	9,000
	それ以外のプログラム		11,580	1,600	11,580	4,500

出典：国立成功大学註冊組に公布された「修士課程と博士課程の授業料請求基準表」(原語、碩士班、博士班学費収費標準表) により、筆者作成。(国立成功大学註冊組「学雑費収費標準」、http://reg.acad.ncku.edu.tw/p/412-1041-5424.php?Lang=zh-tw、2019 年 3 月 17 日最終確認。)

費に履修した授業数を掛けて算出される。表 4-3 によると、修士プログラムと在職プログラムの学費と雑費は同じであるが、在職プログラムの運営は大学が自己資金を確保する形でおこなうこととされ[35]、在職プログラムでは修士プログラムよりいっそう資金の調達ができることになったため、1 単位あたりの費用が 2 ～ 3 倍容易に高く設定されている。この範囲で、授業料をより自由に設定することができる。国立成功大学の政治経済学研究所を例としてあげれば、その修士課程は 1 学期で原則として 12 単位までの大学院科目を履修することが可能である[36]。政治経済学研究所が属する社会科学学院の授業料基準によると、在職プログラムの授業料は 12 単位の単位費 44,400 元であり、学費と雑費 11,400 元と合わせて、55,800 元になる。修士プログラムの 30,600 元よりも 1 学期 25,200 元高く納付することになる。

　また、在職プログラムの設置と変更の方法についても、通常の修士プログラムとは異なっている。第 1 章で述べたように、グローバル化と知識基盤社会への移行にともない、大学が柔軟にかつ迅速に社会の需要に対応する方策について様々な課題が問われていた[37]。その 1 つの焦点は教育の組織の設置基準に関することであった。そして、2002 年に「総量制限規則」が実施された後、大学は教育組織の設置及び募集学生数が機関の規模、施設及び大学教員の構成などの資源条件によって算出された総量の中で、自由に教育組織の設置や各段階の学生数の調整などができるようになった。ただし、各教育段階の学生数の割合を調整する際、教育の段階や学生の種類によって算出される学生数の基準が異なっている[38]。原則としては、同じ定員数でも上級の教育段階に組み入れれば学生数は減少し、下級の段階に組み入れれば学生数は増加するというものである。また、リカレント教育の学生として組み入れる場合は、転換される学生数が本来の定員数より増加するように基準が定められた。

　こうした仕組みのもとで、各大学は学士課程教育段階と大学院教育段階の学生数の割合を自ら決められるようになり、大学院教育もそれぞれの状況に対応して展開することができるようになった。その結果をみると、在職プログラムを設置することで学生の募集定員の増加を図っていることが分かる。総量規則によると、在職プログラムは基本的に単独で設置することができず、大学が同じ専門領域である修士プログラムを有し、そのプログラムが 2 年以上運営されていた場合に設置が可能だとされている。この条件を満たせば、在職プログラムの設置条件は修士プログラムより緩やかである。教育組織を設置するにあたり、規定された学生 1 人あたりの教員数を計算する際には、その分母となる学生総数の算出において学生 1 人あたりの換算値が異なり、修士プログラムの学生 1 人は学士課程では学生 2 人に換算される一方で、在職プログラムでは 1.6 人に換算される。たとえば、同じ教員数のもとで、学士課程の学生定員 320 人すべてを修士プログラムの学生に割り当てる場合は募集できる学生数が 160 人になり、すべてを在職プログラムの学生に割り当てる場合は 200 人受け入れられることになる。このように同じならば、在

職プログラムに割り当てる方が修士プログラムに割り当てるよりも 1.25 倍多くの学生を受け入れることができるのであり、在職プログラムの設置の条件を修士プログラムより緩やかにする背景には、大学の継続教育や生涯教育の機能を強化させ、新たな年齢層の学生の需要を掘り起こそうとする意図がある[39]。

　以上、在職プログラムの制度に鑑みれば、その導入により、大学が大学院教育において、学生の募集、カリキュラム作成や授業などを弾力的におこなうことができるようになった。また、課程内容として、社会の需要や産業界に対応でき、高度な専門的人材を養成することを目指せるようになったことが明らかになった。

4. 各大学における大学院教育への対応状況

　このように、各大学は大学院教育において上述した総量制限制度のもとで、自らの戦略にしたがって学術研究への寄与、または社会人への弾力的な対応などを多様に発展させることができるようになった。それをふまえて本節では、在職プログラムが導入された後に焦点をあて、大学院教育の量的な推移を概観した上で、各大学の修士プログラムと在職プログラムの発展状況及び専門領域の構成を考察することによって、大学院教育の変容を捉えることとする。

(1) 分析の資料と方法

　分析で用いる資料としては、教育部ホームページ上で公表されている機関別データを中心に収集した、大学の個別データを用いる[40]。このデータベースは、毎年 1 月における各機関の状況が網羅されており、今回用いたのはそのうち 1999 年度から 2017 年度のデータである。年度ごとに高等教育機関の増減があるが、ここでは 2017 年度に設置されている機関を分析対象とする。具体的には、2017 年 1 月 31 日時点でデータが公開されている、156 校の高等教育機関のうち、専科学校を除く 144 校である。専科学校

は、大学院教育を提供することができないため、分析対象外とする。

　また、専門領域の分析については、同データベースで 2017 年に公表された「高等教育機関における専攻分野の開設状況」(原語、大専校院系別概況)を用いる。このデータでは、教育段階別及びリカレント教育制度に属するかどうかというプログラムの種類別に、各大学で開設したプログラムの状況が示されている。ここでは、そのうち各大学で開設されている修士プログラムと在職プログラムを抽出して、開設された専門領域の構成を検討する。専門領域の分類にあたっては、教育部が公布した「専門領域分類基準」(原語、学科標準分類)の領域分類に基づくこととする。この基準は、社会の変容及び国際的な分類基準(たとえば、UNESCO で発表された国際標準教育分類)に対応するために、1968 年に公表されてからすでに 5 回の修正を経ている。ここでは第 5 回 (2017 年)修正後の基準にしたがって、各大学が提供した修士プログラムと在職プログラムの専門領域を分類する。この基準では、専門領域が教育領域、芸術と人文科学領域(以下、人文科学領域と略)、社会科学領域、商業・管理・法律領域、自然科学・数学と統計領域(以下、自然科学領域と略)、情報科学領域、工学・材料科学・製造学領域(以下、工学領域と略)、農林漁学と獣医学領域(以下、農業領域と略)、医療衛生と社会福祉領域(以下、医学領域と略)及びその他という 10 のカテゴリーに分けられている[41]。

(2) 各大学における修士課程段階の学生数の増減

　それでは、1998 年に在職プログラムが導入された後の、大学院教育の量的な変化をみてみよう。

　表 4-4 に示すように、大学の学生総数は全体として、1990 年代後期から、高等教育政策の規制緩和及び専科学校の昇格をもたらした大学教育の規模拡大の影響を受けて、年度ごとに増加してきた。ただし 2013 年度からは減少に転じている。これは、少子化によって、学士課程段階の進学者数が減少したことと関連していると推測される[42]。また、各段階における学生数をみると、学生総数の中でもっとも大きな比重を占めているのは学士課程段階の学生数である。その推移の状況も学生総数に呼応し、2013 年度以降減少する

表 4-4　大学における各教育段階の学生数と社会人プログラムの比率

段階	課程 学生数	1998	2003	2008	2013	2017
専科	昼間部	90,799	156,543	64,044	42,689	36,604
	夜間部	44,584	83,899	15,655	4,793	3,084
	(%)	(32.9%)	(34.9%)	(19.6%)	(10.1%)	(7.8%)
本科	学士	324,089	630,787	788,440	860,994	832,082
	進修	77,742	205,680	217,662	174,540	153,845
	(%)	(19.0%)	(24.6%)	(21.6%)	(16.9%)	(15.6%)
修士	修士	42,800	83,055	120,596	121,343	116,278
	在職	225	35,794	56,549	53,720	52,505
	(%)	(0.5%)	(29.4%)	(31.3%)	(30.3%)	(31.1%)
合計		598,958	1,221,611	1,302,879	1,294,853	1,222,744

＊ここでの比率(%)は、各教育段階における社会人プログラムの学生数が当該教育段階の学生総数に占める割合である。

＊網掛けの部分は、年度ごとに、社会人プログラムの全体に占める割合がもっとも大きい教育段階を示している。

出典：教育部統計処「各校基本データベース」(原語、各級学校基本資料)による筆者作成(https://depart. moe.edu.tw/ed4500/News.aspx?n=5A930C32CC6C3818&sms=91B3AAE8C6388B96、2018 年 10 月 23 日最終確認)。

傾向がみられる。修士課程学生数も在職プログラムが導入されてから 2008 年度まで増加したが、2013 年以降同じように減少の傾向がみられる。

　全体の推移をふまえて、各教育段階において社会人プログラムが占める割合を年度ごとにみると、第 2 節で言及したように社会人プログラムの重心が大学院教育段階に移行したことが確認される。表 4-4 の網掛けの部分は、年度ごとに、社会人プログラムの全体に占める割合がもっとも大きい教育段階を示している。1998 年度や 2003 年度から、もっとも大きな割合を占めるのは専科教育段階であったが、2008 年度以降、専科学校段階における割合は減少し、大学院教育段階がもっとも大きな割合を占めるようになってきている。それに加えて、社会人プログラムの割合がおおよそ 2 割を維持していた学士課程段階でも 2008 年度から減少するようになり、2013 年度からはおおよそ 15% になっている。その結果として、2017 年度に在職プログラムは修

士課程学生数の 3 割を占めており、専科学校段階の夜間部が専科学校段階の 7.8% ほど、及び学士課程段階の夜間部・研修学士プログラムが学士課程段階の 15.6% ほどを占めているのに比べて、高い割合となっている。こうした社会人プログラムの割合からみると、修士課程段階の学生数が大学の学生総数の中に占める割合はおおよそ 1 割であるが、その変化の傾向は、学士課程段階と異なっているだけでなく、そのうち 3 割が在職プログラムの学生であることから、在職プログラムの変化が大学院教育に大きな影響を与えているといえる。理念的、制度的にみて、また課程などが社会人向けであるという在職プログラムの性質に鑑みると、各大学が修士プログラムと在職プログラムをどのように組み合わせて修士課程を提供するのかという点は、大学院教育の提供に与える意味が大学によって異なっていることを示している。

　次に、在職プログラムが導入された前後で、各大学の大学院教育がどのように変容したのかを検討する。具体的には、総量制限制度が実施される直前の 2001 年度の状況と 2017 年度のデータを比較し、大学における大学院教育の展開状況を明らかにする。変数としては、各大学における修士プログラムの学生数における 2017 年度と 2001 年度の差を X 軸に、在職プログラムのそれを Y 軸にプロットした散布図を作成する。

　このようにして作成された**図 4-1** において、横軸 (X 軸) は修士プログラムの学生数の増加、縦軸 (Y 軸) は在職プログラムのそれをとっている。そして、原点を修士プログラム学生増加数の平均値 (352.94 人) と在職プログラムのそれ (217.06 人) に設定した。このように設定したことにより、第 I 象限に含まれている大学は、修士プログラムと在職プログラムの学生数の増加がともに平均以上であることになる。一方、第 II 象限に含まれている大学は修士プログラムの学生数の増加は平均以下であるが、在職プログラムのそれは平均以上であることを示している。そして、第 III 象限に含まれている大学は修士プログラムと在職プログラムの学生数の増加がともに平均以下であり、第 IV 象限に含まれている大学は修士プログラムの学生数の増加が平均以上であるが、在職プログラムのそれは平均以下であることを示している。また、第 3 章で議論したように、台湾の高等教育は 1990 年代から規制緩和がなされつつも、

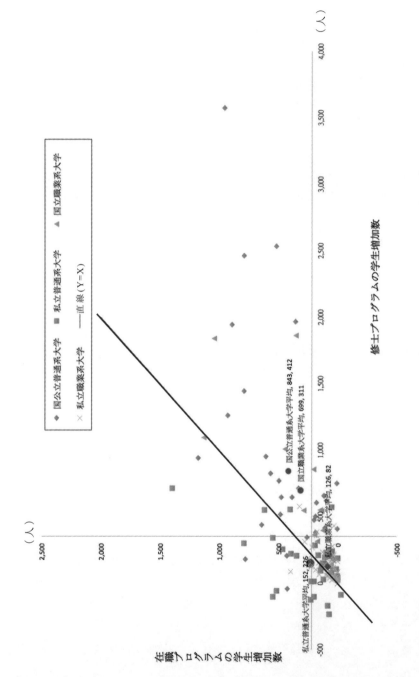

凡例:
◆ 国公立普通系大学　■ 私立普通系大学　▲ 国立職業系大学
× 私立職業系大学　──直線（Y＝X）

在職プログラムの学生増加数 （人）

修士プログラムの学生増加数 （人）

国公立普通系大学平均, 843, 412
国立職業系大学平均, 699, 311
私立職業系大学平均, 126, 82
私立普通系大学平均, 152, 226

図 4-1　2001 年度から 2017 年度にかけての修士課程学生数の増加状況（大学別）

出典：教育部統計処のデータベースから得たデータをもとに、筆者作成。

それぞれの大学にはなお、それが属する体系によって異なる役割が期待されている。改めて確認しておくと、職業教育体系にある大学は通常の大学に比べて、産業発展需要への対応及び応用的で実践的な知識の伝達がよりいっそう求められている。この点を考えて、この図ではまず、各大学を普通系大学と職業系大学という2つの機関類型に分類した。また、設置者（国公立、私立）も区別して示すことにした。

　以上の予備的作業をふまえて、図 4-1 に基づき、大学院教育の展開状況を概観する。まず分かるのは、修士プログラムの学生数が減少している大学が7校、及び修士プログラムと在職プログラムの学生数がともに減少している大学1校あるが、これらの大学を除けば、体系にかかわらず、全体としてどの大学でも両方のプログラムともに増加傾向にあるということである。ただし、普通系大学は職業系大学よりもグラフ右側に位置づいており、その多くは第Ⅰ象限に含まれている。このことは、普通系大学のほうが職業系大学に比べて、大学院教育をより拡大させていることを示している。

　ここで、図 4-1 に Y=X の直線を引いてみる。直線 Y=X は修士プログラムと在職プログラムの増加数が同じであることを示しているので、この直線の右側に位置する大学では修士プログラムの学生数の増加が在職プログラムを上回り、相対的に修士プログラムがより拡大していることになる。一方で、この直線の左側には、在職プログラムのほうがより拡大している大学がプロットされている。このようにした結果から分かるのは、在職プログラムと修士プログラムの発展は体系ではなく、設置者別による違いが大きいということである。すなわち、在職プログラムのほうがより大きく拡大しているのは主に私立大学である。このような傾向になる理由としては、教育組織の設置に関する総量制限制度に鑑みると、国公立大学は私立大学より大きな規模と資源を持っていることから、一般的に大学院教育を展開しやすい一方で、私立大学は大学院教育の発展において、より自由度が高く、比較的制限の緩やかな在職プログラムを中心として展開していることが考えられる。

　以上のことから、大学院教育の提供は体系だけでなく、設置者によっても影響されているといえる。したがって続いて、分析の対象をさらに国公立普

通系大学(33校)、私立普通系大学(37校)、国立職業系大学(14校)及び私立職業系大学(60校)の4つの大学類型に分けて検討する。それでは、4つの大学類型に基づいて、それぞれの平均値と分布状況から学生数の増減状況を考察してみよう。まず全体の発展傾向として、以下の2点をあげることができる。1点目は、2001年度の各大学類型の学生数の規模がその後の増加量を一定程度規定していることである。2001年度に各大学類型にすでに在籍していた学生数の平均値は、国公立普通系大学では修士プログラムが1,221、在職プログラムが379となっており、私立普通系大学ではそれぞれ585、184、国立職業系大学ではそれぞれ348、152、そして私立職業系大学ではそれぞれ53、27となっていた。これらの数値を図4-1に示した各大学類型における学生数の増減の平均値と比較すると、2001年度の学生数の平均値が大きいほど、2001年度から2017年度までに増加した学生数の平均値も大きくなる傾向がみられる。

　2点目は、国公立普通系大学と国立職業系大学は2つのプログラムの学生数がともに他の類型より拡大する傾向があることである。国公立普通系大学は、修士プログラムの学生数の増加の平均値が国立職業系大学と比べてさらに大きく、より拡大している。また、在職プログラムにおいても、すでに述べたように私立大学は修士プログラムより在職プログラムのほうを拡大させているが、各大学類型の平均値からみると、在職プログラムがもっとも拡大したのは国公立普通系大学である。

　国公立普通系大学の中で、他の大学に比べて修士プログラムの学生増加数が在職プログラムよりはるかに多い大学がいくつかある。そのような大学としては、国立台湾大学(3,575、958)、国立成功大学(2,464、791)、国立交通大学(2,533、515)、国立清華大学(1,944、893)などがあげられる。これらの大学はすべて、第1章で言及した「拠点大学計画」に参加しただけでなく、その計画が終わった後もさらに「高等教育の深化と発展計画」の中のグローバル連携プロジェクト認定校(原語、全球鏈結核定学校)に選ばれている。つまり、政府から重点的な財政支援を受け、国際化及び学術研究機能の強化が求められているため、これらの大学は、学術研究の機能を強化させ、よりいっそう

国立清華大学の掲示板にて修士在職プログラムの募集案内

国立清華大学の掲示板にて海外学生に向けて修士プログラムの募集案内

大学院教育を拡大させる傾向にあると考えられるのである。また、これらの大学は修士プログラムだけでなく、在職プログラムもはるかに大きく拡大させる傾向がある。それは、大学が政府から財政的支援を受けながら、規制緩和によって自主性が与えられ、戦略上幅広い選択肢をとることが可能であったため、大学院教育の発展においても比較的多様に展開してきた結果だと考えられる。

　その一方で、一部の国公立普通系大学と国立職業系大学は、比較的修士プログラムの発展に重点を置いており、第IV象限に存在する大学も一定数みられる。それらの大学は、地方大学の性質が強く、拠点大学のように優れた研究成果の創出などが主要な役割として期待されているわけではない。この傾向を、前節で述べた、在職プログラムを提供するためにはあらかじめ修士プログラムを設置しなければならないという在職プログラムの制度的な枠組みと合わせて考えれば、これらの大学は、第I象限にある国立大学に比べてその資源と条件が限られているので、修士課程の発展の基礎となる修士プログラムを優先的に設置することになると考えられる。またそれらの大学のうち、一部の大学は都市から離れているため、所在する地域では社会人研修のニーズが比較的少ないことも想像される。他方、私立普通系大学では、第IV象限にあるのは1校だけである。それは長庚大学 (572、49) であり、上述した国立大学を主要な対象とするグローバル連携プロジェクト認定校の中で唯一の私立大学である。また、「拠点大学計画」に選ばれたわずか2校の私立大学の中の1校でもある。こうしたことから同大学は、学術研究の機能を向上させるために、修士プログラムを優先的に発展させる戦略をとっていると読み取れる。

　私立普通系大学は、第I象限や第II象限のY軸の付近に集中しており、在職プログラムの展開を相対的に重視している傾向が読み取れる。一方で、一部の私立普通系大学と多くの私立職業系大学は第III象限に含まれている。これらの大学は、修士プログラムと在職プログラムの学生数の増加がともに平均数以下であり、大学院教育の発展自体が緩慢であるといえる。これらの大学は、第3章でもすでに言及したが、主に1994年「大学法」の修正にともな

い、大学に対する制限が緩和された影響を受けて、1990 年代後期以降、専
科学校から大学や独立学院に昇格した大学であり、大学としての歴史が短い。
つまり、これらの大学は 1980 年代までに設置された大学と異なり、その規
模や資源がより小さく[43]、大学院教育の発展は緩慢である。

　このような状況について、先に議論した修士プログラムと在職プログラム
の制度的な特徴を合わせて検討すれば、各大学類型における大学院教育の発
展戦略は以下のように 3 つの側面に分けて論じることができる。第 1 に、国
公立普通系大学と国立職業系大学は修士プログラムと在職プログラムをとも
に拡大させつつ、全体として大学院教育の規模を大きくするという総合的な
戦略を採っている。ただしその中で、国公立普通系大学は修士プログラムの
ほうをより重視する傾向にある。そして第 2 に、私立普通系大学は修士プロ
グラムと在職プログラムの両方を拡大させる傾向にあるが、在職プログラム
をより拡大させており、大衆のニーズに応え、社会人の入学を重視する大学
であると解釈できる。第 3 に、その一方で、私立職業系大学は 1990 年後期
以降専科学校から昇格した大学であり、修士プログラムと在職プログラムと
もにあまり拡大しておらず、大学院教育に重点を置かない大学であることが
分かる。

(3) 機関類型別にみた修士課程における専門領域の開設状況

　次に、各大学で開設された修士プログラムと在職プログラムの専門領域の
構成を分析して、提供された修士課程の特徴を大学類型別に検討する。大学
類型別に専門領域別の開設数を整理したのが**表 4-4** である。2017 年度に開
設されていた修士課程のプログラムは 3,675 であった。ただし、その他は特
定の専門領域に分類できないカテゴリーであり、その特徴をまとめられない
ため、分析対象から外す。その結果、ここでの分析対象として、合計 3,471
のプログラムを取り上げることにした。

　まず、合計からみると、修士プログラムの総数は在職プログラムより 2 倍
ほど多く、それは、繰り返しになるが、在職プログラムの設置にあたってそ
れと同じような専門領域である修士プログラム一定期間を設置していなけれ

ばならないことに関連している。その構成についてみれば、修士プログラム
と在職プログラムでもっとも多く設置されていたのは工学領域、人文領域及
び商業・管理・法律領域という3つの領域である。こうした状況を、第1章
と第3章で言及した大学の経済発展計画への寄与、及びそれに基づく工学領
域の人材育成を目的とした技術学院・科技大学の設置という歴史的な文脈か
ら考えれば、工学領域の修士課程プログラムが多く設置されているのは、大
学がすでに構築した専門領域の構造及び台湾の産業状況に対応した結果であ
ろう。また、人文科学領域及び商業・管理・法律領域の提供は、資源や設置
条件の制限が比較的少なく、それに関するプログラムがより容易に提供でき
ることとも関連していると考えられる。

　また、修士プログラムと在職プログラムに設置された専門領域の構成を比
較すると、人文科学領域、社会科学領域、情報科学領域、工学領域、農業領
域という5つの領域では大きな違いはみられないが、それ以外の領域ではプ
ログラムの種類によって異なる傾向がみられる。すなわち、修士プログラム
で設置された自然科学領域、及び医学領域の比率が在職プログラムより2倍
から3倍ほど高くなっている一方で、教育領域、商業・管理・法律領域では
在職プログラムでの比率が修士プログラムより約2倍大きい。

　続いて、大学類型別の構成をみると、以下の点を指摘することができる。
まず、4つの大学類型のうち、国公立普通系大学は提供するプログラム数が
もっとも多く、全体の4割を占めている。それらの修士プログラムと在職プ
ログラムにおける各専門領域の比率は上述した全体の構成比率とほぼ同じで、
修士プログラムでは在職プログラムに比べて自然科学領域及び医学領域が高
い比率を示している一方で、在職プログラムでは教育領域、商業・管理・法
律領域がより高い比率を占めている。このように、領域ごとに提供する修士
課程の類型が区別されているのは、専門領域の特徴とも関連するであろうが、
国立普通系大学が採っている学術研究の向上と社会のニーズとを調和させる
戦略の結果だとも考えられる。すなわち、教育領域、商業・管理・法律領域
はもともと実務とのつながりが強く、在職プログラムの理念や募集対象の性
質と合致している。それに対して、自然科学領域及び医学領域は実務とのつ

表4-4 大学類型による修士プログラムと在職プログラムの専門領域の設置状況

		計	教育注4	人文	社会	商法	自然	情報	工学	農業	医学
合計	修注2	2440	141	424	197	405	259	144	588	57	225
		100%	5.8%	17.4%	8.1%	16.6%	10.6%	5.9%	24.1%	2.3%	9.2%
	職	1031	105	151	81	286	37	76	229	13	53
		100%	10.2%	14.6%	7.9%	27.7%	3.6%	7.4%	22.2%	1.3%	5.3%
	比注3	42.3%	74.5%	35.6%	41.1%	70.6%	14.3%	52.8%	38.9%	22.8%	23.6%
国立普通 注1	修	1093	111	211	110	129	162	49	210	39	72
		100%	10.2%	19.3%	10.1%	11.8%	14.8%	4.5%	19.2%	3.6%	6.6%
	職	424	87	79	51	84	21	24	61	7	10
		100%	20.5%	18.6%	12.0%	19.8%	5.0%	5.7%	14.4%	1.7%	2.4%
	比	38.8%	78.4%	37.4%	46.4%	65.1%	13.0%	49.0%	29.0%	17.9%	13.9%
私立普通	修	747	20	139	82	139	69	47	133	4	114
		100%	2.7%	18.6%	11.0%	18.6%	9.2%	6.3%	17.8%	0.5%	15.3%
	職	317	12	44	30	114	9	25	59	0	24
		100%	3.8%	13.9%	9.5%	36.0%	2.8%	7.9%	18.6%	0.0%	7.6%
	比	42.4%	60.0%	31.7%	36.6%	82.0%	13.0%	53.2%	44.4%	0.0%	21.1%
国立職業	修	263	7	32	2	56	8	20	115	14	9
		100%	2.7%	12.2%	0.8%	21.3%	3.0%	7.6%	43.7%	5.3%	3.4%
	職	144	4	11	0	45	1	12	63	6	2
		100%	2.8%	7.6%	0.0%	31.3%	0.7%	8.3%	43.8%	4.2%	1.4%
	比	54.8%	57.1%	34.4%	0.0%	80.4%	12.5%	60.0%	54.8%	42.9%	22.2%
私立職業	修	337	3	42	3	81	20	28	130	0	30
		100%	0.9%	12.5%	0.9%	24.0%	5.9%	8.3%	38.6%	0.0%	8.9%
	職	146	2	17	0	43	6	15	46	0	17
		100%	1.4%	11.6%	0.0%	29.5%	4.1%	10.3%	31.5%	0.0%	11.6%
	比	43.3%	66.7%	40.5%	0.0%	53.1%	30.0%	53.6%	35.4%	0.0%	56.7%

注1　各類型大学の名称と略称：国公立普通系大学(国立普通)、私立普通系大学(私立普通)、国立職業系大学(国立職業)、私立職業系大学(私立職業)。

注2　「修」は修士プログラムの略称で、「職」は在職プログラムの略称である。

注3　「比」とは、在職プログラム対修士プログラムの相対比率である。その算出は、当該専門領域在職プログラムの設置数を当該専門領域修士プログラムの設置数で除している。

注4　各専門領域の名称と略称：教育領域(教育)、芸術と人文科学領域(人文)、商業・管理・法律領域(商法)、自然科学・数学と統計領域(自然)、情報科学領域(情報)、工学・材料科学・製造学領域(工学)、農林漁学と獣医学領域(農業)、医療衛生と社会福祉領域(医学)。

出典：教育部統計処のデータベースより、筆者作成。

ながりが比較的弱く、基礎的な知識や理論を重視する通常の修士プログラムのほうが適している。またそれらの特徴をふまえて、国公立普通系大学は、専門領域の特徴によってそれぞれ異なる修士課程を提供することで、学術研究の資源を分散しないように、社会人の需要への対応をしていると考えられる。またこの大学類型に設置された教育領域の数は全体の8割を占めている。したがって、教育領域の修士課程は主に国公立普通系大学が提供しているといえる。

次に、私立普通系大学が提供する修士課程プログラム数は国公立普通系大学の次に多く、プログラムごとの専門領域の構成も類似している。しかし、商業・管理・法律領域の在職プログラムの比率が3割にまで達している点で異なっている。それは、すでに述べたように、商業・管理・法律領域は実務との関連が強く、積極的に市場に対応するという私立大学の性質とも親和性があるからである。また、それらの専門領域の開設に必要な条件が比較的に緩やかであることとも関連している。

一方、国立職業系大学は、修士課程の学生数は一定の規模を有するが、提供する修士課程のプログラム数は4つの大学類型の中でもっとも少なく、修士プログラムと在職プログラムの構成にはあまり差異がないだけでなく、どちらも工学領域、商業・管理・法律領域という特定の領域に集中する傾向がある。とりわけ工学領域は2つのプログラムともにそれぞれ全体の4割を占めている。私立職業系大学も同じように特定の領域に集中しており、工学領域が全体の3割から4割を占めている。

上述した大学類型ごとの在職プログラム及び修士プログラムの各専門領域の構成をふまえて、さらに各専門領域の修士プログラムと在職プログラムの構成をみてみよう。その結果は、表4-4に示した比率(表中の「比」を参照)によって説明することができる。この数値は、専門領域ごとに、在職プログラムの設置数を修士プログラムの設置数で除した比率であり、在職プログラムと修士プログラムの相対比率を示している。それらの比率が高ければ高いほど同専門領域の在職プログラムが比較的多く設置されていることを示している。この分析に基づけば、プログラムの全体的構成及び大学類型ごとからみ

た修士課程の特徴は以下のようにまとめることができる。

　まず、プログラムの全体的構成からみると、教育領域、商業・管理・法律領域及び情報科学領域の在職プログラムの設置数は、同領域修士プログラムの設置数の半数以上に達している。とりわけ教育領域及び商業・管理・法律領域は 7 割以上に達している。こうした比率を在職プログラムの制度的枠組みと合わせてみると、大学に設置されたこの 3 つの専門領域は、半数以上在職プログラムと修士プログラムともに提供されていることが確認できる。なぜなら、本章の第 3 節で言及したように、在職プログラムを設置するためには、修士プログラムをすでに一定の期間で設置しなければならないと規定されているからである。

　それから、各大学類型からみると、上述した全体の構成と同じような傾向がみられる。教育領域、商業・管理・法律領域及び情報科学領域は、半数以上在職プログラムと修士プログラムがともに提供されている。ただし、各大学類型の間には差異が存在している。まず、国立普通系大学において、工学領域及び医学領域の在職プログラムの設置数に関する相対比率は、他の大学より比較的低い比率を示している。なお、その農業領域の相対比率も、国立職業系大学の約半数以下である。そして、私立普通系大学は、商業・管理・法律領域の在職プログラムの相対比率は各大学類型の中でもっとも高い比率であり、8 割以上に達している。また、共通の傾向である教育領域、情報科学領域の相対比率は半数以上を占めているだけでなく、工学領域でも 4 割以上に達している。次に、国立職業系大学では私立普通系大学と類似した構成がみられる一方で、農林漁学と獣医学領域は各大学類型の中でもっとも高い相対比率(42.9%)を占めている。最後に、私立職業系大学において、教育領域、商業・管理・法律領域及び情報科学領域といった専門領域の相対比率は、他の大学類型より比較的低い比率を示しているにもかかわらず、すべての専門領域において一定の相対比率を維持している。

　私立職業系大学が上述した構成になる理由は、その機関の特徴と関連していると考えられる。すでに述べたように、私立職業系大学は、主に 1990 年以降に大学に昇格しており、大学院教育の提供に必要である資源や条件が限

られている。そのため、一部の私立職業系大学では、修士課程の提供として
は修士プログラムの設置にとどまっていると想定される。しかしながら、在
職プログラム制度は修士プログラムより弾力的で規制が少ないため、私立職
業系大学はそれらを中心とした修士課程の提供をできる限り展開したいと考
えられる。したがって、各専門領域における在職プログラムの相対比率が一
定程度に達しているのである。その中で、とりわけ芸術と人文科学領域、自
然科学・数学と統計領域及び医療衛生と社会福祉領域は他の大学類型よりも
高い相対比率を有している。

　以上をまとめると、全体として台湾の修士課程は、プログラムの種類にか
かわらず、工学領域、人文科学領域、商業・管理・法律領域、情報科学領域
という比較的応用的な領域に集中する傾向がある。また、在職プログラムの
導入は、プログラムの増設に寄与するだけでなく、とりわけ教育領域、商業・
管理・法律領域、情報科学領域でのプログラムの設置を促進する傾向がみら
れた。なお、領域の名称からすると、それらの多くは、教員研修、経営学大
学院課程(EMBA)または法職関係者の研修などに関するプログラムであると
考えられる。

国立台北芸術大学内の風景

5. 考　察

　これまで議論してきたことをまとめれば、社会人プログラムは全体として学士課程段階における進学者の増加に影響され、高等教育システムの中で補足的な位置づけからその中心に移行しつつあり、とりわけ修士課程段階の在職プログラムがもっとも活発に展開されてきている。第1節で述べた夜間部導入の経緯、入学形式及び政策の方針からみると、1990年代以前社会人向けのプログラムに関連する制度はすでに設けられていたが、それは社会人のニーズに対応することよりも、高等教育の提供を拡大させることを目的としていた。それに対して、1990年代後半以降、社会人のニーズに対応することが徐々に重視されるようになり、リカレント教育体系の構築を目指して、体系的に社会人向けの進学ルートを整備することが考えられるようになった。政策及びその理念に鑑みて、社会人プログラムは徐々に正規高等教育の一部として位置づけられるようになったといえる。ただしここで注意すべきなのは、学士課程段階では規模拡大にともない、社会人比率が低下し、社会人に対応する措置も徐々に小さくなってきたため、同段階の社会人プログラムは通常のプログラムと同じように扱われるようになったということである。そのため、社会人プログラムは大学院教育段階に引き上げられ、修士課程段階の在職プログラムを中心に展開されるようになっているのである。

　こうした大きな変化の傾向をふまえて、在職プログラムの導入経緯、制度的な特徴、及び各大学におけるプログラムごとの修士課程の発展状況をまとめると、在職プログラムの導入及び大学院教育での拡大が台湾の高等教育システムにどのような変容をもたらしたかについて、以下の3点に分けて論じることができる。

　まず確認できたのは、在職プログラムの導入が大学院教育の拡大を加速させたことである。第3節で検討した制度の枠組みによると、修士課程の提供に関する資源と条件の基準は在職プログラムのほうが修士プログラムより低く設定され、資源と条件が一定であれば、在職プログラムのほうがより多くの学生を募集することができ、大学院教育の拡大に寄与するようになった。

　具体的には、第4節で検証した結果によって、もっとも多くの学生数を有している国公立普通系大学は修士プログラムと在職プログラムをともに拡大し、総合的な戦略を採ることによって、大学院教育の拡大を果たしてきていることが確認できた。それに加えて、私立普通系大学は大学院生の人数からみれば比較的少数であるが、在職プログラムがより大きな割合を占めているため、大学院教育の拡大に一定の影響を与えている。

　そして、前述の内容とも関連しているが、大学院教育の提供は、従来国公立普通系大学が主として担っていたものの、現在ではより多くの大学によって担われるようになっている。第4節で検討した大学類型の学生数及び専門領域数によると、国公立普通系大学は、修士プログラムと在職プログラムを組み合わせて大学院教育を発展させる傾向が観察された。それもあって、大学院教育の提供は依然として主に国公立普通系大学によって担われている。しかし、他の大学類型によっても様々な形で大学院教育が展開されるようになっている。たとえば、繰り返しになるが、私立普通系大学は自ら持つ資源に応じて、商業・管理・法律領域の在職プログラムを重点的に拡大することによって、大学院教育を展開していく特徴がみられる。私立大学は社会の変化に迅速に対応することを特質として持っているが、このことは、在職プログラムがリカレント教育制度の一環として実務的な内容を重視していることに合致していると考えられる。また国立職業系大学は、国公立普通系大学と同じように両方のプログラムを拡大する傾向があるが、工学領域を重点的に展開している。私立職業系大学は大学院教育の発展に対して大きな貢献がないものの、全体として、大学院教育を拡大する傾向にあるといえる。

　最後に、このような量的な変容及び大学類型ごとの戦略に基づき、在職プログラムの導入と展開は大学院教育における学生の構成に変容をもたらし、多様性の枠組みの形成に寄与しているといえる。修士課程の学生総数の中の在職プログラムの学生数の割合をみると、大学院教育を受ける学生の3割は在職者であることから、在職プログラムの導入によって、大学院段階における学生構造に変容がもたらされたことが分かる。これらの在職者に相応しい、入学基準、授業期間に適応する制度が設けられるとともに、第4節で検討し

たように在職プログラムの領域にもそれらのニーズを満足させる傾向がみられる。こうした学生構成、制度の弾力化から、全体としてより弾力的で応用的な領域である大学院教育の提供を促進していることが考えられる。

　総じていえば、在職プログラムの導入によって、各大学類型は自らの制約と条件にしたがい、異なる方針で大学院教育を拡大してきたことが明らかになる。こうした動きの中で台湾の大学院教育は、特定の大学類型に集中的に資源を配分し、学術研究機能を強化させ、研究人材の養成を図る従来の状況から、産業のニーズに応え、社会に向けて広く対応する方針も強調されるように変化したといえるのである。

注

1　教育部統計処『中華民国教育統計　民国 101 年版』教育部、2012 年、40-41 頁。

2　蔡培村、武文瑛「我国回流教育政策発展回顧与探討」『教育実践与研究』第 20 巻第 1 期、2007 年、91-118 頁。

3　行政院教育改革審議委員会『教育改革総諮議報告書』行政院教育改革審議委員会、1996 年。

4　教育部統計処「学校基本資料」をもとに、筆者が算出した (https://depart.moe.edu.tw/ED4500/News.aspx?n=5A930C32CC6C3818&sms=91B3AAE8C6388B96、2019 年 3 月 13 日最終確認)。

5　王秋絨「大学推広教育之比較分析」『社教系列』第 7 期、1979 年、37-45 頁；王煥琛「近三十年来我国大学校院推広教育之発展」『教育資料集刊』第 8 期、1983 年、220-267 頁。

6　この 4 校は、国立台湾大学、台湾省立師範学院 (現在の国立台湾師範大学)、台湾省立工学院 (現在の国立成功大学) 及び台湾省立農学院 (現在の国立中興大学) である。

7　教育部年鑑編纂委員会『第四次中華民国教育年鑑』正中書局、1974 年、758-759 頁。

8　立法院『立法院公報』第 24 会期第 7 期、1959 年、4-6 頁。

9　同上。

10　楊冠政、楊瑩、戴姮華ほか『我国大専夜間部教育体制与功能之研究』教育部、1980 年。詳細は、廖于晴「台湾の高等教育における社会人プログラムの定着と役割の拡大─大学夜間部の導入と改革に焦点をあてて」『京都大学大学院教育学研究科紀要』第 60 号、2014 年、125-137 頁を参照。

11　連合大学入学試験とは、1954 年に導入された大学の連合募集制度である。最初

は志望校の順番を決めて出願するが、試験の結果により、学生が進学できる大
学が公表される。1984 年の大学入学試験の改善プログラム (原語、大学入学考
試改進方案) により、学生は試験を受けた後で公表された各校の合格基準を参照
しながら志望校の順番を決めて出願し、その後合格者が決定される方式になっ
た。その後、2002 年に、試験が教育を主導する詰め込み教育などの問題を改善
するために、連合大学入学試験が廃止され、「大学多元入学新方案」が導入され、
学科能力試験、指定科目試験という 2 つの試験が始められた。

12 台湾の男子は、18 歳に達した翌年の 1 月 1 日から満 36 歳に達する年の 12 月 31
日に兵役を解かれるまで、兵齢男子と呼ばれる。彼らは 1 年間兵役に服する義
務がある (「兵役法」第 3 条、第 16 条)。一般的にいえば、満 18 歳に達した翌年
1 月 1 日に兵役に服するのが原則であるが、高級中等学校及び同等段階以上の学
校に在籍する学生は、兵役を延期することができる。

13 教育部年鑑編纂委員会、前掲書、1974 年、758-759 頁。

14 詳細は、廖于晴、前掲論文、2014 年、125-137 頁を参照。

15 1993 年に「大学法」を修正する議論がおこなわれた際、夜間部は教員、設備、
課程内容などが昼間部と類似し、単に授業時間に相違があるだけで区別する必
要がないと考えられた。そのため、夜間部の設置に関する規定 (第 6 条) は削除
された。ただし、学生の学習に弾力的に対応するために、夜間の授業を従来通
りおこなうことはできるとされた (立法院『立法院第 1 届第 82 会期第 35 次会議
議案関係文書』立法院、1993 年、報 1 〜報 22 頁を参照)。

16 立法院『立法院公報』60 巻 70 期、1972 年、4 頁。

17 立法院秘書処『法律案専輯第 21 輯教育 (九) ─学位授与法修正案』立法院秘書処、
1977 年。

18 同上。

19 詳細は、廖于晴、前掲論文、2014 年、125-137 頁を参照。

20 行政院教育改革審議委員会『教育改革総諮議報告書』行政院教育改革審議委員
会、1996 年。

21 教育部『中華民国教育統計　民国 107 年版』教育部、2018 年、58-59 頁。

22 厳文廷「台大夜間部熄燈、校友惆悵」『聯合晩報』2011/6/1 (http://mag.udn.com/
mag/edu/storypage.jsp?f_ART_ID=322194、2013 年 8 月 31 日最終確認)。

23 台湾の大学院教育では 1956 年から博士課程の提供がはじまり、それ以前は修
士課程のみを提供していた (教育部『我国研究所教育発展之研究』教育部教育研
究委員会、1985 年、40 頁)。

24　具体的には、1985 年の「高等教育を充実させ、学術研究文化を向上させる」、1986 年の「研究文化を促進し、学術レベルを向上させる」、それから 1988 年の「積極的に大学の学術文化を向上させる」(原語はそれぞれ、「充実高等教育、提升研究風気」、「暢導研究風気、提升学術水準」、「積極提升大学学術気氛」)などの方針があげられる。

25　このプロジェクトはさらに 2006 年から 2010 年までの第 1 期、及び 2011 年から「邁向頂尖大学計画」に改名した第 2 期に分けられる。

26　楊瑩「在追求卓越発展下、台海両岸高等教育政策之検視」『教育政策論壇』8 巻 1 号、2005 年、43-64 頁。

27　教育部『発展国際一流大学及頂尖研究中心計画』教育部、2005 年；教育部『邁向頂尖大学計画』教育部、2011 年。

28　教育部『教育部施政報告(立法院教育委員会第 3 届第 1 会期報告)』教育部、1996 年、58 頁。

29　同上。

30　同上。

31　同上。

32　台湾の大学で教育をおこなう組織は主として学院、学系、研究所、クラスという 4 種類に分けられる。基本的な構造は**注図 4-1** に示すようになっており、学院が主要な組織として構成され、学院の下に複数の学系や研究所が設置されて学院が細分化されている。また、クラスを設置することにより、学士課程、修士課程及び博士課程が提供される。ただし、いくつかの例外も存在している。これらの大学組織の関係を次のように大きく 3 つの段階に分けて述べておきたい。

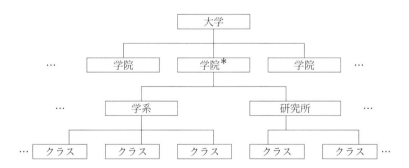

注図 4-1　台湾における大学の基本組織

＊学院にもクラスを設置することが可能である。
出典：筆者作成

　第1段階は、大学の下に直接設置された学院である。これは教育の機能を担うが、主な役割としては大学と学系・研究所という二つの組織を繋ぐ、行政に関する事務を担い、バッファ機関に類似するものである。ただし、学院が自ら教育課程を提供することも可能である。第2段階は、学院の下に設置された学系と研究所である。学系の場合はいずれの課程も提供することが可能であるが、研究所は、修士課程または博士課程しか提供することができない。なお、例外として、領域を越える知識に対応し、より弾力的に教育組織を設置するために、大学の下に直接研究所を設置する場合もある。第3段階は、クラスである。クラスは主に課程内容に関わるものであり、**注表 4-1** に示すように、上述2段階の教育組織の中に直接設置することも可能である。博士課程を提供する「博士クラス」、修士課程を提供する「修士クラス」及び学士課程を提供する「学士クラス」に分けられる。

注表 4-1　大学組織におけるクラスと上位組織の対応関係

組織 ＼ クラス	学士クラス	修士クラス*	博士クラス
学院	○	○	○
学系**	○	○	○
研究所	×	○	○

○：クラスが存在する、×：クラスが存在しない

* 在職プログラムに含まれる。ただし、上位組織は修士プログラムを2年以上設置した後、「在職クラス」の設置が可能である。

** 学系が「学士クラス」を3年以上設置した後に「修士クラス」の設置が可能であり、「博士クラス」は「修士クラス」が設置された3年後に設置することが可能である。

出典　筆者作成。

33　この研究所とは、日本での制度における研究センターの意味ではなく、大学院教育課程を提供する教育組織である。

34　国立成功大学『103 学年度碩士班（含在職専班）研究生招生簡章』国立成功大学教務処註冊組、2013 年。

35　陳茂祥「我国大学推広教育現存的問題及未来発展策略之研究」『朝陽学報』第 7 期、2002 年、1-27 頁。

36　国立成功大学政治学系「碩士班修業規定―107 学年度入学適用」、http://www.polsci.ncku.edu.tw/course-graduate.asp、2019 年 3 月 17 日最終確認。

37　詳細は黄政傑『大学教育改革』師大書苑、2001 年、68-83 頁を参照。

38　ただし、博士課程、医療や教員養成と関連する領域などの大学組織は別に扱わ
　　れ、なお教育部の審査が必要であり、募集定員数も制限されている。

39　監察院『我国高等教育因応少子化及国際化相関政策与問題之探討』監察院、2011
　　年、37-79 頁。

40　台湾教育部のホームページには、「各校基本データベース」（原語、各級学
　　校基本資料）がある（https://depart.moe.edu.tw/ed4500/News.aspx?n=5A930C-
　　32CC6C3818&sms=91B3AAE8C6388B96、2018 年 10 月 23 日最終確認）。

41　教育部統計処「中華民国学科標準分類第 5 次修正」（106 年 9 月）、https://depart.
　　moe.edu.tw/ed4500/cp.aspx?n=283412AE33AC4D71、2018 年 10 月 23 日最終確認。

42　監察院、前掲書、2011 年、1-80 頁。

43　詳しくは、南部広孝、廖于晴「台湾における高等教育の構造分析」『大学論集』
　　第 48 集、広島大学高等教育研究開発センター、2011 年、153-169 頁を参照のこと。

第5章　台湾の大学における海外学位プログラム
　　　　提供の論理

1. はじめに

　本章では、海外学位プログラムに焦点をあてて、機関ごとに教育提供の論理を検討したい。海外学位プログラムはグローバル化及びそれに基づく国際化の動きから導入されたのであり、主に留学生の受け入れの向上、高等教育・高等教育機関の国際化の強化を目的としている。にもかかわらず、台湾の海外プログラムは中国語で海外台湾人に対応する事例もみられる。こうした現象は、機関の存続及び従来の役割を維持するために、これまで提供されていたニッチな教育ニーズに着目し対応することと関連している。本書の問題関心として重要な動きであると考えられる。したがって、ここでは、これまで検討してきた社会人プログラムの延長として海外学位プログラムを手掛かりに、機関ごとの事例検討をおこない、大学の戦略や考え方という視点から、機関内部の変化状況を考察したい。

　繰り返しになるが、海外学位プログラムの導入は主に国際化の考え方をめぐって展開されてきたのである。各国は、グローバル化に対応し国際競争力を向上するために、留学生の受け入れや送り出しの増加、遠隔教育プログラムの導入、海外分校の設置など国境を越える高等教育の提供などを国際化の戦略として検討し実施している。台湾でも、世界で競争できる高等教育を形成するため、その国際的な市場が意識されるようになってきた。とりわけ、2002 年の世界貿易機関（WTO）参入にともなって高等教育がサービス産業だとみなされるようになったことから、台湾の大学による海外展開が強化され

るようになり、伝統的な留学の促進を含めてより多様な高等教育の提供形態が考えられ始めた。その一方で、これまでみてきたように、高等教育規模の拡大と少子化の影響を受けて、大学の存続の問題は深刻になっている[1]。この状況を解決するために、高等教育の輸出、留学生の増加なども1つの手段として考えられるようになった[2]。

　上述した変容の中で、2003年に高等教育の国際化政策の一環として海外学位プログラム(原語、境外専班)が導入された。詳細は後述するが、海外学位プログラムは、台湾の大学が教育部の許可を得た上で、海外の教育機関と連携して、その教育機関で学位プログラムを提供するものである。政策的には、これは、高等教育の国際化及びその輸出を促すことを目的としている。すなわち、大学は、プログラムが提供される国の学生に対してより弾力的に高等教育を提供することができ、国内的には、海外学位プログラムは留学生数の増加など、国際化の促進にもつながるとされる。しかし、開設された海外学位プログラムを具体的にみると、外国人学生を対象としたものばかりでなく、海外に在住する台湾人の受け入れを中心とし、中国語を主要な授業言語とするプログラムも存在していることが分かる。こうしたことから、海外学位プログラムを実施する大学にとっては、留学生数の増加などによる国際化の促進のみが海外学位プログラムの展開の原動力ではないことが推測される。以上の状況から、大学が、どのような目的と戦略のもとで、台湾人を対象とする海外学位プログラムを導入し、それをどのように展開してきたのかという疑問が立ち上がる。

　こうした疑問に対して、関連する数少ない先行研究として次のようなものがある。ChanとChenは、台湾の国境を越える教育政策が単に国際化を目的としているわけではなく、そこには政治的、経済的な配慮も含まれていると指摘した[3]。また、Chenは当初、海外で教育を提供するのは海外の台湾人ビジネスマンを対象とし、それらの海外での産業発展の支援と人材の育成のためであると言及した。これらの先行研究をふまえると、海外台湾人を対象とする海外学位プログラムは単に国際化の動きとしては解釈できず、それを提供する大学は自らの戦略を持っていると考えられる。繰り返しになるが、台

湾の高等教育では1990年代以降、社会の民主化、自由化にともない、規制緩和が進められ、それを提供する大学の自主権が拡大してきている。こうした動きの中で、台湾人を対象とした海外学位プログラムの位置づけや動向を正確に捉えるためには、大学において、海外学位プログラムの設置や展開にどのような意図があるのかを解明する必要がある。

　以上をふまえて、本章では、海外学位プログラムの制度的枠組み及び設置状況を整理した上で、個別大学における海外学位プログラムの実施理念と考え方を考察し、事例とする大学が海外学位プログラムを展開する論理を明らかにすることを目的とする。そのために、法令や政府文書、個別の大学で公表されているプログラム実施要項などの検討をおこなうとともに、海外学位プログラムを設置している大学から代表的な事例を選出し、運営関係者への半構造化インタビューによって、個別大学における海外学位プログラムの導入背景及び設置目的などを分析する。なお、外国人学生のために設置されている海外学位プログラムもあるが、それらは国際化の要因に強く影響され、本章の主要な問題関心からは外れるため、ここでは研究対象に含めないことにする[4]。

　本章は次のような構成とする。まず、海外学位プログラムの導入経緯及びその展開を整理してその制度的な特徴を解明する（第2節）。続いて、機関レベルにおける海外学位プログラムの設置状況を分析した上で（第3節）、代表的な事例を取り上げて、プログラムの運営関係者へのインタビュー結果を中心に、それぞれの大学がどのような理念と考え方で海外学位プログラムを設置しているのかを考察する（第4節）。そして最後に、台湾の大学が台湾人を対象とする海外学位プログラムを提供する論理について明らかにする（第5節）。

　あらかじめ、本章で用いる「台湾人」、「海外出身学生」、「外国学生」、「中国人学生」及び「海外華人」という言葉の定義をしておきたい。まず、「台湾人」は台湾のパスポートを持っている者を指す。そして、台湾人以外の学生は「海外出身学生」と称する。ただし、海外学位プログラムにおいて、中国人学生は特別な扱いがあるため、海外出身学生から香港、マカオ及び中国大陸から

の学生を除いた学生を指す言葉として「外国学生」という用語を使用し、「中国人学生」は便宜上、香港とマカオ以外の中華人民共和国籍を有する学生を示すものとする。また、「海外華人」は台湾人及び中国人学生を除く華人を指す。

2. 海外学位プログラムの制度的枠組み

本節では、関連法規を手がかりとして、海外学位プログラムの設置基準、募集対象及びプログラムの構成を整理することにより、海外学位プログラムの制度的な特徴を解明する。

これに先立って、まず海外学位プログラムの導入と変遷についてまとめておきたい。先述のように、海外学位プログラムは高等教育の国際化を促進させることを目的として導入されたが、海外での高等教育の提供が初めて言及されたのは、2002年の「大学における研修教育の実施規則」（原語、大学推広教育実施辦法）の改正においてである。教育部は当時、東南アジアと中国には台湾人ビジネスマンが多いにもかかわらず、現地で研修教育を受けるルートが欠けていることに着目し、それを補うため、この規則に海外での教育の提供に関する規定を追加した。この修正により、大学は東南アジアと中国で学位を授与しない海外プログラム（原語、境外学分班）を提供することができるようになった。ただし、その教育の提供は台湾人及び海外華人に限られた。これが海外における教育プログラムに言及した初めての規則であり、その規定は、その後の海外学位プログラムに関する設置基準、教員構成、カリキュラムの内容及び募集対象などの規則を作成するにあたって参照された。

これをふまえて、2003年には、外国学生の受け入れを促進し、国際交流を向上させるために、「修士課程の社会人プログラム及び学士課程の二年制社会人プログラムの設置に関する作業要点」（原語、大学・理研究所（系）碩士及大学部二年制在職専班審核作業要点）が修正され、海外学位プログラムの導入が始まった。この修正によって、普通系大学は教育部が規定した東南アジアや東アジアなどの地域に修士課程段階の社会人向けの海外学位プログラムを設置することができるようになった[5]。ただし当初は、募集対象が外国学生に

限られており、台湾人は含まれていなかった。その後、海外の台湾人ビジネスマンの研修ルートを形成するために、同規則が2004年に改めて修正され、海外学位プログラムの募集対象に台湾人も含められるようになった。これ以降、海外学位プログラムに関連する法規において、台湾人は一貫して募集対象に含まれている。続いて、2007年になると、職業系大学においても、その国際化や国際競争力を促進し、職業教育の輸出及び学術を通じて外交を強化するため、「職業系大学の東南アジアにおける海外学位プログラムの設置に関する試行要点」(原語、技職校院赴東南亜開設境外専班試辦要点)が打ち出され、職業系大学が東南アジアに海外学位プログラムを設置することができるようになった。

　その後、2011年にはこれら関連する2つの法規が統合され、「大学の海外学位プログラムの申請と審査に関する作業要点」(原語、大学開設境外専班申請及審査作業要点)が公布された。この規則によって、海外学位プログラムを設置できる教育段階や地域に関する制限がなくなり、大学は設置基準を満たせば自主的に海外で学位プログラムを提供することができるようになった。その後もいくつかの細かな修正はあったが、大きな制度的な枠組みはこれ以降変わっていない。

　次に、主として「大学の海外学位プログラムの申請と審査に関する作業要点」(2018年)の規定によりながら、海外学位プログラムの制度的な枠組みをみてみよう。具体的には、その設置基準、募集対象、及びプログラムという3つの側面に着目して整理する。

　まず、設置基準についてみてみよう。まず、海外学位プログラムはどの大学でも設置できるわけではない。設置が認められるのは、財務と経営状況が健全で、規則に違反していない大学に限られる。そして、提供できる海外学位プログラムのカリキュラムは大学の既存の専攻分野に限るとともに、専攻分野ごとに実施される評価において、評価結果が「優」や「合格」に達していることが条件になっている[6]。また、大学の教育組織で定期的に学生募集をおこなう場合と異なり、海外学位プログラムの提供は毎年度、教育部に申請する必要がある。したがって、年度によって、海外学位プログラムの提供状

況は異なっている。

　これに加えて、はじめにも述べたように、海外学位プログラムにおいて連携する海外の教育機関には、教室、図書や施設、または一部の教員などの教育支援を提供することが求められるため、海外の教育機関に関しても一定の基準が設けられている。具体的には、海外学位プログラムを受け入れる海外の教育機関は、プログラムを提供する台湾の大学と交流協定を結んでいるだけでなく、現地の管轄機関の許可も得ていなければならない。そして、現地の管轄機関が設立した大学や認可を受けた大学、またはそれに相当する教育機関に限ると規定されている。

　次に、募集対象を確認すると、それは外国国籍を持っている者、中国大陸、香港とマカオの住民、そして台湾人となっている。しかし、台湾と中国との特別な政治関係を背景として、中国人学生の受け入れには慎重であるため[7]、中国で設置する海外学位プログラムにおいては、香港とマカオ以外の中国人学生は募集対象に含まれていない。

　最後に、プログラムの構成については大きく、台湾人教員の比率と授業を実施する場所に関して条件が設定されている[8]。すなわち、授業を担う教員は、台湾の大学の教員が2分の1以上を占めていなければならないとされている。そして、カリキュラムの形式も、プログラムの一部は一定期間台湾で実施されなければならないと定められている[9]。台湾で授業が実施される期間は、提供するプログラムが属する教育制度及び教育段階によって異なっている。第4章でも確認したように、台湾の高等教育制度は一般の教育とリカレント教育に分けられる。両者とも正規教育であるが、後者は主として社会人学生向けに設置されたものであるため、その授業の内容や時間もより弾力的に学生のニーズに対応しているという特徴を持っている。そのため、海外学位プログラムが一般の教育に属する場合は、学士課程段階は8ヵ月以上、修士課程段階は4ヵ月以上台湾で授業を受ける必要があると定められているが、リカレント教育制度に属するプログラムに関してはこうした規定はない。

　このように、政策的な導入背景及び法律の修正経緯からみると、海外学位プログラムは、高等教育の国際化や海外への輸出を主たる目的として導入さ

れた制度であると考えることができるが、あわせて海外在住の台湾人や海外華人のニーズへの対応も含んだ制度になっていることが分かる。

3. 大学における海外学位プログラムの設置状況

(1) 海外学位プログラムの現状

　以上のような制度的特徴に鑑みると、大学は、教育部が定めた国際化の理念や目標にしたがいながら海外学位プログラムを設置する必要があるものの、この大きな枠組みの中で、それをどのような理念と考え方で設置し、実施するかを自らの権限として決めることができる[10]。では具体的に、台湾の大学による海外学位プログラムの設置状況をみてみよう。

　前節で述べたように、海外学位プログラムは2003年に導入された。しかし、関連統計が教育部の資料に掲載されるようになったのは2007年からである。現在、海外学位プログラムの状況に関する統計データは「高等教育機関における海外出身学生数」(原語、大専院校境外学生人数統計；以下、海外出身学生数統計と略)及び「高等教育機関における各専攻分野のプログラムの学生数」(原語、大専院校各校科系別学生数；以下、専攻分野別学生数統計と略)に掲載されている[11]。しかし、これらの資料はどちらも海外学位プログラムの全体的な状況を示しているとはいえない[12]。なぜなら、海外出身学生数統計の中での海外学位プログラムのデータには外国学生しか取り上げられておらず、台湾人、香港とマカオの住民の在学状況が含まれていないからである[13]。たとえば、国立台湾大学が中国で設置している海外学位プログラムは、台湾人を対象としているため、そのプログラムの学生数はこの資料には含まれていない。一方で、専攻分野別学生数統計は台湾人と海外出身学生をともに載せているが、海外学位プログラムに属する学生が単独で計上されるわけではなく、国内のプログラムの学生数とあわせて報告されている場合が多く、全体的な海外学位プログラムの学生数及び提供する専攻分野を正確に捉えることができない[14]。ただし、両者のデータをあわせて考察すれば、海外学位プログラムの設置状況をある程度把握することができると考えられる。具体的には、ま

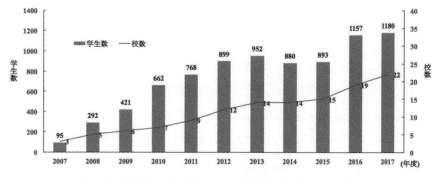

図5-1　海外学位プログラムの学生数及び設置した大学数

出典：台湾教育部の「各校基本データベース」（原語、各級学校基本資料）に載せられている「大専院校境外学生人数統計」及び「大専院校各校科系別学生数」のデータより、筆者作成（https://depart.moe.edu.tw/ED4500/News.aspx?n=5A930C32CC6C3818&sms=91B3AAE8C6388B96、2018年11月21日最終確認）。

　ず専攻分野別学生数統計を基礎とし、この資料に掲載されていないが海外出身学生数統計には掲載されている海外学位プログラムを設置した大学及びその学生数を確定してそのデータに追加して合計を求めた。その結果を示したのが**図5-1**である。この図によれば、海外学位プログラムの設置状況は以下の2点にまとめることができる。

　第1に、海外学位プログラムを設置する大学は少数にとどまっている。台湾の大学は2017年度には144校あったが、そのうち海外学位プログラムを設置する大学は22校で、全体のわずか15.0%を占めるにすぎない[15]。第2に、海外学位プログラムで学ぶ学生数も限られている。図5-1に示したように、2017年度には、海外学位プログラムの在学者数は1,180人である。同年度の高等教育の在学者数（1,273,894人）と比べると、少数にとどまっている。このように、海外学位プログラムの展開は一定の規模にとどまっているとともに、それを提供する大学も特定の大学に集中している。ただし、海外学位プログラムを提供する校数とその学生数の推移を概観すれば、緩やかに増加する傾向がみられる。

(2) 海外学位プログラムとその提供大学の特徴

　では、海外学位プログラムを提供している機関として、どのような大学があるかを具体的に把握するために、各大学の海外学位プログラムの募集要項に関する情報をもとに分析をおこなう。すでに述べたように、海外学位プログラムの提供は毎年度教育部に申請する必要があり、年度によって開設状況が異なっていることから、海外学位プログラムを設置する全大学の状況を把握することは容易ではない。ここで使用する個別大学の海外学位プログラムに関するデータは、2015 年 12 月 6 日から 9 日の 4 日間に、大学 145 校の学生募集センター、生涯教育研修センター、国際交流センターなどのホームページにアクセスして収集したものである。こうして得られた情報をもとに、2015 年度に海外学位プログラムを開設していた大学を確認し、それらを考察の対象とした。

　2015 年度に海外学位プログラムの募集要項が確認できた大学は 11 校あったが、そのうち 2 校は設置国の政治情勢や定員不足などの理由によって、実際には海外学位プログラムが開設されていなかった。残る 9 校の中で、台湾人を対象とする海外学位プログラムを提供した大学は、**表 5–1** に示したように 6 校あり、あわせて 9 つの海外学位プログラムが設置されていた[16]。それらの大学は主に名門大学または歴史と一定の規模を有する大学である。なお、それらの協力大学も当地での名門大学である。たとえば、中国での協力機関はすべて中国の研究型大学向けの競争式資金プロジェクトである「985 プロジェクト」または「211 プロジェクト」に選ばれた大学である。これらのプロジェクトは特定の大学に重点的に財政配分をし、世界と競争できるような拠点大学の創出を目的としている。同プロジェクトに選ばれたのはほとんど、中国で上位の、名声を有する大学である。

　それらの海外学位プログラムは、すべて経営管理に関する教育内容を提供しており、とりわけ EMBA（Executive Master of Business Administration）という専門管理職向けの在職プログラムが多数を占めている。タイで設置された 1 つのプログラムを除けば、すべて中国で設置されていた。これらのプログラムには中国人学生が入学できないため、実態としては中国に在住する台湾人を主

表 5-1　2015 年度台湾人を対象とする海外学位プログラム設置状況

機関名	海外学位プログラム の専攻分野	設置年	設置国	協力大学／ 機関
国立台湾大学	台大－復旦 EMBA	2010	中国（上海）	復旦大学
国立中興大学	両岸台湾人ビジネスマン向け EMBA	2012	中国（上海）	上海社会科学院
国立中山大学	中山－同済 EMBA	2011	中国（上海）	同済大学
世新大学	企業経営学	2010	中国（上海）	同済大学
	通信管理学	2010	中国（上海）	同済大学
国立台北科技大学	EMBA	2013	タイ	KMUTT 大学
	生産管理工学	2014	中国（広東）	中山大学
	上海 EMBA	2015	中国（上海）	蘇州大学
国立暨南国際大学	両岸管理職向けの経営管理学	2011	中国（武漢）	華中科技大学

出典：各大学の募集要項及び関連データにより、筆者作成。

要な募集対象としている。これに関連して、これらの海外学位プログラムは上海に集中する傾向がみられる。この背景には、「長江デルタ」（江蘇省と上海市）が台湾企業の対中投資の中心で、その投資金額全体の 46.4% を占めるため、台湾人ビジネスマンが同地域に集中していることがある[17]。また、国立台北科技大学がタイで設置していたプログラムも、それらのプログラムと同じように、台湾人を主要な募集対象としている。それから、プログラムの授業言語は主に中国語であり、タイで設置されたプログラムだけは中国語と英語が授業言語とされているが、英語の授業は全体のわずか 1 割である。最後に、海外学位プログラムの教育段階については、学士課程段階でも修士課程段階でも設置できることになっているが、実態として、設置された海外学位プログラムはすべて修士在職プログラムであった。

4. 事例考察

　以上をふまえて、本節では、台湾人を対象とした海外学位プログラムを設置する大学を事例として取り上げ、海外学位プログラムの成立経緯とその役割を明らかにする。分析に利用する情報は、主に大学での海外学位プログラ

ムの運営関係者への半構造化インタビューの結果であり、その補足として、公表された大学発展計画、教育組織の運営方針、課程内容などの文書資料を参照した[18]。インタビューでは、海外学位プログラムの成立背景と理念、設置目的、現状、将来の計画という 4 つの点を設定し、計 12 の項目について質問をおこなった。

　台湾では、大学の設置形態、属する体系及び取得した競争的資金などによってその資源、条件及び教育目的・理念に相違があり、海外学位プログラムに対する考え方や取り扱い方も異なると考えられる。ここでは、国立台湾大学、国立台北科技大学、国立暨南国際大学及び世新大学という 4 校を事例として取り上げ、検討をおこなう。

　これらの大学の選定理由は次のとおりである。まず、世新大学は 6 校の中で唯一の私立大学であり、他の国立大学に比べて、より財源の確保や定員割れなど経営面での課題に直面しており、それにもかかわらず設置していることから、海外学位プログラムに対して独自の捉え方があると考えられる。残りの 5 校はいずれも国立大学であるが、それぞれに機関類型ごとの特徴を持っている。繰り返しになるが、台湾の高等教育システムは、普通教育体系と職業教育体系の 2 種類に大別され、大学は、体系ごとに異なる役割が与えられており、それぞれが所属する体系に沿った特徴を備えている。それに加えて、教育部が 2004 年に開始した「国際一流大学及び先端的研究センターの発展に向けたプロジェクト」によって、政府から重点的な財政支援を受けて、学術研究機能のいっそうの強化を目指す大学が選ばれている点も重要である。このプロジェクトで選ばれた大学には、学術研究人材の育成や優れた専門分野の創出が求められているため、教育の側面でも他の大学とは異なる独自の特徴を有していると推測される。こうした分類に基づけば、残りの 5 校は、プロジェクトに選ばれた拠点大学である国立台湾大学、国立中興大学、国立中山大学と、普通系大学である国立暨南国際大学、そして職業系大学である国立台北科技大学に分類することができる。拠点大学の中で、国立台湾大学は、台湾一の名門大学として認識されているために、拠点大学の特徴が特に強いと考えられる。また、同大学は中国に海外学位プログラムを設置した初

めての大学でもあり、その後他の大学が中国で海外学位プログラムを設置する際には、ほとんどが国立台湾大学のやり方を参照している[19]。こうした点をふまえて、国立台湾大学は代表性が高いと考えられることから、この大学を拠点大学の事例として選ぶ。一方で、国立台北科技大学と国立暨南国際大学は、それぞれ異なる体系に属し、独自の発展戦略や設置経緯を有していると推察される。とりわけ国立台北科技大学は、その設置地や協力大学が他の大学とは明らかに異なっている。このような理由で、国立台湾大学、国立暨南国際大学、国立台北科技大学、世新大学という4校を取り上げることにした。それらの大学における、大学の発展戦略、海外学位プログラムの設置目的、プログラムの現状は、それぞれ次のように整理することができる。

(1) 拠点大学・国立普通系大学——国立台湾大学

国立台湾大学は1928年に設立された台北帝国大学を前身とする、台湾有数の名門大学である。大学の発展戦略では世界トップレベルの拠点大学の形成が目標とされ、「アジアのトップレベル、世界の一流」(原語、亜州頂尖、世界一流)を目指しており、自らを高度な国際性を有する研究型大学として位置づけている[20]。こうした方針のもとに、国立台湾大学の管理学院を中心におこなわれるEMBAプログラムが国際化に向けた戦略の一環として位置づけられ、2011年に中国(上海)で台大—復旦EMBA海外学位プログラムが設置された[21]。インタビューによると、このプログラムは、設置の目的と理念は現地在住の台湾人ビジネスマンのニーズへの対応だが、さらに中国での影響力の拡大及び華人型経営学の形成を目指しているということであった[22]。

まず、現地在住の台湾人ビジネスマンのニーズに対応することについて、インタビューを実施した謝氏は、「近年中国では台湾人ビジネスマンが徐々に増加している。この動きの中で、中国の産業や政策に対する理解及び人脈の構築に関する台湾人ビジネスマンのニーズに応えるために、復旦大学と連携して海外学位プログラムを開設した」と述べている[23]。この説明には、台湾人が「中国側の学生と異文化間のプラットフォームを構築し、台湾側の学生が異文化間の交流をし、中国という新興市場をより理解する」ことも示さ

台湾初の大学——国立台湾大学 (旧台北帝国大学)

国立台湾大学建築学授業の風景

れた[24]。この目的に応じて、プログラムの教育は復旦大学 EMBA プログラムと共同授業の形でおこなわれている。具体的には、両大学は毎年それぞれ 30 名ずつの学生を募集し、これら 60 名の学生が一緒に授業を受けている。そして卒業時には、国立台湾大学の修士学位とともに復旦大学の修士学位も取得することができる。

　一方で、こうした中国での海外学位プログラムの設置は、国立台湾大学の影響力や名声の拡大を図る意図も看取される。たとえば、インタビューによると、プログラムの設置を通して復旦大学との連携関係を築くことで、学生、教員及び教育内容などの交流を深めることができるとともに、国立台湾大学の経営管理教育の特徴と強みも中国側の学生に伝えられると考えられており、それにより、長期的にみて国立台湾大学の EMBA プログラムが中国で影響力を持つようになることが期待されている。また、同大学は経営管理教育分野で自らの特色を創出し、華人向け経営管理教育または独自の経営管理教育モデルを形成しようとしている。謝氏によると、「経営管理学は産業の発展、市場の変容に関連する学問であるため、学生の動き、及び産業変革に関するニーズに対応し、中国で海外学位プログラムを設置することによってこそ、中国型管理や華人型管理また新興市場の管理に関する教育や研究を展開することができる」とされる[25]。

　以上をまとめると、国立台湾大学は、海外学位プログラムを国際化戦略の一環として位置づけ、復旦大学との連携により、中国での影響力を拡大しようとする意図がみられる。それと同時に、そのプログラムは、台湾人ビジネスマンのニーズにより対応し、中国の経済や企業の発展動向をより把握した経営管理教育を提供するためのものとしてもみなされている。

(2) 国立普通系大学──国立暨南国際大学

　国立暨南国際大学は、1994 年に設置された地方国立大学である。同大学は「開放的、思いやりの心、創造的」(原語、「開闊、関懐、開創」)を価値観とし、自らを、特徴を有する、小規模で優れた大学として位置づけている[26]。この大学における海外学位プログラムと関連して特筆すべき戦略は、国際会議、

国立国際暨南大学の人文学院

国際学術交流の強化が大学の重点発展目標とされる一方で、海外華人への教育の提供が強調されていることである[27]。そのため、他の大学は海外学位プログラムの設置にあたり、台湾人を対象とするか、海外留学生を対象とするか、どちらかに集中していることが多いが、国立暨南国際大学の海外学位プログラムの設置にはより総合的な傾向がみられ、表5-1に示す中国で設置した海外学位プログラム以外に、シンガポールでも海外華人のために海外学位プログラムを提供している[28]。

　上述した大学戦略のもとで、国立暨南国際大学は、従来の国内におけるEMBAの募集対象の学習ニーズに対応するとともに、その延長線上で海外学位プログラムを開設した。同大学の劉氏によると、産業の変容によって、台湾の企業は徐々に海外に進出する傾向があるにもかかわらず、毎週学内で授業を受けなければならない国内のプログラムでは常に台湾にいる必要があり、中国などに出張する経営管理者にとっては受講しにくい。それらの経営管理者の都合にあわせるため、中国でプログラムを提供し、より集中的な授業を

おこなうようにしたという[29]。また、こうした対応の中で、ネットワークの拡大が求められており、入学の枠組み及び授業の形式を工夫している。劉氏は、同大学が募集をする際に、同一職種の人が重ならないように配慮し、幅広い産業別の学生構成を求めることによって、様々な産業とのネットワークを構築することができ、学術と実務との連結を強化し、産学連携の促進に期待できると表明した[30]。さらに、同大学は、それらの海外学位プログラムの学生の経歴と人脈を利用して、国内の管理学院における学士課程段階の学生に、就職に必要な情報や機会を提供している。

　プログラムの内容はより多様で弾力的な課程を提供しており、その中で、独自の経営管理課程の形成が模索されている。提供されるプログラムは国内の他の大学と異なっていることがとりわけ強調される。インタビューによると、このプログラムは国内の他の EMBA プログラムと異なり、海外への視野を提供することがより重視されているという[31]。たとえば、伝統的な座学以外に、外部の実務者または専門家を招待し講演会や授業をおこなうとともに、各国の学生との学術交流など外部訪問・交流の活動が強化されている。こうした課程内容の多様性が求められる中で、他の大学との差異がインタビューの中で強調され、同じように台湾人を主たる対象とする海外経営管理プログラムを提供した大学と競争できる能力の維持と向上を意識している。劉氏は、「我々と国立台湾大学はともに国立大学であるが、教員の質で負けるわけにはいかないし、……国立台湾大学が復旦大学にいるのに対して、私たちは華中科技大学にいるというだけでなく、さらに座学以外の教育もおこない、たとえば、上海の大学や復旦大学など大学との学術交流がおこなわれているし、…日本の学長による講義の開設などもあげられる。また、授業料も、国立台湾大学より安い。……義守大学と国立高雄大学も海外でプログラムを設置しており、これは(海外プログラム提供の)趨勢である」と述べている[32]。このように授業料は国立台湾大学より低く設定され、プログラム内容を海外経営者のニーズに適応できるよう工夫し、多様な教育内容を用意している。このほか、授業の形式でも特別な仕組みがとられ、海外で集中授業がおこなわれる一方で、やむを得ない理由から授業を受けられない場合は、海

外や台湾で補講を受けることも可能になっている。

　このように、国立暨南国際大学の海外学位プログラムは、経営管理専攻分野において、従来の教育対象である経営管理者や専門管理職のニーズに対応するのみならず、さらに海外で教育を提供することで、大学のネットワークの確保と拡大が図られている。こうした動きの中で、他の大学との課程内容上の差異を作る戦略が採られていることが明らかになった。

(3) 国立職業系大学──国立台北科技大学

　国立台北科技大学は、前身が 1911 年設立の台北州立台北工業学校、国立台北工業専門学校であり、1994 年に国立台北技術学院に昇格し、1997 年に国立台北科技大学に名称変更した。長い歴史を有し、実務的な技術や応用的な知識を重視する職業系大学である。同大学は応用的な研究型大学に位置づけられ、産学連携の基盤や同窓会のネットワークなどを通じて外部の資源を統合することにより、優れた実務的専門的な人材を育成し、職業教育の模範校になることを目標としている[33]。また、台湾では株式会社の所有者の中で 1 割の者が国立台北科技大学の卒業生であるとされ[34]、同窓会のネットワークなど外部の資源を統合することが学校発展戦略の中でとりわけ重視されている。

　こうした戦略もあって、この大学は 2013 年から 2015 年の 3 年間に、タイと中国（広東、上海）に海外学位プログラムを設置した。導入背景はプログラムによって違いもあるが、いずれも、主として大学の卒業生ネットワークを重視する発展戦略にしたがい、卒業生のニーズに対応し、現地の台湾人ビジネスマンが主たる募集対象とされている。したがって、提供するプログラムの内容もそれらのニーズにしたがって、工学、管理学及び生産科学などの専攻分野を結合したものとなっており、そうした内容の教育を通じて台湾人ビジネスマンの生産管理及び中華圏経営管理能力を育成することが強調されている[35]。

　同大学の海外学位プログラムの設置目的については、大学の国際化、卒業生のネットワークの強化、海外での産学連携の向上という 3 つの側面があげ

国立台北科技大学の校門

国立台北科技大学校内にて教育方針である「誠樸精勤」が書かれている石

られる。第1に、国際化に関しては、海外学位プログラムを大学の海外拠点とし、大学の国際化に寄与することが目指されている。具体的には、海外学位プログラムの協力大学との連携を構築することで、現地の学術界での評判を向上させるとともに、将来的にはさらなる学術交流と体系的な連携を形成することが期待されている。たとえば、中国(広東)で海外学位プログラムを設置する際に、このプログラムで協力することを契機として、長期的には中山大学と単位交換やトゥイニングプログラムを実施する可能性を高めるよう努力する意向が示されている[36]。また、KMUTT(King Mongkut's University of Technology Thonburi)大学の協力でタイに海外学位プログラムを設置したことで、現地の名門大学であるチュラロンコーン大学(Chulalongkorn University)やカセサート大学(Kasetsart University)とも学術や教育に関する交流の協定が締結された。

　第2に、卒業生のネットワークの強化に関しては、卒業生が持つ現地の人脈を用いて、大学の資源をさらに拡大することを目指している。インタビューを実施した邱氏によれば、「海外学位プログラムの設置により、海外の卒業生、専門経営管理者及び大学自身が交流できるプラットフォームを構築することができ、このような交流によって、お互いに資源の共有や産学連携の強化を期待することができる」とされる[37]。たとえば、「現地の台湾人ビジネスマンに授業をおこなうことは、前述した国際化の目的とも関連しているが、学士課程段階の教育にも影響を与えている。国立台北科技大学の学士課程段階では、企業での実習が必修である。その際、海外企業での実習は、本学の海外学位プログラムで学んだ台湾人ビジネスマンの会社でおこなわれている」と述べている。第3に、海外での産学連携の向上については、第2の点とも関連するが、こうした現地の卒業生や台湾人ビジネスマンのニーズに対応する海外学位プログラムを開設することで、海外で産学連携を図り、共同で研究や技術開発をおこなうことが期待されている。

　このように、中国で設置した海外学位プログラムは、留学生の増加やカリキュラムの国際化を直接もたらすわけではないが、同大学から卒業した台湾人ビジネスマンのニーズに対応することによって、卒業生ネットワークの整

備、産学連携の向上、協力大学との交流及び設置地との連携を強化させることで、大学が国内社会、経済上、及び国際間の影響力を拡大することが図られているのである。

(4) 私立普通系大学——世新大学

　私立大学である世新大学は、1956 年に創設された世界新聞職業学校と世界新聞専科学校を前身とし、1991 年に世界新聞伝播学院に昇格した後、1997 年に校名を世新大学に変更した。同大学は、自由な学風を持つとともに、人格の形成を重視し、広い視野と専門的な知識及び技術を有する国際的な観点を持つ市民を育成することを目標としている[38]。そして、小規模で教育に卓越した大学（原語、精緻的教学卓越大学）として位置づけられている[39]。2004 年から始められた「大学教育の卓越を奨励するプロジェクト」（原語、奨励大学教学卓越計画）では 10 年連続で選出されており、教育に重点を置いている大学であるとみなすことができる。多様な制度を導入し、優れた教員を確保して、教育において理論と実務の両面を重視し、学生の職場での競争力を向上させることを教育方針としており、この大学の強みである情報関連分野を中心に学際的な専攻分野を提供することを目指している[40]。

　こうした大学発展戦略のもとで、世新大学は、2003 年にはすでに、上海に設置した世新研修学院の教員と設備を統合して、海外学位プログラムを提供するようになっていた[41]。この研修学院の設置目的は、海外教育の規模を拡大し、海外教育の提供に必要な設備を整備し、海外台湾人ビジネスマン及び卒業生の研修ルートを強化することである。その中で、世新大学は、創設以来、情報学を主要な専門として発展しており[42]、同大学の強みである情報学を用いて、さらに募集定員の確保や拡大を目指している点に特徴がみられる。こうした背景のもとで、世新大学は華人の大学の中で情報学に秀でていると自己認識しており、海外学位プログラムを提供する際に、経営管理だけでなく情報学のプログラムも提供することにした。加えて、その応募資格にも他とは異なる独自の基準があり、同大学で開設されたプログラムは、他の大学のように経営管理者または専門管理職向けではなく、すべての背景を持

私立世新大学の校門前

校門上にて連続6年教学卓越大学に評価されると書かれている。

つ者に開かれている。それは、より入学者を拡大させるための考え方と関連している [43]。

　このように、自身の資源、条件及び外部との連結にしたがい、プログラムの発展戦略を採っている一方で、経営管理に関する海外学位プログラムにおいて、世新大学は国立暨南国際大学と同じように、そのプログラムを他の大学と差別化するような動きがみられる。世新大学では、中国に関連する内容を導入していることや、科目の一部が中国の復旦大学や交通大学の教員によって授業がおこなわれることが強調されている。それに加えて、インタビューによると、「我々が（提供するのは）EMBA ではなく、MBA である。……国立中興大学や国立台北科技大学などが提供するのはすべて EMBA である。……ちょっと違いがある」。また、「情報学を提供する理由について、世新大学はもっとも強いのが情報学であるから……他の大学とちょっと概念上の違いがある。……世新大学以外、すべて（の大学）は EMBA（を提供してい

る)」と述べられている[44]。

　以上をまとめると、世新大学は他の大学と同じように、情報学の強みを用いて海外台湾人に対応すると同時に、自らの独自性を創出することを目指して、入学定員の拡大を重視している。

5. おわりに

　これまで、海外学位プログラムの政策と制度的な特徴をふまえながら、個別大学での戦略、導入理由及び設置目的を考察することにより、台湾人を対象とする海外学位プログラムの設置とその運用を検討してきた。これらの政策、制度及び大学の事例を手がかりに、大学が海外学位プログラムを提供する論理をまとめると、以下の3点に分けて論じることができる。

　第1に、事例として取り上げた4つの大学は、機関の特徴、社会の中での位置づけ及び資源条件により、海外学位プログラムの設置に対しては目的が異なるが、他方で積極的に社会のニーズに対応し、新たな市場・資源を開発するという共通の動きがみられる。その動きの原動力は、台湾の高等教育の発展と社会状況に基づく、大学の生き残りやそれに関連する定員の確保などの状況と関連している。台湾では、第1節で述べたように、高等教育の規模の拡大とともに、少子化の影響を受けて、大学の存続の問題がよりいっそう顕著になっている。インタビューの時に、台湾でもっとも高い位置にあると考えられている国立台湾大学の謝氏も、経費に関する配慮に言及した。すなわち、同氏は、「多数の台湾の大学は政府から経費を得ている。……こうしたこと（経費の獲得）は、確実ではない。（国立台湾大学は）現在拠点大学計画から財政的な支援を得ているが、将来的にはどのような経費が獲得できるかは分からない。政府が財政的な支援を削減しつつある中で、自ら財源を探さなければならない」と述べている[45]。それらの社会背景と高等教育の発展のもとで、台湾の大学は自らの存続の問題に対して危機意識を持っており、社会のニーズに敏感に対応する傾向がみられる。

　ただしここで注意すべきなのは、それらの大学が海外学位プログラムを提

供する理由は、大学の財政、経済の需要に直接関連するからというよりも、戦略的な意味合いが強いという点である。これまで検討してきた制度的な枠組み及び発展状況に鑑みると、海外学位プログラムは一定の規模にとどまっていることに加えて、その提供には交通費、教職員の負担増加などのコストがかかり、教育提供の側面だけでみれば、大学にもたらされる影響は限定的である。そのため、海外学位プログラムを提供する大学は名門大学または名声、歴史があり、一定の条件、資源を有する大学のみとなっている。本章であげた台湾人海外学位プログラムを設置する大学の特徴をみると、5校は国立大学で、その中で3校は研究型大学として扱われ、残りの1校も歴史がある私立大学である。それらの大学の、自ら大学の競争力を維持しようとする考え方が、海外学位プログラムを提供する重要な原動力であると考えられる。インタビューでは、多くの大学がその収入と支出はバランスを取ってはいるが、利益がほとんどないと表明する一方で、積極的に外部に対して影響力を持つことを考え、ネットワークの形成や産学連携などによって可能な資源や市場を探そうとしていることを述べていた。したがって、海外学位プログラムの提供は、従来対応している学習ニーズに対して、より相応しい教育内容や教育環境の創出という共通の傾向もみられるものの、発展戦略での位置づけ、設置目的及びそれに関連するニーズの読み取り方は、大学によって異なっており、海外学位プログラムの設置によって、国際化の促進、課程内容や組織の変革、外部のネットワークの構築、産学連携など、大学の発展に寄与する上での多様な役割が期待されているのである。これに関連して、一部の大学は、複雑な社会環境において資源を獲得するために、他の大学の動向を意識しながらそれらとの差異化を図ると同時に、いっそう高い位置づけを獲得するために、より高い名声や位置づけを有する大学を模しており、結果的に、大学間の同型性が高まっている側面も確認できる[46]。第3節で事例として取り上げた国立暨南国際大学と世新大学にはこうした傾向がみられ、名門大学である国立台湾大学の動きを意識しており、そのために、同じように海外でプログラムを展開する戦略をとっていると考えられる。

　したがって第2に、海外学位プログラムという制度自体は国際化のために

導入されたのだが、事例を考察すると、海外学位プログラムを設置した大学は国際化に寄与することに加えて、従来からの社会人の学習ニーズに対応し、より相応しい課程内容や教育環境を提供するためにも海外学位プログラムを設置している。それは、社会の動向及びリカレント教育制度の弾力性と関連している。第3節で明らかにしたように、台湾人を対象とするそれらの海外学位プログラムは、経営管理が主要な専攻分野であり、主に専門管理職やビジネスマンを募集している。台湾では、2008年の政権交代以降、中国との交流がいっそう活発になり、2010年の両岸経済協力枠組み協議の締結により、台湾企業はさらに中国の市場への進出に積極的になった。こうした背景のもとで、台湾人ビジネスマンの動向に対応して、国内で開設された経営管理修士在職プログラムの延長として、それを海外で提供することも設置目的の1つとしてあげられた。その際に、比較的柔軟性を持つ、社会のニーズにより対応できるリカレント教育制度を大学は教育の多様化に向けた重要な適応手段としてみなした。大学は、海外学位プログラムの提供にあたっても、リカレント教育体系の理念に基づいて、社会人がより容易に進学できるように、様々なニーズに対応する方策を講じた。こうしたことにより、台湾の大学は、広汎な社会のニーズにしたがって専攻分野を設置するなどして対応する従来の考えから、そのニーズを読み取り、それに対応する過程で、より具体的で限定的なターゲットや特定の集団に絞って、個別的に対応する方向へと変化してきているといえる。

　第3に、大学の発展戦略、資源条件や位置づけによって、海外学位プログラムの設置には、教育の提供以外にも、大学の国際化、ネットワークの構築、産学連携の強化など様々な役割が期待されている。海外学位プログラムの設置目的で検討したように、たとえば、国立台湾大学は、中国で台湾人ビジネスマンのニーズに対応する海外学位プログラムを設置しながらも、共同授業の形式によって中国での影響力を拡大することを目指している。これに対して、国立台北科技大学はとりわけネットワークの強化、産学連携の向上に着目している。この2つの大学ではまた、海外学位プログラムの設置によって、海外の他の大学とのネットワークの構築や学術交流の強化、中国への影響力

の上昇などを図り間接的に国際化に寄与することも期待されている。それから、国立暨南国際大学の海外学位プログラムは、ネットワークを構築することを目指すとともに、他の大学との課程内容上の差異を作り出すことが模索されている。そして世新大学も、情報学の専門を基礎としながら、学生市場の確保と拡大を目指している。

　以上の 3 点をまとめると、事例とした大学は、少子化、高等教育規模の拡大など外部環境の変化を認識しながら、その存続を確保するために、課程内容の変革、教育組織や募集対象の再構築を通じて適応しようとする大学の戦略として、教育の提供対象を具体的で限定的なターゲットや特定の集団に絞って、よりニッチで個別的な対応をする方向へと変化しており、その一環として海外学位プログラムを設置していた。したがって、こうした新たなプログラムを設置することは、高等教育システム全体からみれば、大学が組織や教育を多様化させる手段としてみなすことができる。それに加えて、これらの大学における海外学位プログラムの展開は、先行研究で言及された政治情勢及び政策的な制約、大学の戦略によって生じている側面もあるが、拠点の形成やネットワークの構築を共通の基盤としており、それらの強化により、海外や国内での大学の影響力を向上させることが共通に目指されていることも明らかになった。こうした傾向が海外学位プログラムを提供する論理として読み取れるのである。

注

1　たとえば、国家委員会の人口報告書によると、学齢人口数が年々減少する傾向にあり、2016 年度の学齢人口総数は約 401 万人であったが、2036 年には 325 〜 282 万人に減少し、その中で、大学進学に相当する学齢人口数（18 〜 21 歳）は 86 〜 83 万人まで減り、2016 年時点（125 万人）の 7 割弱になると予測されている（国家発展委員会『中華民国人口推估（105 至 150 年）』2016 年、1-7 頁）。

2　詳細は、教育部『高等教育輸出―拡大招収境外学生行動計画』教育部、2011 年を参照。

3　Chan, S. J. "Cross-border educational collaboration between Taiwan and China: The implication for educational governance." *Asia Pacific Journal of Education*, Vol.31, No.3, 2011, pp.311-323; Chen, I.R. "Regional cooperation or the extension of domestic education." In Mok, K. H. and Yu, K. M.(eds.). *Internationalization of higher education in East Asia: Trends of student mobility and impact on education governance*. London: Routledge, 2014, pp.192-207.

4　国際化の要因をめぐる海外学位プログラムの研究は、詳しくは Liao,Y.C. "Re-examining Higher Education Internationalization in Taiwan: University Strategies for Implementing Overseas Programmes." *Higher Education Studies*, Vol.8, No.4, 2018, pp.116-128 を参照。

5　2005 年まで、海外学位プログラムを設置できる国はタイ、インドネシア、フィリピン、マレーシア、ブルネイ、ベトナム及びミャンマーであった。

6　台湾では専攻分野別の評価方法は従来の教育体系によって認証制と等級制という２種類に分けられてきた。普通高等教育体系の大学は認証制により評価され、各教育組織に提供された専攻分野の学習成果、教育目標の達成状況、学習支援などの項目により、評価成果は「合格」（原語、通過）、「条件付きの合格」（原語、有条件通過）、「不合格」（原語、未通過）という３つに分けられた。その一方で、高等職業教育体系の高等教育機関に対する評価方法では従来は等級制が採用されていた。同制度によって、評価成果は「一等（優）」、「二等（良）」、「三等（要改善）」という３つのレベルに分けられていたが、2014 年度以降は特定の指標に限定することなく、各高等教育機関が自らの特徴にしたがい、多様に発展することができるように高等職業教育体系の評価方法は等級制から普通高等教育体系と同様の認証制に変更された。なお、2017 年には、大学の自主性を向上させ、各機関が多様に発展できるように、一定年数ごとに各高等教育機関に課されていた専攻分野別の評価が廃止された。各高等教育機関は自らの要望でなお評価を受けることは可能であるが、強制的な形ではなくなった。こうした動きに対して、今後海外学位プログラムの申請が、どのような基準でおこなわれるかは、「大学の海外学位プログラムの申請と審査に関する作業要点」においてまだ言及されていない（詳細は陳姿曲「談科技校院認可制評鑑之実施」『評鑑双月刊』56 期、2015年、53-54 頁；侯永琪、林劭仁、池俊吉「教育部停辦系所評鑑与各大学因応之道」『評鑑双月刊』67 期、2017 年、7-10 頁を参照）。

7　Chan, 2011, *op.cit.*, pp.311-323.

8　これらの制限は 2016 年までにすべて撤廃されているが、これまで設置されてきた海外学位プログラムを理解するためにはこの点も把握しておく必要がある。

9　この一定期間の規定が、初めて言及されたのは 2007 年に公布された「職業系大学の東南アジアにおける海外学位プログラムの設置に関する試行規則」（技職校

院赴東南亜開設境外専班試辦要点) である。この法規では、台湾での修業期間中
に台湾の文化を理解するカリキュラムや活動をおこなうべきであることが定め
られていた。この規定は 2011 年の「大学における海外学位プログラムの設置に
関する審査規則」で廃止されたが、台湾の文化を受容させる意図はなお存在して
いると考えられる。

10　2016 年 6 月 3 日に教育部高等教育司で尋ねたところ、同様の意図が確認された。

11　台湾教育部の「各校基本データベース」(原語、各級学校基本資料) に
は、「高等教育機関における海外出身学生数」と「高等教育機関における各専
攻分野のプログラムの学生数」が載せられている。このデータは毎年 10 月
15 日 に 公 布 さ れ る (https://depart.moe.edu.tw/ED4500/News.aspx?n=5A930C-
32CC6C3818&sms=91B3AAE8C6388B96、2018 年 11 月 22 日最終確認)。本章で用い
たのはこのうち 2007 年度から 2017 年度のデータである。

12　2015 年 11 月 11 日、教育部統計資料処での聞き取り調査による。

13　2018 年 9 月 4 日、2018 年 8 月 20 日及び 2015 年 11 月 11 日、教育部統計処での
聞き取り調査による。

14　2015 年 11 月 10 日、教育部統計処での聞き取り調査による。

15　教育部統計処『中華民国教育統計　民国 104 年版』教育部、2015 年、2-5 頁。

16　これ以外に、海外学位プログラムを設置している大学は、国立暨南大学 (カウ
ンセリング学)、中国文化大学 (行政学；原語、政府治理)、国立彰化師範大学 (学
校行政学、数理創造力教育学)、樹徳科技大学 (性科学研究) である。また、美
和科技大学はベトナムで学士課程段階の海外学位プログラムを提供しているが、
これは主に協力大学間で実施する形になっており、このプログラムの学生は協
力大学の学生の中から申請に応じて選ばれている。そのため、募集要項は公表
されていない (2016 年 1 月 8 日、美和科技大学での聞き取り調査による)。

17　行政院大陸委員会『両岸経済統計月報』272 期、2015 年、2-10 頁。

18　対象とした 4 大学でインタビューをおこなったのはそれぞれ、世新大学におけ
る海外学位プログラムの運営に関連する担当者 (2016 年 5 月 28 日訪問)、国立
台北科技大学の研修・推進センター長で管理学院の教員でもある邱垂昱氏 (2016
年 6 月 2 日に訪問)、国立台湾大学の管理学院副院長で海外学位プログラムの運
営長である謝明慧氏 (2016 年 6 月 3 日に訪問)、国立暨南国際大学管理学院にお
ける海外学位プログラムのマネジャーである劉芋幸氏 (2016 年 6 月 6 日訪問) で
ある。

19　呉秀玲、王智盛、蔡健智ほか『陸生来台政策之評估政策白皮書』(国立台湾大学

公共政策与法律中心 101 年度研究計画案　研究代表者　呉秀玲）国立台湾大学公共政策与法律中心、2012 年。

20　国立台湾大学『中程発展計画書（103 － 107 学年度）』2014 年、3-12 頁。

21　同上書、253-268 頁。

22　2016 年 6 月 3 日、国立台湾大学の管理学院副院長で海外学位プログラムの運営長である謝明慧氏への聞き取り調査による。

23　同上。

24　同上。

25　同上。

26　国立暨南国際大学「関於暨大」、https://www.gazette.ncnu.edu.tw/about_ncnu、2018 年 11 月 25 日最終確認。

27　同上。

28　詳細は、Liao,Y.C. 2018, *op.cit.*, pp.116-128 を参照。

29　2016 年 6 月 6 日、国立暨南国際大学管理学院における海外学位プログラムのマネジャーである劉芋幸氏への聞き取り調査による。

30　同上。

31　同上。

32　同上。

33　国立台北科技大学「校務資訊」、http://info.ntut.edu.tw/files/11-1139-7518.php、2018 年 11 月 25 日最終確認。

34　国立台北科技大学「学校特色説明」、https://info.ntut.edu.tw/files/11-1139-7530-1.php、2019 年 2 月 22 日最終確認。

35　国立台北科技大学『EMBA 東莞境外専班招生説明会』2015 年。

36　同上。

37　2016 年 6 月 2 日、国立台北科技大学の研修・推進センター長で管理学院の教員でもある邱垂昱氏への聞き取り調査による。

38　世新大学「校史与沿革」（https://www.shu.edu.tw/SHU-History.aspx、2016 年 10 月 30 日最終確認）；世新大学『104 － 107 年中程校務発展計画』世新大学、2015 年、1-6 頁（http://rd.web.shu.edu.tw/ 中程校務発展計畫、2016 年 11 月 15 日最終確認）。

39　同上。

40　世新大学、前掲書、2015 年、1-6 頁。

41　同上書、101-103 頁。

42　同上書、3-11 頁。

43　2016 年 5 月 28 日、世新大学における海外学位プログラムの運営に関連する担当者への聞き取り調査による。

44　同上。

45　同注 23。

46　Fumasoli, T. and Huisman, J. "Strategic agency and system diversity: Conceptualizing institutional positioning in higher education." *Minerva*, Vol.51, No.2, 2013, pp.155-169; van Vught, F. "Mission diversity and reputation in higher education. " *Higher Education Policy*, Vol.21, No.2, 2008, pp.151-174.

終　章　「多様化」という視角からみえるもの

1. 台湾における高等教育システムの多様化

　本書ではこれまで、台湾の大学における機関間及び機関内部における教育の多様化に焦点をあてて、台湾社会の変容、民主化、自由化の動き、経済・産業の革新、及び学士課程段階における進学者の規模拡大にともなう、高等教育システムの変容を検討してきた。その中でとりわけ、1990年代以降新たに導入された機関類型及びプログラムに注目し、台湾の高等教育システムにおける教育提供のあり方について高等教育システムにもたらされた機関間及び機関内部における機能と構造の変容を分析した。また、台湾における高等教育システムの多様化の検討にあたっては、高等教育拡大の過程において私立大学設置の規制緩和に加えて、職業教育機関を大学レベルまでに引き上げる動きもあることから、システムの変容を議論する際に従来主要な視座であった設置形態を含めて、職業教育や社会人向け教育の視点も加えて検討をおこなった。こうした検討で得られた知見を章ごとにまとめれば、以下のように示すことができる。

　第1章では、1980年以降民主化、自由化への移行、及び政府の発展方針の転換によって、複数の集団・族群、また異なる文化や価値観を有する人々にとって平等で共存的な社会を構築することが、ある程度社会の共通の認識になったことが確認された。こうした社会の変容が教育政策とその展開に反映された結果として、高等教育政策は規制緩和の方針に転換され、規模拡大が図られるとともに、市場メカニズムが導入され、高等教育機関は資金や資

源及び学生の獲得競争で優位に立つため、より市場的なニーズに対応しなければならなくなった。そして、教育提供の目的として、従来のような政府管轄のもとでの国家発展、経済発展への寄与に加えて、個人のニーズや多様な教育のニーズへの対応も考えられるようになってきたことが示された。

　こうした高等教育の規制緩和、規模拡大及び市場化をふまえて、第2章では、1980年代及び1990年代の空中大学における学位授与をめぐる論争を手がかりに、その前後における大学教育観の変容を明らかにした。検討の結果として、台湾の大学教育に対する認識は、先行研究で明らかにされていたように、規制緩和及び社会のニーズの影響を受けて、多様になってきたといえる。具体的には、台湾における大学の発展目標は、学術研究及び専門的人材の養成への対応から、より多様な人材の養成と社会の発展への寄与へと比重が移行した。それとともに、大学教育の目的も、従来の高度な人材の養成から、より多くの人に教育を受けさせ、多様な人材を養成することに転換されたのである。その結果、大学教育とみなす範囲は拡大され、大学教育と非大学教育との境界は曖昧になった。

　第3章では、台湾の高等教育において特徴的な体系である高等職業教育体系を取り上げ、この体系が高等教育の拡大、人材育成政策の中で、どのような役割を担っているのかを検討した。その結果明らかになったのはまず、台湾の高等職業教育体系は1990年代以降、より高度な技術人材を育成するとともに、個人の教育需要を満たすために、職業系大学を中心として整備されていったことである。すなわち、高等職業教育体系は高度な技術人材を育成し、産業発展に寄与する役割を一貫して果たすとともに、高等教育システムにおいて、普通高等教育体系が提供していた教育の補足として大学レベルの高等職業教育を提供するようになった。しかし、2010年前後には、少子化のもとで職業系大学の生存競争が生じ職業教育の再構築が進められるようになったことから、産業発展の変容への対応が依然として求められる一方で、個人の教育需要への対応がよりいっそう強調されるようになったことが明らかになった。つまり、高等職業教育体系の役割と位置づけは、単に経済発展への寄与及び高等教育の規模拡大への寄与だけでなく、その経済と個人の需

要を調整し、個人レベルでの職業発展を促すことを含むものとして考えられるようになったのである。

　上述した社会的な変容、考え方の転換、及び新たな体系の導入をふまえて、第4章では、さらに機関内部でのプログラムの提供の状況を検討し、通常のプログラムとは異なる、社会人向けプログラムを対象とし、とりわけ近年積極的に展開されている大学院教育段階の社会人向けの修士プログラムである在職プログラムを手がかりに、その導入の経緯、制度的な枠組みと特徴及び導入前後で各大学においてなされた対応を分析し、在職プログラムの導入によって、大学院教育にどのような変容が生じたのかを解明した。その結果、在職プログラムの導入と展開は、大学院教育における学生の構成に多様性を促すとともに、在職者を対象とした入学基準や授業形式など新たな制度の導入ももたらしたことが確認された。また、在職プログラムは全体として、応用的な領域での大学院教育のより弾力的な提供を促進していること、各大学は自らの条件的制約にしたがい、類型によって異なる方針で拡大してきたことが明らかになった。こうした動きをふまえると、台湾の大学院教育では、特定の大学類型に資源を集中的に配分して、学術研究機能を強化させ研究人材の養成を求めるという既存の方針とともに、さらに産業のニーズに応え、社会に向けて教育をおこなう方針が強調されるようになったといえる。

　第5章では、教育提供の特異な例として、高等教育の国際化及びその輸出を促すことを目的として設けられた海外学位プログラムに焦点をあて、その中でもとりわけ海外在住の台湾人を主たる対象とする海外学位プログラムを取り上げた。そして、その制度的な枠組み及び設置状況を把握した上で、代表的な事例を選出し、それらの大学の運営関係者に対する半構造化インタビューによって、大学における海外学位プログラムの導入背景、理念、設置目的及び戦略などの側面を分析することによって、大学が海外学位プログラムを導入する論理を明らかにした。その結果として、事例とした大学では、少子化や高等教育規模の拡大など外部環境の変化を認識しながら、大学の存続を図るために海外学位プログラムが設置されたこと、その際、海外在住台湾人ビジネスマンの需要に適応しようとする大学の戦略として、課程内容の

変革、教育組織や募集対象の再構築によって、教育の提供を具体的で限定的なターゲットや特定の集団に絞り、よりニッチで個別的な対応をする方向へと変化させたことが明らかとなった。一方、高等教育システム全体からみれば、こうした新たなプログラムが設置されることは、大学が組織や教育を多様化させることにつながっているとみなすことができる。それに加えて、これらの大学における海外学位プログラムの展開には、先行研究で言及されているように、政治情勢及び政策的な制約をふまえて、大学の戦略によって多様性がみられることも確認された。このような展開をみると、海外学位プログラムの提供は、拠点の形成やネットワークの構築を共通の目的としており、それらの強化によって、大学の海外や国内での影響力を向上させることが共通に目指されていることもまた、海外学位プログラムを提供する論理として読み取ることができた。

2. 台湾における高等教育システムの変容

　上述したいくつかの体系やプログラムの新たな導入によって、機関間及び機関内部にもたらされた構造と機能の変容をまとめれば、教育を提供する機関類型ごとに、またプログラムごとに、様々な形態を有するようになったといえる。それらを概観すると、台湾における高等教育システムの変容は、以下の3点に分けて論じることができる。

　第1に、台湾における高等教育を提供する範囲は、特定の目的対象から広がって、教育のニーズを有する者にできる限り対応すべきだと考えられるようになり、それにしたがって教育にアクセスする基準及び教育に求められる内容も変容してきているといえる。第1章で述べた1990年代前後の台湾社会における民主化、自由化の動き、及びそれに関連する教育改革の要請に影響を受けて、より多くの多様な教育ニーズに応えることが社会全体の共通認識になっている。それ以降、高等教育政策の方針においても、こうした理念に基づいて規模の拡大が図られた。このような背景から、一定の学術基準に達した者しか大学教育を受けられない従来の考え方は改められ、出身背景、

経済条件または社会環境など外的な影響で大学教育に進学することが困難である者にも配慮すべきだと考えられるようになった。こうした様々な者の教育機会の提供が強調される中で、各章で論じたように、教育の基準及び内容も変化してきている。学士課程段階において大学教育は、他人との批判的議論をおこない、知識の構成や総合的な思考力を求める従来のあり方から転じて、より緩やかな要求に対応する教育機会のいっそうの提供が図られるようになっている。それと同じように、大学院教育段階においても、以前は学術研究に専念できる学生しか受け入れられなかったが、1990 年代以降在職者の進学も考えられるようになるとともに、それに対応する進学基準及び実務的な教育内容も導入されるようになった。

　そして第 2 に、台湾の大学はこのように新たなプログラムを設置することで、教育の基盤をより多様なものにしようとするとともに、大学類型ごとに教育提供の仕方も異なっている傾向がみられる。それに関連して、第 4 章及び第 5 章では在職プログラムと海外学位プログラムについて検討した。これら 2 つのプログラムはどちらも通常のプログラムではなく、高等教育システムでの位置づけもそれぞれ異なり、大学類型ごとに対応の仕方も違っている。在職プログラムは、主に社会人に大学院教育を受ける機会を与えるために設置されたものである。通常の修士プログラムに比べると、より市場のニーズに適応する実務的な課程の提供が強調されるとともに、授業料も通常のプログラムより高く設定することができる。そのため、研究型大学に限らず、普遍的に各大学の中で設置されている。一方、海外学位プログラムは、海外での教育を提供することが目的とされ、その設置にあたっては一定の資源と条件を有することが求められている。そのため、海外学位プログラムを設置することができるのは、一定の資源と歴史を有し、国際化または名声の向上を求める大学である。したがって、上述した変容は、在職プログラムと海外学位プログラムで大きく異なっている。

　上述をふまえて、在職プログラムと海外学位プログラムを分けて、各大学類型における対応の仕方をまとめれば、以下のように説明することができる。在職プログラムを分析した結果によると、どの大学類型でも大学院教育を提

供するとともに、通常のプログラムとは異なる在職プログラムを設置する傾向がみられたものの、その位置づけが大学類型ごとに異なっていることも観察された。修士課程の学生数及び専門領域の設置状況をみると、拠点大学と国公立普通系大学は、大学院教育における在職プログラムと修士プログラムの提供にともに主導的な役割を果たしている。ただし、2つのプログラムそれぞれで提供する専門領域は異なっている。このように、それぞれの特定専門領域に合わせたプログラムを中心に提供することは、大学院教育において学術研究の向上及び社会のニーズへの対応という双方を満たすための戦略として考えられる。一方、私立普通系大学は主に在職者の大学院教育段階での教育を担っており、とりわけ商業・管理・法律領域のプログラムを提供している。職業系大学は、設置形態によって大学院教育の規模が異なっているが、その構造と傾向に大きな違いはなく、設置形態にかかわらず、修士プログラムと在職プログラムの両方で工学領域に重点をおいている。なお、在職プログラムの設置は、単により多くの人の進学を可能にすることだけでなく、人々のニーズに対応するために、大学が内部の制度や関連措置をいかに調整するのかを考え、改革する契機にもなった。具体的には、従来の夜間や休日の授業形態に加えて、さらに入学資格及び修業年限などに関して、在職者の状況に基づいて基準が設けられていたことがあげられる。

　それから、海外学位プログラムの事例からみると、このプログラムを導入している有力な大学は、海外在住台湾人という極端なニーズに対応することを目的としている。このニッチなニーズに対応することで、大学はこれまで関係してこなかった新たな領域の開拓やネットワークの形成を図り、社会上、経済上、及び学術上（とりわけ商業・管理に関する専攻分野）の影響力を拡大することができる。これによって、通常の教育によって人材を育成することに加えて、さらに産学連携の促進または学術名声の向上などの間接的な効果が期待されている。

　第3に、このように異なる理念や目的に基づいて導入された新たな体系やプログラムによって、高等教育システムの役割と構造が変容しつつあるが、それにもかかわらず、教育の提供において経済発展への寄与が一貫して強調

されている点も確認された。すでに述べたように、個人の教育ニーズへの対応が重視されるようになった一方で、経済発展への寄与はなお高等教育システムの目的として位置づいており、関連する教育制度の枠組みにも反映されている。また、高等教育の規模拡大及び市場化の動きにともない、大学は生き残りのために、より積極的に社会のニーズに対応しようとする傾向があり、その点からも、経済発展に寄与する戦略はよりいっそう強化されるようになっている。

3. 高等教育システムの変容からみた台湾における大学教育のあり方

　上述した高等教育システムの変容をまとめれば、台湾の大学における教育提供の有り様は以下のようにまとめることができる。

　まず第1に、いくつかの体系やプログラムの新たな導入によって、教育の提供は機関類型、またプログラムごとに、様々な形態を有するようになったといえる。すなわち、1990年の前後には、高等教育システムの役割の1つとして経済発展への寄与が一貫して求められていたことは間違いない。しかし1990年代以降、それに加えて、平等な高等教育機会の提供が要請されたことで、大学教育において優れた人材を育成することよりも、様々な人々に対して個別のニーズに対応した教育機会を確保することがより重視されるようになった。こうした変化によって、高等教育システムとしては、大学教育と非大学教育の間の境界が曖昧になった。そのため、高等教育段階の教育を提供する機関は種別ごとに様々な特徴を有しているにもかかわらず、それらが提供する教育はいずれも大学教育として認められるようになり、機関も大学として位置づけられるようになった。一方で第2に、高等教育システムが様々な差異に積極的に対応する中で、第1章で述べたように、社会的弱者やマイノリティに対する救済措置を積極的に取り入れつつ、経済発展に寄与する制度や基準がそこに合わせて盛り込まれた。たとえば、在職者、職業教育訓練を受けた学生及び海外の台湾人ビジネスマンなど、経済発展への寄与が想定できる者を進学の対象とし、それらの教育ニーズに対応することとした

のである。ただし第3に、その枠組みの中で、提供される教育は互いに同等なものであるとすることも求められた。新たな対象に対応するプログラムでは、その内容の応用性や実務との連結が強調されたものの、制度設計や専門領域の分布からみると、通常の課程と大きく区別されることはなく、異なるのは授業時間及び教育として認められるべき条件に限られている。また、個別の大学の対応からみても、一部の拠点大学または国公立普通系大学だけは、教育の提供においてプログラムごとに異なる戦略をとることで学術的な特徴を比較的維持しているが、他の多くの大学においてはプログラムによる大きな差異はみられない。また、各章で言及したプログラムはすべて学士以上の学位を授与することが可能であり、職業教育と普通教育、または修士プログラムと在職プログラムなどを修了した後に授与される学位も教育段階と専門領域で区分があるのみであり、統一的に授与することが原則となっている。

　台湾では1990年代以降、民主化とそれにともなう教育改革の動きの影響を受けて、大衆に平等な教育を提供することが社会是正の手段の1つとして考えられるようになった。そしてこうした考え方が、従来の、人的資本論の発想に基づいて労働市場のニーズに応えた多様な課程を提供すべきだとする方針と組み合わされることによって、現在に至るまでに、いかにして、教育する対象の多様性を維持すると同時に、そのような多様性に配慮した教育を同等なものとして提供するのかが、台湾における高等教育の展開を考える上での基本的な軸となってきている。その結果として、台湾における高等教育の提供にあたっては、単純により多くの人に進学のルートを与えればよいとする考え方から、高等教育の規模拡大にともない、進学の阻害要因をより積極的に排除することを考えるように転換した。その際、進学ルートの構築や課程の提供など対応の形式としては、より直接的に経済発展に寄与することが依然として求められるが、その実施においては、一定の枠組みに収まることなく、多様なやり方が採られている。そして、それと同時に、様々な人々が自らの価値観、需要にしたがい、同等の水準の大学教育を享受できることが強調されている。

　以上の考察から、本書で明らかになったことは次のようにまとめることが

できる。すなわち、1990 年代以降台湾の高等教育が多様化してきた背景には、進学者の「差異」に積極的に配慮して教育の内容や形式を弾力的にし、ニッチで個別的なニーズへの対応を図ると同時に、その結果提供される多様な教育の制度上の「同等性」を追求するという論理が伏在しており、それによって、一定の多様性を認めつつ同時に平等性の確保を図るような高等教育システムの形成が目指されてきたと考えられるのである。

4. 今後の課題

　高等教育の多様化に関して、先行研究における私学セクターの規模拡大と拠点大学の形成の議論をふまえつつ、本書では、教育の提供に焦点をあてて、職業教育、社会人向けの教育プログラムを具体的な対象とし、その導入の経緯、制度の枠組み及び大学類型ごとの対応を分析することによって、台湾における高等教育多様化の論理を検討した。結果、台湾の高等教育では、経済発展の需要と大衆の教育ニーズを調和させるメカニズムを発展させることによって、社会に寄与することを前提として、大衆の様々な需要に対応できるように、多様な教育を提供するとともに、平等な教育機会を達成しようとするという教育提供の論理があることを解明した。その論理は、知識の伝達や人材育成の方法に関連するだけでなく、教育の結果をどのように解釈するかということにもつながっている。それに関して、本書では専門領域及び教育段階別にプログラムの提供に関する分析をおこなった。ただし、同じ教育段階、専門領域であっても大学によって教育提供の目的、課程内容に差異があり、たとえば、普通系大学と職業系大学が同じように工学領域の教育課程を提供しても、それぞれの大学の位置づけと理念のもとで、その課程の達成目標や課程を構成する科目は異なっていると考えられる。したがって、今後の課題としてまず、教育の内容と質を研究の枠組みに取り込み、個別の大学での教育目的、授業内容と形式、能力育成指標を分析することで、高等教育多様化の論理について個別大学の性格及び課程の実態までに踏み込んで検討していきたい。

　また、それとも関連するが、本書で明らかにした高等教育多様化の論理は、政府の規制緩和、機関間の競争という共通の論理だけでなく、従来構築されてきた教育観、及び民主化の動きのもとで平等な機会を与えるべきだとする考え方に基づいている。東アジアには、台湾と同じように1990年代以降社会に大きな変革が起きている国もある。それらの国の教育制度には、西洋の影響を大きく受け、経済発展と高等教育の間に密接な関連があるという点でも台湾との間に一定の共通性が認められる。したがって、台湾の理解をさらに深めるために、こうした社会、文化及び教育制度において類似する基盤を有している東アジア諸国を対象として、国際比較の手法で、それらの国ぐにおける高等教育の提供に同じような論理を読み取れることができるか、また異なる展開がみられるとすればその要因は何なのかを横断的に検証することが有効であると考える。この点も今後の課題としたい。

参考・引用文献

中国語文献（ピンイン順）

蔡培村、武文瑛「我国回流教育政策発展回顧与探討」『教育実践与研究』第20巻第1期、2007年、91-118頁。

陳德華「台湾高等教育的回顧与前瞻」『国民教育』46巻2号、2005年、13-31頁。

陳德華「台湾高等教育過去20年数量的拡充与結構的転変」『高等教育』2巻2号、2007年、67-96頁。

陳恆鈞、許曼慧「台湾技職教育政策変遷因素之探討：漸進転型観点」『公共行政学報』第48期、2015年、1-42頁。

陳茂祥「我国大学推広教育現存的問題及未来発展策略之研究」『朝陽学報』第7期、2002年、1-27頁。

陳昭穎『従精英走向大衆：台湾高等教育拡充過程之政策分析』国立台北師範学院国民教育研究所碩士論文、2001年。

陳姿曲「談科技校院認可制評鑑之実施」『評鑑双月刊』56期、2015年、53-54頁。

大学招生委員会聯合会『大学多元入学方案（110学年度適用）』2017年。

蓋浙生「台湾高等教育市場化政策導向之検視」『教育研究集刊』50輯2期、2004年、29-51頁。

高等技職教育之回顧与前瞻編集委員会編『高等技職教育之回顧与前瞻』国立工業技術学院、1995年。

国家発展委員会『中華民国人口推估（105至150年）』2016年。

国立成功大学『国立成功大学　108学年度碩士班（含在職専班）研究生招生簡章』国立成功大学、2018年。

国立台北科技大学『EMBA東莞境外専班招生説明会』2015年。

国立台湾大学『中程発展計画書（103-107学年度）』2014年。

国立台湾工業技術学院『七十学年度　国立台湾工業技術学院概況』国立台湾工業技術学院教務処、1981年。

胡茹萍、陳愛娥、侯岳宏『技術及職業教育法草案研訂計画成果報告書』教育部技術及職業教育司、2013年。

黄政傑『大学教育改革』師大書苑、2001年。

江文雄『台湾教育発展史料彙編職業教育篇』台湾省政府教育庁、1985年。

教育部『第四次全国教育会議報告』教育部、1962年。

教育部『立法院施政報告』教育部、1973年。

教育部『我国研究所教育発展之研究』教育部教育研究委員会、1985年。

教育部『教育部公報』146期、1987年。

教育部『教育部公報』208 期、1992 年。

教育部『第七次全国教育会議報告』教育部、1994 年。

教育部『教育部施政報告（立法院教育委員会第 3 届第 1 会期報告）』教育部、1996 年。

教育部『教育改革行動方案』教育部、1998 年。

教育部『技職教育的回顧与前瞻』教育部、1999 年。

教育部『追求卓越的技職教育』教育部、2000 年。

教育部『大学研究所教育検討与展望』教育部、2001 年。

教育部『目前大学校院整合与推動研究型大学現状専案報告』教育部、2002 年。

教育部『我国高等教育発展規画研究専案報告』教育部、2003 年。

教育部『我国研究所教育定位与未来発展専案報告』教育部、2004 年。

教育部『発展国際一流大学及頂尖研究中心計画』教育部、2005 年。

教育部『高等教育現況検討及追求卓越之発展策略専案報告』教育部、2009 年。

教育部「技職教育再造方案構想」『高教技職簡訊』第 31 期、2009 年、2-5 頁。

教育部『邁向頂尖大学計画』教育部、2011 年。

教育部『高等教育輸出―拡大招収境外学生行動計画』教育部、2011 年。

教育部『第七次中華民国教育年鑑』教育部、2012 年。

教育部『第二期技職教育再造計画』教育部、2013 年。

教育部『高等教育深耕計画』教育部、2017 年。

教育部編『中華民国教育報告書　黄金十年、百年樹人』教育部、2011 年。

教育部技術及職業教育司編『技職教育的回顧与前瞻』教育部技職司、1999 年。

教育部年鑑編纂委員会『第四次中華民国教育年鑑』正中書局、1974 年。

教育部統計処『中華民国教育統計　民国 101 年版』教育部、2012 年。

教育部統計処『中華民国教育統計　民国 104 年版』教育部、2015 年。

教育部統計処『中華民国教育統計　民国 107 年版』教育部、2018 年。

簡明忠『技職教育学』師大書苑、2005 年。

国立教育資料館『中華民国教育年―94 年』国立教育資料館、2005 年。

監察院『科技大学及技術学院定位与発展之探討』監察院、2002 年。

監察院『我国高等教育因応少子化及国際化相関政策与問題之探討』監察院、2011 年。

監察院教育及文化委員会『提昇技職教育与追求高等教育卓越発展之成效与検討』監
　　　察院、2004 年。

侯永琪、林劭仁、池俊吉「教育部停辦系所評鑑与各大学因応之道」『評鑑双月刊』67 期、
　　　2017 年、7-10 頁。

立法院『立法院公報』第 24 会期第 7 期、1959 年。

立法院『立法院公報』60 巻 70 期、1972 年。

立法院『立法院第 1 届第 68 会期第 19 次会議議案関係文書』立法院、1981 年。

立法院『立法院第 1 届第 69 会期第 24 次会議議案関係文書』立法院、1982 年。

立法院『立法院公報』71 巻 41 期、1982 年。

立法院『立法院公報』71 巻 52 期、1982 年。

立法院『立法院公報』71 巻 54 期、1982 年。

立法院『立法院公報』71 巻 56 期、1982 年。

立法院『立法院公報』71 巻 66 期、1982 年。

立法院『立法院公報』71 巻 84 期、1982 年。

立法院『立法院第 1 届第 82 会期第 35 次会議議案関係文書』1993 年。

立法院『立法院第 2 届第 1 会期第 42 次会議議案関係文書』1993 年。

立法院『立法院公報』83 巻 17 期、1994 年。

立法院『立法院公報』84 巻 5 期、1995 年。

立法院『立法院公報』89 巻第 59 期、2000 年。

立法院『立法院公報』104 巻第 2 期、2015 年。

立法院秘書処『法律案専輯第 21 輯教育（九）―学位授与法修正案』立法院秘書処、
　　　1977 年。

林大森『高等技職教育転型的社会学分析 - 以専科改制技術学院為例』南華大学教育
　　　社会研究所、2003 年。

林宗弘「台湾的後工業化：階級結構的転型与社会不平等、1992-2007」『台湾社会学刊』
　　　第 43 期、2009 年、93-158 頁。

劉清田「我国技術学院之演進与展望」『教育資料集刊』第 19 輯、1994 年、2-13 頁。

劉曉芬『歴史、結構与教育』冠学文化、2007 年、88-138 頁。

馬維揚「半導体産業対台湾経済的重要性分析」『園区簡訊』第 39 期、2014 年、16 頁。

美国加州史丹福研究所『教育与発展：中華民国経済発展過程中教育計画之任務』中
　　　央建教合作委員会、1962 年。

莫家豪、羅浩俊「市場化与大学治理模式變遷：香港与台湾比較研究」『教育研究集刊』
　　　7 巻 47 期、2001 年、329-361 頁。

潘昌祥『台湾的大学教育理念与功能発展変遷之研究』国立嘉義大学師範学院教育行
　　　政与政策発展研究所碩士論文、2008 年。

世新大学『104-107 年中程校務発展計画』世新大学、2015 年。

薛承泰「台湾地区貧窮女性化減少之探討：以 1990 年代為例」『人口学刊』第 29 期、
　　　2004 年、95-121 頁。

譚光鼎、劉美慧、游美恵編『多元文化教育』高等教育、2010 年。

台湾教育発展資料彙編編集委員会『台湾教育発展資料彙編―高中教育篇』台湾省教
　　　育庁、1985 年。

台湾省文献委員会編『重修台湾省通志巻四経済志商業篇』台湾省文献委員会、1993 年。

王煥琛「近三十年来我国大学校院推広教育之発展」『教育資料集刊』第 8 期、1983 年、
　　　220-267 頁。

王宏仁、李広均、龔宜君編『跨戒―流動与堅持的台湾社会』群学、2008 年。

王麗雲「台湾高等教育拡張中国家角色之分析」『中正大学学報』10 巻 1 号、2003 年、

1-37 頁。

王秋絨「大学推広教育之比較分析」『社教系列』第 7 期、1979 年、37-45 頁。

王明郎「認識台湾半導体産業」『台湾綜合展望』第 7 号、2003 年、73-93 頁。

王振寰、瞿海編『社会学与台湾社会』巨流、2009 年。

呉清山、林天祐「全国教育会議」『教育資料与研究双月刊』第 93 期、2010 年、217-218 頁。

呉秀玲、王智盛、蔡健智ほか『陸生来台政策之評估政策白皮書』(国立台湾大学公共
　　　政策与法律中心 101 年度研究計画案　研究代表者　呉秀玲) 国立台湾大学
　　　公共政策与法律中心、2012 年。

蕭新煌編『台湾与東南亜―南向政策与越南新娘』中央研究院亜太区域研究専題中心、
　　　2003 年。

行政院『技術及職業教育政策綱領』行政院、2017 年。

行政院大陸委員会『両岸経済統計月報』272 期、2015 年。

行政院教育改革審議委員会『教育改革総諮議報告書』行政院教育改革審議委員会、
　　　1996 年。

徐明珠「辦出特色就是一流大学」『国家政策論壇』2 巻 5 期、2002 年、107-110 頁。

徐南號『現代化与技職教育演変』幼獅文化事業公司、1988 年。

許勝雄、徐南號、曾憲政ほか『我国技術及職業教育的階段劃分与修業年限問題之探
　　　討』(国立台湾工業技術学院　研究代表者　許勝雄) 国立台湾工業技術学
　　　院、1986 年。

許育典「原住民昇学優待制度的合憲性探討」『中原財経法学』34 期、2015 年、1-57 頁。

楊武勲『日、台空中大学之比較』淡江大学日本研究所修士論文、1997 年。

楊冠政、楊瑩、戴姁華ほか『我国大専夜間部教育体制与功能之研究』教育部、1980 年。

楊瑩「在追求卓越発展下、台海両岸高等教育政策之検視」『教育政策論壇』8 巻 1 号、
　　　2005 年、43-64 頁。

楊瑩「台湾高等教育政策改革与発展」『研習資訊』25 巻 6 期、2008 年、21-56 頁。

張芳全『新移民教育的実証』五南、2017 年、1-30 頁。

詹盛如「機構的多元分化―論台湾高等教育未來発展」『高等教育』3 巻 2 期、2008 年、
　　　1-32 頁。

中華民国比較教育学会編『推動高等教育整合与提升高等教育競争力』2002 年。

日本語文献 (五十音順)

フィリップ・G・アルトバック、ヴィスワナタン・セルバラトナム編(馬越徹・大
　　　塚豊監訳)『アジアの大学：従属から自立へ』玉川大学出版部、1993 年。

フィリップ・G・アルトバック、ホルヘ・バラン編(米澤彰純監訳)『新興国家の世
　　　界水準大学戦略：世界水準を目指すアジア・中南米と日本』東信堂、2013 年。

フィリップ・G・アルトバック、馬越徹編『アジアの高等教育改革』玉川大学出版部、

2006 年。

石田浩『台湾経済の構造と展開―台湾は「開発独裁」のモデルか』大月書店、2003 年。

馬越徹「アジアの経験―高等教育拡大と私立セクター」『高等教育研究』第 2 集、1999 年、105-121 頁。

王甫昌 (松葉隼・洪郁如訳)『族群　現代台湾のエスニック・イマジネーション』(台湾学術文化研究叢書) 東方書店、2014 年。

小川佳万・南部広孝編『台湾の高等教育―現状と改革動向』(高等教育研究叢書 95) 広島大学高等教育研究開発センター、2008 年。

小川佳万編『東アジアの教育大学院―専門職教育の可能性―』(高等教育研究叢書 107) 広島大学高等教育研究開発センター、2010 年。

何義麟『台湾現代史―二・二八事件をめぐる歴史の最記憶』平凡社、2014 年。

バートン・R・クラーク (有本章訳)『高等教育システム：大学組織の比較社会学』東信堂、1994 年。

篠原清昭「台湾における教育運動と民主化」『岐阜大学教育学部研究報告　人文科学』第 62 巻第 2 号、2014 年、271-289 頁。

篠原清昭『台湾における教育の民主化―教育運動による再帰的民主化』ジダイ社、2017 年。

陳建仁『台湾自由民主化史論』御茶の水書房、2004 年。

陳振雄『台湾の経済発展と政府の役割―いわゆる「アジア NIES 論」を超えて』専修大学出版局、2003 年。

南部広孝「台湾の大学入学者選抜における『繁星計画』の導入と展開」『大学論集』第 39 集、2008 年、129-144 頁。

南部広孝『東アジアの大学・大学院―入学者選抜制度の比較―中国・台湾・韓国・日本』東信堂、2016 年。

南部広孝編『後発国における学位制度の研究』(高等教育研究叢書 148) 広島大学高等教育研究開発センター、2019 年。

南部広孝・廖于晴「台湾における高等教育の構造分析」『大学論集』第 43 集、2012 年、153-169 頁。

沼崎一郎『台湾社会の形成と変容―二元・二層構造から多元・多層構造へ』東北大学出版会、2014 年。

沼崎一郎・佐藤幸人編『交錯する台湾社会』アジア経済研究所、2012 年。

吉田勝次『台湾市民社会の挑戦』大阪経済法科大学出版部、1996 年。

廖于晴「台湾の高等教育における社会人プログラムの定着と役割の拡大―大学夜間部の導入と改革に焦点をあてて」『京都大学大学院教育学研究科紀要』第 60 号、2014 年、125-137 頁。

廖于晴「台湾における大学教員資格審査制度の変容」『京都大学大学院教育学研究科紀要』第 62 号、2016 年、225-237 頁。

若林正丈『東アジアの国家と社会 2　台湾　台湾分裂国家と民主化 (第 3 版)』東京
大学出版会、1997 年。

英語文献 (アルファベット順)

Altbach, P. G. and Selvaratnam, V. *From Dependence to Autonomy: The development of Asian Universities*. Dordrecht, Boston: Kluwer Academic, 1989.

Altbach, P. G. and Umakoshi, T (eds.). *Asian Universities: Historical Perspectives and Contemporary Challenges*. Baltimore, The Johns Hopkins University Press, 2004, pp.13-32.

Altbach, P. G. "Peripheries and Centers: Research Universities in Development Countries." *Asia Pacific Education Review*, Vol.10, 2009, pp.15-27.

Altbach, P. G. "The Asian Higher Education Century?" *International Higher Education*, Vol.59, 2010, pp.3-6.

Baker, D. "Forward and backward, horizontal and vertical: Transformation of occupation credentialing in the schooled society." *Research in Social Stratification and Mobility*, Vol.29, No.1, 2011, pp.5-29.

Cantwell, B., Marginson, S., and Smolentseva, A.(eds.). *High Participation Systems of Higher Education*. New Your: Oxford University Press, 2018.

Chan, S. J. "Cross-border educational collaboration between Taiwan and China: The implication for educational governance." *Asia Pacific Journal of Education*, Vol.31, No.3, 2011, pp.311-323.

Chan, S. J and Lin, L.W. "Massification of Higher Education in Taiwan: Shifting Pressure from Admission to Employment." *Higher Education Policy*, Vol.28, 2015, pp.17-33.

Chang, J. C. "Deregulation and Decentralization of Higher Education in Taiwan since 1994: Political Intervention on Policy Implementation." Kobe University , 2014, Ph.D. thesis.

Chiang, C. H. "Toward a universal higher education system: A case study of Taiwan." *Quality & Quantity*, Vol.47, 2013, pp.411-420.

Fumasoli, T. and Huisman, J. "Strategic agency and system diversity: Conceptualizing institutional positioning in higher education." *Minerva*, Vol.51, No.2, 2013, pp.155-169.

Hanna, D. E. "Higher Education in an Era of Digital Competition Emerging Organizational Models." *Journal of Asynchronous Learning Networks*, Vol.2, No.1, 1998, pp.66-95.

Hayhoe, R. "An Asian multiuniversity? Comparative reflections on the transitions to mass higher education in East Asia." *Comparative Education Review*, Vol.39, No.3, 1995, pp.299-321.

Huang, H.M. "Education Reform in Taiwan: A Brighter American Moon?" *International Journal of Education Reform*, Vol. 8. No. 2, 1999, pp.145-153.

Kempner, K., Mollis, M. and Tierney, W. G. (eds.). *Comparative Education. ASHE Reader Series*. United State: Simon& Schuster Custom Publishing, 1998.

Kwok, Ka-ho. *When Education Meets Politics in Taiwan: A Game Theory Perspective (1994–2016)*. Netherlands: Sense Publishers, 2017.

Law, W. W. "The Taiwanisation, Democratisation and Internationalisation of Higher Education in Taiwan." *Asia Pacific Journal of Education*, Vol.16, No.1, 1996, pp. 56-73.

Liao, Y. C. "Re-examining Higher Education Internationalization in Taiwan: University Strategies for Implementing Overseas Programmes." *Higher Education Studies*, Vol.8, No.4, 2018, pp.116-128.

Lo, W. Y. W. "Educational Decentralization and Its Implications for Governance: Explaining the Differences in the Four Asian Newly Industrialized Economies." *Compare: A Journal of Comparative and International Education*, Vol. 40, No.1, 2010, pp.63-78.

Marginson, S. "Higher Education in East Asia and Singapore: Rise of the Confucian Model." *Higher Education*, Vol.61, 2011, pp.587-611.

Marginson, S. "High Participation Systems of Higher Education." *The Journal of Higher Education*, Vol.87, No.2, 2016, pp.243-271.

Mok, K. H. "From Nationalization to Marketization: Changing Governance in Taiwan's Higher Education System." *Governance: An International Journal of Policy, Administration, and Institutions*, Vol.15, No.2, 2002, pp.137-159.

Mok, K.H. "Globalisation and higher education restructuring in Hong Kong, Taiwan and Mainland China." *Higher Education Research and Development*, Vol.22, No.2, 2003, pp.117-129.

Mok, K. H. and Yu, K. M (eds.). *Internationalization of higher education in East Asia: Trends of student mobility and impact on education governance*. London: Routledge, 2014.

Neubauer, D., Shin, J. C., and Hawkins, J. N. (eds.). *The dynamics of higher education development in East Asia: Asian cultural heritage, western dominance, economic development, and globalization*. New York: Palgrave Macmillan, 2003.

Schofer, E. and Meyer. J. "The worldwide expansion of higher education in the twentieth century." *American Sociological Review*, Vol.70, No.6, 2005, pp.898-920.

Shin, J. C. and Harman, G. "New challenges for higher education: global and Asia-Pacific perspective." *Asia Pacific Education Review*, Vol.10, No.1, 2009, pp.1-13.

Song, M. M. and Tai, H. H. "Taiwan's responses to globalisation: Internationalisation and questing for world class universities." *Asia Pacific Journal of Education*, Vol.27, No.3, 2007, pp.323-340.

Teichler, U. "Diversification? Trends and explanations of the shape and size of higher education." *Higher education*, Vol.56, No.3, 2008, pp.349-379.

Trow.M. "Problems in the transition from elite to mass higher education." In OECD(ed.). *The general report on the conference on the future structures of post-secondary education.* Paris: OECD, 1974, pp.51-101.

van Vught, F. "Mission diversity and reputation in higher education." *Higher Education Policy*, Vol.21, No.2, 2008, pp.151-174.

Wang.L.Y. "What Accounted for the Availability of Higher Education in Taiwan over Time?" Harvard University, 1998, Ph.D. thesis.

Wang, R. J. "From Elitism to Mass Higher Education in Taiwan: The Problems Faced." *Higher Education,* Vol.46, No.3, 2003, pp.261-287.

Weng, H. J and Chang, D. F. "Determining the Influence of Heterogeneity in Graduate Institutions on University-Industry Collaboration Policy in Taiwan." *Asia Pacific Education Review*, Vol.17, No.3, 2016, pp.489-499.

Wu, R. T. *New Directions for Technological and Vocational Education Reform in Taiwan, Republic of China.* Paper presented at the American Vocational Association Convention, New Orleans, LA, 1998, pp.518-531.

Yang, C. C. "College Access, Equality, and Student Success in the Context of Higher Education Expansion and Differentiation in Taiwan." University of California, 2010, Ph.D. thesis.

Yang, C. C and Huang, Y. C "Promoting Teaching Excellence of Universities in Taiwan: Policy Analysis with a Special Reference to Educational Equality." *International Education Studies*, Vol. 5, No. 5, 2012, pp.129-140.

データベース

The Word Bank「School Enrollment, tertiary」 https://data.worldbank.org/indicator/SE. TER.ENRR

大学招生委員会聯合会 http://www.jbcrc.edu.tw/

教育部大専校院校務資訊公開平台 https://udb.moe.edu.tw/

教育部統計処 https://depart.moe.edu.tw/ed4500/Default.aspx

教育部主管法規査詢系統 http://edu.law.moe.gov.tw/

立法院法律系統 https://lis.ly.gov.tw/lglawc/lglawkm

全国法規資料庫 https://law.moj.gov.tw

中華民国内政部戸政司全球資訊網 https://www.ris.gov.tw/app/portal/674

中華民国内政部移民署 https://www.immigration.gov.tw

中華民国統計資訊網 https://www.stat.gov.tw

あとがき

　仏法には、「一切法は因縁生なり（万法因縁而生）」という言葉がある。すべてのものが因縁によって生じているという意味である。博士論文を執筆することは、自分と対話し内在する答えを見つけようと探求する過程であると考える。こうした過程は不器用な私にとって、長くて孤独な道のりであり、さまざまな方々からのご支援、及び物事の恵みがなければ1つの到達点に至らなかったと思う。完成した博士論文を提出するときには、嬉しいと感じるよりも、博士論文の完成に至るまでのさまざまな「因縁」に感謝する気持ちが溢れていた。支援してくださった方々や、物事には感謝してもしきれないほどであるが、この場を借りて、これまでご支援・ご指導をいただいた方々に、少しでもお礼の気持ちを表したい。

　最初に、南部広孝先生に心よりお礼を申し上げたい。私を研究生として引き受けてくださり、研究の道を導いてくださっている南部先生は、私にとって心から「師」と呼ばせていただきたい先生である。今でも、留学生として初めて来日する際に、先生が京都駅に迎えにきてくださった姿を覚えている。来日後、日本語及び日本の勉強環境に不慣れな私が勉学に支障の出ないように、毎週個別の指導をおこなってくださり、レジュメ作成の仕方まで教えていただいた。院生になってからも、先生は時間を惜しまず指導してくださり、拙い論文を一文一文丁寧に読み、アドバイスをくださった。当時は、先生の研究に対する厳しさや対象への鋭い観点に常に迫られるように感じていたが、今から考えると、先生にご指導いただけることは私にとって大変貴重な時間であった。先生には学問に対する真摯な姿勢及び物事に対する周密な思考を学ばせていただいた。もしも今の私が研究者としてスタート地点に立つことができているのであれば、それはすべて先生のおかげである。先生に対して心からの多大な感謝と尊敬の念を抱いている。今後とも、ご指導ご鞭撻をくださるよう、よろしくお願い申し上げる。

　同じく京都大学比較教育政策学講座の杉本均先生にも大変お世話になった。

研究生時代には杉本先生の「比較教育学概論」を拝聴し、日本がどのように各国の教育をみているのかを理解するきっかけとなった。大学院に入った後に、院ゼミ、論文の指導及び先生との日常会話などを通じて、日本比較教育学の視角を身に付けることができた。杉本先生は、こうした研究上の指導だけでなく、生活上にも気配りをくださっている。キャンパスの近くでふらふらと歩く私をみかけると、ご飯やお茶に誘ってくださり、その場で研究の話をしてくださったり、元気であるかどうかを気にかけてくださったりした。どれも大変貴重な思い出であり、心より感謝している。杉本先生はゼミでは常に柔らかな雰囲気で学部生や院生に大変優しいが、研究に対して真摯な姿勢を持っていらっしゃる。私にとって、杉本先生は比較教育学者として道標のような存在であるため、一定のレベルに達した研究でないと先生にご相談をさせていただくことができなかった。これから、杉本先生のような広い視野を持って、研究を楽しむ研究者になれるように、頑張っていきたいと思っている。今後ともご指導ご鞭撻のほどよろしくお願い申し上げる。

　京都大学教育学研究科比較教育政策学講座教育行政学専攻の高見茂先生及び服部憲児先生にも、感謝の気持ちを送りたい。高見先生には、教育行政学ゼミ、教育政策学専門ゼミナール及び教育資源配分論において、教育行政学のイロハを学ばせていただいた。それでだけでなく、高見先生は、私が台湾人として日本で勉学に励み台湾社会になんとか貢献しようとする夢を応援してくださり、日本の教育や行政学に関するご指導をいただいた。それから、服部憲児先生は博士学位請求論文の審査委員をお引き受けいただき、口頭試問の際に教育行政学の観点から有益なご助言をいただいた。先生方に心から感謝を申し上げたい。

　直接ご指導を賜る機会は限られていたが、比較教育学に関して新たな眼差しを教えていただいた京都大学大学院教育学研究科の Jeremy Rappleye 先生及び高山敬太先生にも感謝を申し上げたい。先生方と出会った時期は、ちょうど私が比較教育学という学問の位置づけについて悩んでいる最中であった。先生方の講義を受けることで、台湾人として日本で比較教育学を勉強することを改めて考えられるようになり、これから歩んでいく研究の道筋も見える

ようになった。先生方にご指導いただくことは、私の研究にとって重要な転機であったとともに、研究者としても大きな幸運であった。今後ともよろしくご指導を賜りたい。

　そして、私の長い留学生活を全力でサポートしてくださっている登谷美穂子先生に深いお礼を申し上げたい。先生は、私にとって日本での母のような存在である。今でも初めて投稿論文を提出する前日、先生の家で深夜までに一文一文の意味をチェックし直してくださった場面を覚えている。その後、日本語の添削はもちろん、精神面でも支えていただいている。いつも相談に乗ってくださり、日本人としての考え方、日本人との接し方を教えてくださった。日本での生活は辛いことがたくさんあったが、先生と話した後には元気になれた。先生のサポートがあったからこそ、日本に長くいることができ、無事に博士学位を取得することができた。本当にいろいろとお世話になり、先生からのご恩は一生忘れない。心から感謝している。

　それから京都大学の比較教育学研究室では、多くの先輩、同級生及び後輩たちにも、大変お世話になった。ここではまず、私の研究を進める上で直接ご指導をいただいた李霞様、森本洋介様、工藤瞳様、関口洋平様といった諸先輩にお礼を述べたい。李霞様は留学生としての心得をたくさん教えてくださるのみならず、研究上の悩みについてもいつもアドバイスをくださった。森本洋介様には、年末で一番忙しい時期に、私の初めて作成した入試論文を校正していただいた。工藤瞳様は、私にとって優しく、研究に対する真摯な態度を有し、研究の面白さを引き出す着眼力を備え、学ぶべきところが多い先輩である。それから、関口洋平様は、研究分野に重なりがあったため、いつも有益なアドバイスをいただいただけでなく、学問に熱意をもって楽しむ姿勢も学ばせていただくことが多い。また、「戦友」ともいえる同級生である渡辺雅幸さん、中島悠介さんにもお礼を言わせていただきたい。お互いに研究のことを話し合い、論文締め切り前に一緒に健闘する様子は今でも忘れられないことである。最後に、後輩の門松愛さん、張潔麗さんそして塩山皐月さんにもお礼をのべたい。特に、門松さんはいつも時間と労力を惜しまず、私の日本語の校正をしてくださった。それだけでなく、日本人の中でも

わずかな親友のような存在である。時々お互いの家を訪ねて、晩ご飯を食べながら、研究上や生活上の話をした。こうした時間は本当に楽しいものであり、院生時代の貴重な思い出である。また、張さんは同じ留学生であるものの、彼女との付き合いによって改めて自分に不足している部分を実感することができたし、日本社会に対する認識も多様になり、より一層深くなった。頼りない先輩である私をいろいろ支えてくれたことに、お礼を申し上げたい。

加えて、現在勤める京都大学学際融合教育研究推進センター・地域連携教育研究推進ユニットのユニット長である杉本均先生、高見茂先生に改めてお礼を申し上げるとともに、お名前を挙げない失礼をお許しいただきたいが、関係の教職員の皆様にも感謝申し上げたい。業務や事務に不慣れで要領の悪い私を見限らず、いつも繰り返し教えてくださった。先生方及び職員の方々のお陰で、日本の大学の実務にまで触れるようになったことで、高等教育の実践に関する視点を持てるようになり、これまで形成してきた高等教育研究の視野がよりいっそう広くなった。それらは、職場のみなさまのご理解とご指導の賜物である。

そして、台湾での恩師や友人たちにもお礼を述べたい。ここではまず、日本への留学の道を案内してくださり、常に研究のアドバイスをいただいている楊思偉先生に心よりお礼を申し上げたい。楊思偉先生は私が日本に留学するきっかけをくださった重要な恩人である。先生には、台湾で留日教育学者の第一人者としての鋭い視野を常に学ばせていただいた。今後ともご指導ご支援を賜りたい。そして、常に私の研究生活を支えてくださった劉美慧先生に厚く御礼を申し上げたい。先生は留学経験者であり同じ女性の立場に立っていつも相談に乗ってくださり、親身になってアドバイスをしてくださった。それだけでなく、勉学に取り組む私に常に関心を寄せてくださり、研究の進歩状況や様子などに気を配ってくださった。長い研究生活は辛くて何度も諦めようと考えたが、先生のご支援及び励ましを思い出すと、改めて意欲が湧いてきて、様々な困難を乗り越えることができた。先生からの恩は数え切れないほどである。それから、楊武勳先生にお礼をしたい。楊武勳先生と初めてお会いしたのは日本比較教育学会である。その後、比較教育学の投稿論文

をはじめ、博士論文の作成などでも相談に乗ってくださったり、台湾の大学でインタビュー調査をする際にも、楊先生から多大な援助をいただいたりした。楊先生には台湾の教育事情と合わせて、日本と台湾を比較する複合的な視野を学ばせていただくことが多い。また、大学時代の先輩でもあるが、洪承宇先生にお礼を申し上げたい。私が研究上で必要な調査対象と繋がれるように、何度も連絡をしてくださったことによって調査を遂行できた。同時に、若手研究者としての経験もいろいろと教えていただき、貴重な情報をいただいた。また、紙幅の都合で一人ひとりのお名前を挙げることができないが、調査・研究上のご協力を賜った大勢の方々にも、ここで改めてお礼を申し上げたい。最後に、いつも私の研究・研究生活を支えてくれる、大学の同級生である鄭怡萱、施郅芹に心よりお礼を送りたい。彼女達は研究のために必要な支援をしてくれただけでなく、「現場」で働いている人として、台湾の教育現場からもうすでに一定の距離を置いていた私に対して、台湾の教育現場の実情を確認するために重要な情報を何度も提供してくれた。私のしつこい質問や悩みを常に聞いてくれる彼女達に、重ねてお礼を申し上げたい。

　また、留学期間中に私が研究に専念できように、経済的な支援をくださった日本台湾交流協会、ロータリー米山記念奨学会及び台湾の教育部に改めて感謝したい。2010年に日本台湾交流協会の奨学生として選ばれたことは、筆者の人生にとって重要な出来事である。そのおかげで日本に留学することができ、素晴らしい経験ができた。また博士後期課程には、ロータリー米山記念奨学会及び台湾の教育部の支援をいただけたことで、研究に専念し、遂行することができた。これらの政府機関または民間団体から多大なご支援をいただいたことで、研究を進めるうえで非常に有意義な時間をもつことができた。ここで重ねて謝意を表したい。

　また、本書は、令和2年度京都大学総長裁量経費（若手研究者出版助成制度）の助成を受けて刊行された。

　なお本書は、筆者が京都大学大学院教育学研究科に提出した博士学位請求論文「台湾における高等教育多様化の論理」（2019年3月提出、2019年7月学位授与）をもとに、加筆・修正をおこなった上で刊行したものである。本書に

はこれまで発表した論文の成果が採り入れられている。各章の内容と関連する主な既発表論文は次のとおりである。

序　章　書き下ろし

第1章　書き下ろし

第2章　「台湾における大学教育観の変容—空中大学における学位授与の論争を手掛かりに—」『京都大学大学院教育学研究科紀要』第61号、京都大学大学院教育学研究科、2015年、383-395頁。

第3章　書き下ろし

第4章　「台湾の高等教育における社会人プログラムの定着と役割の拡大—大学夜間部の導入と改革に焦点をあてて—」『京都大学大学院教育学研究科紀要』第60号、京都大学大学院教育学研究科、2014年、125-137頁。

第5章　Liao, Y.C. "Re-examining Higher Education Internationalization in Taiwan: University Strategies for Implementing Overseas Programmes." *Higher Education Studies*, Vol.8, No.4, 2018, pp.116-128.

終　章　書き下ろし

　本書の刊行に当たっては、株式会社東信堂の下田勝司社長、下田奈々枝様に多くのサポートとアドバイスをいただいた。こうした私の博士論文を書籍としてまとめることができたのは、下田勝司社長をはじめ東信堂の皆様多大な助力のお陰である。本当にお世話になっており、心からお礼を申し上げたい。
　ここまで書いてきたことで、自分がいかに恵まれており、幸運であったかと改めて感じた。応援をくださった先生方、先輩・朋輩・後輩に恩を返せるように、これから社会や学問の進展に寄与できるより良い研究の遂行を目標として進んでいきたいと思っている。また、他にもお世話になっている方々がたくさんいるが、紙幅の制限で一々お名前を挙げない失礼をお許しいただくとともに、これまで多大なご指導、ご支援をいただいた皆様に感謝を申し上げたい。今後ともよろしくお願い申し上げる。

　末筆ながら、私事になるが、いつも私を支えて応援してくれる両親、弟に感謝の言葉を述べたい。国立台湾師範大学教育学系から卒業後、安定な教職の道を選ばずに、日本に留学することを決意した私に対して、一言も不満を言うことなく認めてくれたし、研究の道に進むよう背中を押してくれた。長い留学生活を精神面・生活面にわたって温かく見守ってくださるだけでなく、研究の遂行も全力で支えてくれた。留学期間中に、台湾に帰れない時に、両親と弟を合わせて全家族で私の代わりに、図書館で私が必要な資料をコピーしスキャンしてくれたこともあった。こんなにもわがままな私を大切に育ててくれた両親への恩は、一生かけても返せないことである。どんなに素晴らしい留学生活の中で、一番遺憾に思ったのは、長年にわたり両親の側にいられないことである。幸いに、弟が私の代わりに両親の側にいて、親孝行をしてくれている。頼りない姉さんである私は、この場を借りて弟にお礼を伝えたい。なかなか言葉で表すことができなかったが、これまで家族みんなの理解・支援があったからこそ、研究に専念して楽しむことができた。重ねて家族のみんなに心から「ありがとう」を言いたい。お父さん、お母さん、弟、本当にありがとうございます！感謝您們的栽培！

　　2020 年 12 月

　　　　　　　　　　　　　　　　　　　　　　　　　　　廖于晴

| | | 年　表 | |

期	年	高等教育政策・法規	社会的な出来事
	1945 — 1948	・日本統治時に設置された台北帝国大学を、国立台湾大学（1945年）に改称・組織再編し、現代台湾で最初の大学が確立された。また、専門学校を学院（1946）に改称・転換するとともに、台湾省立師範学院（1946年、現国立台湾師範大学）と台湾省立台北工業専科学校（1948年、現国立台北科技大学）を設置したことによって、中華民国の教育制度に適した大学と専科学校からなる高等教育制度が形成された。	・戦後、台湾社会は日本の植民統治から国民党の統治へと転換した。
安定回復期	1949	・教育関連の法律である「大学法」、「専科学校法」、「師範学校法」及び「師範教育規則」が再公布された。	・国民党は台湾に移転した。 ・「戒厳令」が敷かれた。
	1954	・教育関連の法律である「学位授与法」が修正公布された。 ・複数の大学による連合募集（原語、聯合招生）が実施され始め、大学入学者選抜が国家統一試験の成績で決められるようになった。	
	1956	・博士課程の設置が認められはじめ、博士課程及び国による博士学位授与の制度が形成された。 ・大学共同必修科目が修正公布され、三民主義、中国近代史、国際機関と現状などの科目が必修科目として定められた。	
	1960	・「公立大学及び独立学院における夜間部試行規則」が公布され、大学は夜間部の設置を試行し始めた。	
人材開発期	1962	・「スタンフォード報告」の提言により、経済発展の需要に応じるために、専科学校が積極的に設置された。	
	1963	・「大学夜間部改善要点」が公布された。	
	1965	・「専科学校以上における夜間部の設置規則」の公布によって、在職者に向けて教育の提供を目標とする夜間部の制度が確立された。	
	1972	・高等教育の質を向上させるために、高等教育の規模拡大が一時的に停止され、私立教育機関の設置が認められなくなった。	
	1974	・全国初の四年制高等職業教育機関である台湾工業技術学院（現、国立台湾科技大学）が設置された。	

	1976	・「補習教育法」(現補習・研修教育法) の修正により、専科学校段階の進修学校が導入され、専科学校段階の研修教育を提供するようになった。当該課程の修了者には資格証明書が授与される。	
	1982	・「補習教育法」の修正により、大学段階の進修学校が導入され、大学段階の研修教育を提供するようになった。修了した者に資格証明書が授与される。	
	1983	・「学位授与法」が修正され、博士学位を含む学位を統一的に大学が授与するようになった。	
	1985	・「国立空中大学設置条例」が制定された。 ・私立教育機関の設置が再開された。	
	1986	・台湾初の遠隔型高等教育機関である空中大学が創設された。	
	1987	・国民小学 (日本の小学校に相当) 教員の質を向上させる政策に応じるため、師範専科学校をすべて大学レベルに昇格した。	・「戒厳令」が解除され、出版、言論、政治参加、結社などの自由が認められた。
	1991		・「憲法」改正により国会議員の全面改選が始まった。
	1993	・「学位授与法」の修正により、大学が学位の名称や学位取得に一定の自主権が認められた。また、同法の修正により、空中大学の学位授与が始まる。	
自主開放期	1994	・「大学法」の修正公布によって、大学に学術の自由及び自治を与え、カリキュラム編成、入学者選抜における募集対象の決定及び教員の雇用といった権限を大学に委譲し、大学自治の基礎が確立された。 ・「師範教育法」が「教員養成法」(原語、師資培育法) に改められ、教員養成制度が閉鎖制から開放制に転換された。 ・「教育改革審議委員会」が成立され、高等教育の普及、私学セクター拡大の促進及び国立大学法人化などの構想が打ち出され、高等教育の規制緩和の方針が確立された。	・「四一〇教育改革行動連盟」による教育改革を求めるデモが生じた。
	1995	・「職業教育の転換と革新計画」(原語、技術職業教育的転型与革新方案) の公布による科技大学の設置がはじめて提起された。	

	1996	・「優秀な専科学校を選択して技術学院に昇格させること及び専科部の併設を認めることに関する実施規則」の公布による専科学校の技術学院への昇格基準が明示され、職業系大学の増設が促された。高等職業教育体系の主体が徐々に専科学校から職業系大学に移行し、高等職業教育体系と普通高等教育体系が並立するようになった。 ・「教育改革における総提言報告書」が公表されて、教育の規制緩和、学生の主体性の重視、進学アクセスの拡大、質の向上及び生涯学習社会の構築という高等教育を含めた台湾の教育全体を射程に入れる改革の方針が確立された。	・初の総統・副総統の直接選挙がおこなわれた。
	1997	・1998年を「生涯学習年」(原語、終身学習年)として制定された。	・「憲法」の改正により、多元文化の重視、原住民の権利の保障が明記された。
	1998	・「教育改革行動方案」が公布され、高等教育の卓越化、進学アクセスの拡大、生涯学習社会の構築、先住民やマイノリティーの教育の強化などが推進され始めた。 ・「学習社会へ進む白書」が公布された。 ・「高等教育のリカレント教育体系の形成に関する実施規則」が公布され、夜間部制度の転換及び大学院教育段階まで社会人プログラムの整備により、リカレント教育体系が形成された。	
多元競争期	1999	・「国立大学校務基金設置条例」が公布され、国立大学の自律的な運営が求められた。 ・「大学学術卓越発展計画」の公布により大学の学術研究機能の向上が重視されるようになった。 ・「補習・研修教育法」の改正により、高等教育段階の進修学校に修了した者に、卒業証書または学位証書が授与されるようになった。	
	2000	・台湾初の総括的な職業教育の方針を示す「職業教育政策白書」が公布された。	・台湾初の政権交代、国民党55年間の統治を終焉になった。
	2001	・「大学における学系、研究所、クラス及びグループの調整と募集定員数における審査規則」が公布され、大学が規則に従い自ら教育組織や組織内の学生数を調整することが可能になった。	

	2002	・「大学多元入学新方案」の公布により、複数の大学による連合募集を中心とする入学制度から、学生個人の背景、能力を積極的に配慮し多様な進学ルートを備えた多次元入学制度に転換された。 ・「大学国際競争力向上計画」では、各大学が外国学生の募集を進め、WTO の加盟に関連する教育の輸出を促進することが目標とされた。 ・「大学における研修教育の実施規則」が修正され、海外での高等教育の提供に初めて言及された。	・WTO に加盟した。 ・「性別工作平等法」が公布された。
	2003	・「修士課程の社会人向けプログラム及び学士課程の二年制社会人向けプログラムに関する設置規則」が修正され、外国人学生の受け入れを促進し国際交流を向上させるために、海外学位プログラムが導入された。	
	2004	・「国際一流大学及び先端的研究センターの発展に向けたプロジェクト」と「大学教育の卓越を奨励するプロジェクト」が公表され、大学の国際競争力及び教育の質的向上が着目されるようになった。 ・「学位授与法」の改正により、専科学校段階までに修了した者に授与する副学士学位が導入され、台湾の学位の種類は、副学士、学士、碩士、博士からなるようになった。また、専科学校及び附設する進修学校での学位取得が明確に定められた。	
	2005	・「大学法」が修正公布され、大学組織、人事及び学位プログラムに関する規制がより一層緩和され、大学評価、大学合併及び国際化の促進の規定が定められた。	・「原住民基本法」が公布された。
	2008		・総統選挙による国民党が政権奪還、第二次政権交代。
	2010	・「職業教育再構築計画」が公表され、職業系大学における定員割れ問題の解消、及び職業教育機能の強化、そしてその位置付けの再設定が図られた。	・両岸経済協力枠組み協議の締結により、台湾企業は中国市場への進出により積極的になった。

	2011	・「中華民国教育報告書　黄金十年、百年樹人」が公表され、高等教育の転換と発展の促進、知識経済人材の育成と教育の革新、多元文化や社会的マイノリティの権益の尊重、国際交流の促進、生涯学習社会の深化などの方針が示された。	
	2013	・「職業教育再構築計画第二期」が公表された。 ・「人材育成白書」が公表され、大学・大学教育に関する制度の緩和と変革、及びグローバルの変容に対応できる多様で国際的人材の育成の方策が打ち出された。	
	2015	・「技術及び職業教育法」が公布され、職業教育体系を全般的に規定される法規が確立された。 ・「高等教育の革新と転換プロジェクト」が公表されることにより、少子化のもとで定員割れ、高等教育の経営などの課題を解決し、高等教育の革新や組織再編などの方策が打ち出されはじめた。	
	2016		・総統選挙による民進党代表に選出、第三次政権交代が起きた。 ・「新南向政策」が公表された。
	2017	・「新たな南向け人材育成計画」(原語、新南向人材培育推動計画)が打ち出され、東南アジア、南アジア諸国との相互理解、人的交流、共同研究の促進、及び東南アジア、南アジアの文化、言語や産業に詳しい人材の育成が求められた。	
	2018	・「高等教育の深化と発展計画」(原語、高等教育深耕計画)の公表により、「地方と連結し、国際的につながり、将来に目を向ける」をあげ、大学の特色的な展開を目標とする今後の高等教育発展の方針が確立された。 ・「職業教育再構築計画第三期」が公表された。	

出典：筆者作成。

索　引

著者紹介

廖 于晴（リョウ ウセイ）

1984 年生まれ。国立台湾師範大学教育学系卒業。京都大学大学院教育学研究科博士後期課程修了。博士（教育学）。比較教育政策学専攻。現在、京都大学学際融合教育研究推進センター・地域連携教育研究推進ユニット特任助教。

主な著書・論文

『後発国における学位制度の研究』（共著、広島大学高等教育研究開発センター、2019年）、"Re-examining Higher Education Internationalization in Taiwan: University Strategies for Implementing Overseas Programmes." (*Higher Education Studies*, Vol.8, No.4, 2018)、『付加的プログラムの展開から見たアジアの大学教育』（共著、広島大学高等教育研究開発センター、2017 年）、「台湾における大学教育観の変容―空中大学における学位授与の論争を手掛かりに―」（『京都大学大学院教育学研究科紀要』第 61 号、2015 年）。

台湾における高等教育多様化の論理

2021年2月15日　　　初　版第1刷発行　　　　　　　　　　〔検印省略〕
定価はカバーに表示してあります。

著者©廖于晴／発行者　下田勝司　　　　　　　　印刷・製本／中央精版印刷

東京都文京区向丘 1-20-6　　郵便振替 00110-6-37828
〒 113-0023　TEL（03）3818-5521　FAX（03）3818-5514
Published by TOSHINDO PUBLISHING CO., LTD.
1-20-6, Mukougaoka, Bunkyo-ku, Tokyo, 113-0023, Japan
E-mail : tk203444@fsinet.or.jp http://www.toshindo-pub.com

発　行　所
株式会社 東信堂

ISBN978-4-7989-1669-9　C3037　　ⓒ Liao Yu-Ching

東信堂

書名	著者	定価
若手研究者必携　比較教育学の研究スキル	山内乾史編著	一七〇〇円
リーディングス　比較教育学　地域研究—多様性の教育学へ	近藤孝弘・中矢礼美・西野節男 編著	三七〇〇円
比較教育学事典	日本比較教育学会編	一二〇〇〇円
比較教育学の地平を拓く	山田肖子・森下稔 編著	四六〇〇円
比較教育学—越境のレッスン	馬越徹	三六〇〇円
比較教育学—伝統・挑戦・新しいパラダイムを求めて	M・ブレイ編著　馬越徹・大塚豊監訳	三八〇〇円
国際教育開発の研究射程—「持続可能な社会」のための比較教育学の最前線	北村友人	二八〇〇円
国際教育開発の再検討—途上国の基礎教育普及に向けて	小川啓一・西村幹子・北村友人 編著	二四〇〇円
発展途上国の保育と国際協力	浜野隆・三輪千明 著	三八〇〇円
中国教育の文化的基盤	顧明遠著　大塚豊監訳	二九〇〇円
中国大学入試研究—変貌する国家の人材選抜	大塚豊	三六〇〇円
東アジアの大学・大学院入学者選抜制度の比較—中国・台湾・韓国・日本	南部広孝	三二〇〇円
中国高等教育独学試験制度の展開	南部広孝	三二〇〇円
現代ベトナム高等教育の構造—国家の管理と党の領導	関口洋平	三九〇〇円
中国の職業教育拡大政策—背景・実現過程・帰結	劉文君	五〇四八円
中国における大学奨学金制度と評価	王帥	五四〇〇円
中国高等教育の拡大と教育機会の変容	王傑	三九〇〇円
中国の素質教育と教育機会の平等—都市と農村の小学校の事例を手がかりとして	代玉	五八〇〇円
現代中国初中等教育の多様化と教育改革	楠山研	三六〇〇円
グローバル人材育成と国際バカロレア—アジア諸国のＩＢ導入実態	李霞 編著	二九〇〇円
文革後中国基礎教育における「主体性」の育成	李霞	二八〇〇円
台湾における高等教育多様化の論理	廖于晴	三二〇〇円
「郷土」としての台湾—郷土教育の展開にみるアイデンティティの変容	林初梅	四六〇〇円
戦後台湾教育とナショナル・アイデンティティ	山﨑直也	四〇〇〇円
アセアン共同体の市民性教育	平田利文編著	三七〇〇円
市民性教育の研究—日本とタイの比較	平田利文編著	四二〇〇円

〒113-0023　東京都文京区向丘 1-20-6　　TEL 03-3818-5521　FAX03-3818-5514　振替 00110-6-37828
Email tk203444@fsinet.or.jp　URL:http://www.toshindo-pub.com/

※定価：表示価格（本体）＋税

東信堂

〒 113-0023　東京都文京区向丘 1-20-6
TEL 03-3818-5521　FAX03-3818-5514　振替 00110-6-37828
Email tk203444@fsinet.or.jp　URL:http://www.toshindo-pub.com/

※定価：表示価格（本体）＋税

東信堂

〒 113-0023　東京都文京区向丘 1-20-6　　TEL 03-3818-5521　FAX03-3818-5514　振替 00110-6-37828
Email tk203444@fsinet.or.jp　URL:http://www.toshindo-pub.com/

※定価：表示価格（本体）＋税

大学の組織とガバナンス──高等教育研究論集第1巻　羽田貴史　著　三五〇〇円

科学技術社会と大学の倫理──高等教育研究論集第4巻　羽田貴史　著　三三〇〇円

2040年 大学よ甦れ──カギは自律的改革と創造的連帯にある　田原博人・佐藤博明　著　二四〇〇円

検証 国立大学法人化と大学の責任──その制定過程と大学自立への構想　田原博人・佐藤博明　著　三七〇〇円

2040年 大学教育の展望──21世紀型学習成果をベースに　山田礼子　二八〇〇円

高等教育の質とその評価──日本と世界　山田礼子編著　二八〇〇円

学生参加による高等教育の質保証　山田勉　二四〇〇円

国立大学職員の人事システム──管理職への昇進と能力開発　渡辺恵子　四二〇〇円

国立大学法人の形成　大﨑仁　二六〇〇円

国立大学・法人化の行方──自立と格差のはざまで　天野郁夫　三六〇〇円

大学は社会の希望か──大学改革の実態からその先を読む　江原武一　二〇〇〇円

大学の管理運営改革──日本の行方と諸外国の動向　杉本均・江原武一編著　三六〇〇円

日本の大学経営──自律的・協働的改革をめざして　両角亜希子　三九〇〇円

私立大学の経営と拡大・再編──一九八〇年代後半以降の動態　両角亜希子　四二〇〇円

学長リーダーシップの条件　両角亜希子編著　二六〇〇円

教職協働による大学改革の軌跡　村上雅人　二四〇〇円

大学経営・政策入門　東京大学 大学経営・政策コース編　二四〇〇円

大学経営とマネジメント　新藤豊久　二五〇〇円

大学教学マネジメントの自律的構築──主体的な学びへの大学創造二〇年史　関西国際大学編　二八〇〇円

学修成果への挑戦──地方大学からの教育改革　濱名篤　二四〇〇円

大学改革の処方箋　篠田道夫　二三〇〇円

大学戦略経営の核心──中長期計画推進・教育改善・職員力向上　篠田道夫　三六〇〇円

戦略経営Ⅲ大学事例集　篠田道夫　三六〇〇円

大学戦略経営論──中長期計画の実質化によるマネジメント改革　篠田道夫　三四〇〇円

米国高等教育の拡大する個人寄付　福井文威　三六〇〇円

〒113-0023　東京都文京区向丘 1-20-6　　TEL 03-3818-5521　FAX03-3818-5514　振替 00110-6-37828
Email tk203444@fsinet.or.jp　URL:http://www.toshindo-pub.com/

※定価：表示価格（本体）＋税

東信堂

〒113-0023　東京都文京区向丘1-20-6　　TEL 03-3818-5521　FAX03-3818-5514　振替 00110-6-37828
Email tk203444@fsinet.or.jp　URL-http://www.toshindo-pub.com/

※定価：表示価格（本体）＋税